U0615364

中国当代高等教育
现代化的实践与探索

——以周远清教育实践为例

王静修

高等教育出版社·北京

图书在版编目(CIP)数据

中国当代高等教育现代化的实践与探索:以周远清
教育实践为例 / 王静修著. --北京:高等教育出版社,
2019.9

ISBN 978-7-04-052378-2

Ⅰ.①中… Ⅱ.①王… Ⅲ.①高等教育-现代化-研
究-中国 Ⅳ.①G649.2

中国版本图书馆 CIP 数据核字(2019)第 163509 号

策划编辑 王 瑜 责任编辑 王 瑜 封面设计 王凌波 版式设计 张 杰
插图绘制 黄云燕 责任校对 窦丽娜 责任印制 刁 毅

出版发行	高等教育出版社	网 址	http://www.hep.edu.cn
社 址	北京市西城区德外大街 4 号		http://www.hep.com.cn
邮政编码	100120	网上订购	http://www.hepmall.com.cn
印 刷	北京玥实印刷有限公司		http://www.hepmall.com
开 本	787 mm×1092 mm 1/16		http://www.hepmall.cn
印 张	16.75		
字 数	290 千字	版 次	2019 年 9 月第 1 版
购书热线	010-58581118	印 次	2019 年 9 月第 1 次印刷
咨询电话	400-810-0598	定 价	49.80 元

本书如有缺页、倒页、脱页等质量问题,请到所购图书销售部门联系调换

物 料 号 52378-00

前　言

2018 年 5 月 2 日,习近平总书记在北京大学师生座谈会上的讲话中指出:"教育兴则国家兴,教育强则国家强。高等教育是一个国家发展水平和发展潜力的重要标志。"2018 年 9 月 10 日,习近平总书记又在全国教育大会上发表重要讲话,他强调,在党的坚强领导下,全面贯彻党的教育方针,坚持马克思主义指导地位,坚持中国特色社会主义教育发展道路,坚持社会主义办学方向,立足基本国情,遵循教育规律,坚持改革创新,以凝聚人心、完善人格、开发人力、培育人才、造福人民为工作目标,培养德智体美劳全面发展的社会主义建设者和接班人,加快推进教育现代化、建设教育强国、办好人民满意的教育。他强调,教育是国之大计,党之大计。我们要抓住机遇、超前布局,以更高远的历史站位、更宽广的国际视野、更深邃的战略眼光,对加快推进教育现代化、建设教育强国作出总体部署和战略设计,坚持把优先发展教育事业作为推动党和国家各项事业发展的重要先手棋,不断使教育同党和国家事业发展要求相适应、同人民群众期待相契合、同我国综合国力和国际地位相匹配。

事实上,当今世界,教育确实日益成为国家和社会发展的中心。作为一个发展中国家,如何尽快赶上世界先进国家,成为名副其实的现代化国家,教育,尤其是高等教育肩负着重要的历史使命。因此,建设高等教育强国,尽快实现高等教育的现代化,成为当前我国高等教育领域最重要的事情。

经过新中国成立后近 70 年的发展,当前我国高等教育正处于一个绝好的发展阶段。如何总结经验、深化改革,迅速建成中国特色、世界一流的高等教育现代化体系,培养出一流的现代化人才,事关我国社会主义现代化建设的全局,成为中华民族伟大复兴的关键环节。回顾我国高等教育发展的百年历程,曾经的实践和探索无一不成为我们今日构建现代化发展体系的宝贵经验。尤其是改革开放以来的 40 年当中,我国高等教育发展既快又稳,经历了一段翻天覆地的奋进史,已建成世界上规模最大的高等教育体系。其间，我们历经了恢复、改制、扩招和提高四个重要阶段，尤其是自20世纪90年代初开始延续至今的"大改革、大发展和大提高"实践，已经使我们逐步探索出了一条具有中国特色的高等教育现代化发展之路，总结分析这段历程对我国当前的高等教育发展具有重要的借鉴意义。

在我国高等教育飞速发展的过程中，曾经涌现出许多重要的发展亲历者和伟大实践者，他们以自己的实际行动和深邃思考，代表了当时我国高等教育的具体实践。通过研究他们的教育实践和思考，厘清脉络总结经验，不仅可以见微知著，管窥我国高等教育自"大改革"以后的发展规律，还可为当前的深化改革和提高发展，为我国加快建设高等教育强国提供有益的帮助。周远清曾经是我国高等教育发展的一个重要实践者和思考者，他曾分别担任清华大学教务长、副校长、国家教委高教司司长、教育部副部长、中国高等教育学会会长等职，亲历了我国高等教育的巨大变革和飞速发展。尤其是20世纪90年代初到教育部工作以来，他亲自推动了我国高等教育由计划经济体制向市场经济体制过渡这样巨大的改革，为我国高等教育的大发展打下坚实基础。多年来，他一直进行高等教育的实践和思考，在解决实际问题的基础上提出了许多关于我国高等教育发展和改革的思想，这些思想不仅是对他本人多年实践的总结，也是我国改革开放以来高等教育发展的一些经验升华。因此，本书以周远清为具体研究对象，通过对他的教育实践和思考进行归纳分析，梳理我国高等教育的"大改革、大发展、大提高"历程，并尝试总结我国当代高等教育现代化发展的具体路径和基本经验，提出以"实践建设"为特征的我国高等教育现代化发展体系。

这个发展体系强调，以建设高等教育强国为目标，以实现人的现代化为目的，以最终实现文化的现代化和建立高等教育有机生态系统为归宿，从理论、制度和道路三个维度，提出以人为本、和谐平衡的发展方式，并通过目标激励、实践建设等手段，最终达到中国特色的高等教育现代化。在研究中，研究者曾通过剖析周远清的教育实践和思想，详细分析并论证了我国高等教育现代化过程中的理论思考、制度构建和道路选择问题。在此基础上，本书还结合现代高等教育的起源和发展，从我国高等教育多年的实践经验和周远清的教育论述中受到启发，提出了"高等教育现代化的本质是文化现代化"的观点。由于本研究源起于我国高等教育的现实发展实践，并突出发展中积极的建设部分，因此暂将经过总结所概括的我国高等教育现代化发展道路命名名为——"实践建设型"的高等教育现代化发展道路。需要说明的是，书中所有关于这个体系的构思大多来自对周远清教育实践和思想的分析启发,全书的构建也主要围绕着周远清的教育论述来展开,因此尝试提出的一些观点也主要应该归功于周远清。由于书中所选的教育论述主要从 1985 年持续至 2015 年,因此全书也大致成为我国高等教育最近 30 多年发展经历的一个概括总结,只是限于笔者水平,文中肯定会存在不少错误和问题,还望方家海涵。

目　录

第一章 绪论

当前,科学技术成为第一生产力,人力资源成为综合国力的重要因素,教育的作用日益重要。尤其是中国的现代化建设正进入关键阶段,对人才和科技的需求增大,教育效果的好坏对其发展成败的影响日益突出。科教兴国、教育优先发展成为基本国策,教育现代化已经成为国家兴旺的前提基础。多角度、全方位地研究教育发展规律,总结历史经验可以为当前的发展提供重要的启示价值。本书以当代中国的高等教育现代化为研究视角,重点对我国最近30多年高等教育发展的实践进行剖析,并通过分析这个阶段高等教育实践代表人物周远清的探索和思考,总结和归纳出当代中国高等教育现代化的思想基础,以期为当前的高等教育发展提供一些借鉴。

第一节 问题缘起

世纪中国,百年沧桑。一个多世纪以来,先人们前赴后继,为重塑美好中国而不断探索、实践乃至流血牺牲。从最初的"器物"崇拜,历经"制度"迷信,直至开始坚决地进行"文化"重建,国人终于明白了一个道理,那就是:中华民族要重新崛起,必须首先从思想上觉醒,将整个民族进行一次"现代化"的大转变。先有现代化的人,后有现代化的国。国家发展,教育先行,高等教育作为教育的龙头无疑肩负着更为重要的责任,而如何结合时代需要找准我们的发展主题就成为每一个高等教育研究者的重要任务。任何一个研究问题的提出均来自社会或时代发展的需要,本书以高等教育的现代化作为研究的逻辑起点也主要是来自当前国家的发展实际。

一、选题意义

经过多年的大力发展,我国目前的高等教育现代化已经取得很大进展,尤其在一些物质条件和客观的指标建设方面,已经接近或达到世界先进国家的水平。然而,"现代化"是一个综合概念,不仅体现为物质和一些具体指标的现代化,还必须在思想、文化、制度和发展理念方面完成现代化的转型。"人"是现代化的主体,通过加强教育提高人的基本素质才是现代化的本质所在。而在提高人的素质方面,思想是灵魂,没有现代化的思想,就没有现代化的高等教育。我国高等教育的发展归根结底需要有成熟的现代化发展理念,也必将体现在完善的现代化思想和文化方面。因此,在我国正加强现代化建设的当下,除了继续在客观的物质建设方面继续努力以外,加大在思想和文化方面的研究和分析意义重大。

(一)实现国家现代化的需要

近代以降,实现国家现代化,一直是亿万中华儿女的伟大理想和不懈追求。当今中国,我们的现代化任务还远没有完成,振兴中华依然是国人当前最伟大的梦想。现代化是中国复兴的必由之路,这包括经济现代化、社会现代化、政治现代化、文化现代化、生态现代化和人的现代化等六个方面①,这里每一个方面无不与教育息息相关。强国必先强教,优先发展教育是国家兴旺的基础。纵观我国近代发展史,教育现代化自始都同国家的复兴梦想渗透在一起,承载着人们的期望与重托。从最初的中体西用到如今的全面现代化,从最初的科教救国到如今的科教兴国,从当初的壬寅学制到现今的《国家中长期教育改革和发展规划纲要(2010—2020年)》和《统筹推进世界一流大学和一流学科建设总体方案》,教育在国家发展中一直肩负着神圣的历史使命,其对国家代化的重要影响日益受到人们的重视。当前,我国正处于一场新的巨大变革之中,人力资源成为提升国家综合国力的关键因素。教育不仅成为重中之重,而且成为众矢之的。作为一个发展中国家,教育对我国现代化发展的影响和作用还很不够。这不仅需要我们仔细研习世界教育的发展脉络,更需认真回顾中国教育现代化的百年发展历程,尤其要

① 何传启. 中国复兴之路需全面实现"六个现代化"[A]. 中国新闻网,http://www. chinanews. com/gn/2013/02-03/4543709. shtml[EB/OL],2013-2-3.

深刻反思中国当代教育改革过程中的经验和教训,从而更进一步地认识教育在社会现代化中的特殊作用,为国家的全面复兴做好准备。另外,确定有中国特色的教育发展思想、目标和道路,也需要我们能够深刻研究当代中国的教育实践和探索,以为当下我国正在进行的教育现代化提供理论准备和道路设计。

(二)教育自身发展的需要

教育是民族振兴、社会进步的基石。在知识经济方兴未艾的今日,创新成为一个国家的核心竞争力,文化才是一个民族傲立于世的资本。《国家中长期教育改革和发展规划纲要(2010—2020 年)》指出:"中国未来发展、中华民族伟大复兴,关键靠人才,基础在教育。面对前所未有的机遇和挑战,必须清醒认识到,我国教育还不完全适应国家经济社会发展和人民群众接受良好教育的要求。"高等教育作为教育的龙头,因肩负着培养高级专门人才、发展科学技术文化和促进社会主义现代化建设的重要任务而具有更加重要的地位。我国高等教育在百年之中分别学习借鉴过日本、德国、美国、苏联等不同国家的高等教育发展模式,也一直试图建立自己特色的发展道路,但截至目前"钱学森之问"依然困扰着国人,仍然未能建立起属于自己的强大的高等教育体系。面对当前世界高等教育发展的新形势和新变化,如何尽快提高我国高等教育质量,完成我国由高等教育大国向高等教育强国的转变,必须加快改革,完善结构,全面提升人才培养、科学研究和社会服务水平。这就需我们在总结前面发展经验的基础上积极探索、大胆创新,建立中国特色的现代高等教育体系。从而培养更多的优质人才,使我国尽快建成人力资源强国,为中华民族复兴和世界文明进步作出应有贡献。这既是高等教育的梦想,也是中国梦的一个重要部分。

(三)高等教育实践发展的必然选择

时代呼唤理论,理论来自实践。"现代化的科学理论要真正发挥引领社会经济发展的重要作用,关键还是要使研究源于实践、指导实践,并且接受实践的检验。"①自 20 世纪 90 年代以来,随着经济体制的改革和发展,我国高等教育进行了翻天覆地的变革,国家提出要建立世界一流大学的目标并实施了"211""985""双一流"等强教工程。我国高等教育受教育人口已经达到世界第一,成为名副其实

---

① 张其瑶,潘希.现代化科学是民族复兴基础[N].科学时报,2011-1-18 A1.

的教育大国。高等教育先后经过"大改革""大发展"进入了"大提高"的阶段,跨世纪的改革成为我们新世纪发展的前提和基础,这些具体实践是我们继续前进的宝贵财富。[①] 系统总结这个时期我们在实践中形成的一些成功经验,仔细归纳出其中的发展规律或发展模式将为我们今后的发展提供很好的借鉴和启发。

人是实践的主体,对实践的总结离不开对实践着的人的具体研究。周远清曾经担任过清华大学系主任、教务长、副校长,教育部高教司司长、副部长以及中国高教学会会长等职,是一个在具体实践中成长起来的当代教育大家。他长期处在我国高等教育现代化发展的第一线,思考并解决了许多现实中的实际问题,提出了许多重要的思想。这些思想多源于实践,并指导过实践和正被实践检验着,不仅对解决我国高教发展中存在的问题具有很强的针对性和实效性,也将对我国高等教育的未来发展有一定的借鉴和指导意义。由于经历的独特性,研究他的教育实践及思想,实际上也就是在总结分析我国 20 世纪 90 年代以来高等教育的发展路径及实践探索,而对这一历史过程进行详尽、系统地梳理总结,无疑会对我国正在进行的高等教育现代化实践有重要意义。

二、研究价值

当前,科教兴国、教育优先发展早已成为国家的基本国策而深入人心,实现教育现代化是国家兴旺的前提和基础。通过深入分析,多角度、全方位地研究我国高等教育的发展特征,总结经验教训,对当前的发展有重要的启示价值。

(一)世界现代化研究的重要补充

如前所述,在综合国内外对现代化的研究中发现,"现代化"一词已经成为一个带有政治、经济、社会、文化、生态等综合性特征的概念,已经成为"发达"或"先进"的代名词。对于发达国家来说,在经过了工业化、信息化革命以后,已经进入了又一轮的"人本化"时代,这个时代的特征是以追求人类的最终幸福为主要宗旨,对人类发展进行全新的诠释和重新定位。[②] 这样的情势催生了两个主要的变

---

① 马陆亭. 高等教育跨世纪改革为新世纪发展留下的思想财富[J]. 高校教育管理,2013 (5):1-7.

② Stevens,Fred C. J. Goulbourne,Jacqueline D. Simmonds. Globalization and the modernization of medical education[J]. Medical Teacher,2012(10).

化,一是大家开始更加关注"人"本身,并反思之前的"工具"现代化是不是人们所最终想要的人类社会的终极追求。在这样的背景下,现代化研究开始逐渐转向"人文"领域,对教育的反思和研究也开始变得活跃;二是经历过科技带来的负面影响以后,西方不再顽固地坚持自己的文明中心理论,他们开始用世界的眼光来重新审视几个世纪以来被西方文明淹没了的其他文明,试图通过吸收全人类的智慧,来思考建构一个人与自然和谐发展的新时代。这样的时代变化,一方面使教育的现代化研究开始变得作用突出,并逐渐成为现代化研究的重要补充;另一方面关于发展中国家研究的地位凸显,挖掘和总结这些国家的传统及特色经验成为现代化研究的又一重要领域。正因为如此,现代化研究对于发展中国家来说,除了"追赶"先进,达到发达国家当前的高度以外,适时总结自己的发展经验,并将一些卓有成效的思想、做法概括出来,也就成为一个非常重要的任务。实际上,纵观世界历史我们也可以发现,现代化也只有与具体国情相结合,才具有真正的生命力和发展前途。

(二)我国现代化发展的必然要求

在世界现代化发展史上,没有任何一个国家的路径完全相同。这一点对于发达国家来说是创新,因为世界是不断发展的,"现代化"的目标也不是僵死的,它随着时代的变迁而不断变化,总是代表人类文明发展的最新成果,"世界领先"将是其一个永恒不变的特征;而对于发展中国家则体现为一种超越,超越当然也包括创新,但却首先需要一种追赶,而如何赶,就往往成为了发展中国家面临的时代困局。由于前提、背景、文化、传统以及国情、世情的不同,决定了每一个国家都不可能走别人走过的老路,因此现代化对于发展中国家而言,就更多了一份责任,他们必须综合国家的战略需要而设定发展规划,在不同的时期选取不同的重点来发展。就我国而言,从之前的"教育救国"到如今的"科教兴国",一直把教育的优先发展当作国家现代化的主要途径,教育现代化必然成为现代化发展和研究的重要方面。当前,随着信息时代知识经济的涌现,人力竞争成为国家发展的根本,教育现代化也变得更加重要起来。它不仅是一个国家现代化的目标,更成为现代化发展的先导和基础。而如何顺利实现时代赋予我们的这个最新任务,除了积极改革创新发展以外,守正也非常重要,而做好守正就必须加强对以前教育实践经验的分析总结。

（三）高等教育现代化研究的范式突破

对于高等教育现代化研究来说，一般也主要遵循着现代化研究的一些成熟范式，如多从技术手段、物质条件、社会基础等客观条件的发展角度来进行抽象分析和总结。① 我国从 20 世纪 80 年代开始对教育现代化进行研究所形成的成果也大体如此，体现在对教育现代化的内涵、特征、本质、原则、发展等方面，这些研究无不是从理念中推导，大多缺乏对具体实践的深入考察。而实际上，对于一个主要以人的实践为主要构成的社会领域，教育现代化研究中一个非常重要的方面必须是对人们具体实践的研究和总结。因此，关注现实、关注当下、关注在现实和当下人们的具体实践，理应是教育现代化研究的重要范式。其实，通过人物研究来折射一段历史的做法一向是历史研究中的一个重要范式，因此借鉴这一范式对教育进行研究实际也并不鲜见。当前对蔡元培、梅贻琦、陶行知等现代教育家的研究已经很多，对当代教育家的研究也已不再稀奇。然而从现代化的角度，运用人物研究的范式来反映一个时代特征的研究在当今的教育现代化研究中还未尝见过。比如对于笔者选定的周远清，近年来国内虽然也已经有了一定的研究，但总体看来，大家的研究还是缺乏一个鲜明的主题和一个明确的范式，没有能将具体人物置于我国现代化发展的大背景中，更没有能引进现代化的研究范式进行深入剖析和凝练总结。因此，利用对一个人物的深入剖析来展现我国高等教育现代化的一段历史，并从中归纳总结出我国高等教育现代化发展的思想支撑、制度建设和道路选择，既是对现代化研究范式的一种突破，也是对我国当前高等教育现代化研究的一个重要补充。

（四）我国高等教育现代化发展的模式总结

按照多数学者的意见，同现代化发展一样，教育现代化的发展也主要分为两种类型，即内生型和外生型。在发达国家中，教育多随着经济社会的发展而自然成长，是内生的。其发展的主体选择性不强而受到社会和市场的影响较大，因为保持着世界前沿的领先地位，对发展中国家的教育发展具有引导性和示范性。而在发展中国家，则多因国家发展需要而按照发达国家的模式来改造或建立自己的

---

① Zasypkin V. P.. The Modernization of Higher Pedagogical Education in a Region [J]. Russian Education and Society, 2011 (9).

教育体系,因此被普遍认为是外生的。其发展的主体选择性较强,受国家政治的影响较大,在发展上呈现一种追赶的态势,在建构自己的特色方面往往步履艰难。我国的教育现代化就属于这种类型。然而作为一个传统的文化大国,仅靠简单的模仿和复制既难以承继自己的历史,也不能实现真正的现代化。对此,我国的现代化历程已基本给以证明。正因为如此,走自己特色的道路一直是我国现代化的主基调,高等教育现代化亦然。通过对之前发展历程的总结发现,我国高等教育由于在学习国外发展模式中的彷徨和反复,现代化仍是一项未竟的事业,而这也正好成为本研究的又一个价值所在。由于本身经历的独特,周远清成为我国当代高等教育现代化发展的一个积极实践者和思考者,对其思想进行全面的总结分析,既可以为当前我国的高等教育现代化发展提供有益借鉴,弥补我国对高等教育现代化实践研究的不足,也可以透过现象为总结我国高等教育现代化发展模式提供一些启示。而且笔者在经过对周远清教育实践及思想的总结分析后发现,一个具有我国特色的、建设实践型的高等教育现代化发展模式已经初见端倪,为此也更加坚定了笔者选取这个研究论题的决心。

第二节　研究综述

一、核心概念

（一）中国当代

这是关于研究的地域和时间范围的界定词。按照现代国际法的定义,"中国（China）",自 1949 年之后即由"中华人民共和国（The People's Republic of China）"作为其唯一合法的代表,它继承了之前政府的所有权利,地域上包括大陆、香港、澳门及仍未统一的台湾地区。历史原因使得香港、澳门和台湾地区自近代以来经历了同大陆地区不同的发展历程,由于这些地区地处边陲,并不能反映整个"中国"的发展状况,因此,本研究选定的研究范围,主要是最能代表"中国"的广大大陆地区,而并不涉及香港、澳门及台湾地区。

"当代",主要是个时间概念,即当下这个时代之义。通常意义上,当代是对人类发展历史阶段的一个定性界定,多在一个具有划时代意义的时间节点之后,比如第二次世界大战结束在世界上就被广泛当作一个新时代的标志。从全球来看,目前人们所称的当代多指以原子能、空间技术、生物工程和网络信息技术等为代表的第三次科技革命以后的时期,其时间界定大体是 20 世纪 40—50 年代以后至今。

在中国,"当代"这个概念一般指 1949 年中华人民共和国成立后的社会主义建设发展时期。而实际上中华人民共和国成立后,以 1978 年实行改革开放为标志,我国还可以再细分为两个发展阶段,即完全实施计划经济时期和逐步过渡为社会主义市场经济时期。由于后一个阶段中国的改革力度之大,以至于完全开启了一个新的时代,其在我国现代化发展过程中的许多方面都存在着事实上的重新建构,是真正影响我国现代化未来走向的一个重要时期,因此,在本书中,"中国当代"这个概念所选定的时间范围,则主要限定在我国实行改革开放政策以后至今的一段时期。

(二)高等教育

何为高等教育?按照维基百科的解释,高等教育(Higher Education),又称专上教育(Post-secondary Education)是一个教育层级的概念,广义上是指一切建立在中等教育基础上的专业教育。这个层级涵盖了学园、大学、学院、神学院、理工学院、技术学校以及其他颁授学位或专业证书的学院级机构(例如职业学校)。[①]而我国于 1998 年通过的《高等教育法》,将高等教育定义为"在完成高级中等教育基础上实施的一种培养高级专门人才的活动"。目前我国存在的高等教育方式主要有普通高等教育、成人高等教育、高教自学考试、电大开放教育和远程网络教育五种。其中,普通高等教育是我国高等教育的主体。它主要指招收高中毕业生进行全日制学习的学历教育以及在其之后的研究生教育。其层次主要分为博士学位研究生、硕士学位研究生(包括学术型硕士和专业硕士)、第二学士学位、本科(包括统招专升本)、专科(含高职)。当前这五大类学历教育是教育部最为正规且用人单位最为认可的学历教育。

目前我国高等教育的机构主要为普通高等学校、研究院所、考试机构以及电大和开放大学。其中普通高等学校是我国高等教育的主体,它通过全国统一招生考试招收普通高中毕业生为培养对象,实施高等教育的公办本科大学、独立学院、民办高校和职业技术学院、高等专科学校等办学形式。根据高考中录取批次和分

---

① http://wikipedia. tk. gugeeseo. com/wiki/高等教育[DB/OL],2019-3-16.

数的区别,本科还可分为一本、二本、三本,但它们都属于本科教育层次,实际上是同一个等级。只不过一本院校属于"重点本科高校",而二本、三本院校属于"普通本科高校"。它们主要是侧重不同,前者注重对学生培养中的基础理论教育以及自己对国家和社会的科学研究使命,而后者则注重应用型人才的培养,以将理论转化为实践作为其立命之本。按照国家教育发展研究中心的分类,目前中国高等学校可分为研究型、教学研究型、教学型本科院校以及高等专科和高等职业学校四种类型。以上这些再加上承担我国业余学历教育的高校成人教育、远程网络教育学院以及高教自学考试机构、电视广播大学和开放大学共同构成了我国当前的高等教育体系。本书中所指的高等教育主要是承担我国高级人才培养和知识传承创新的普通全日制本科学校。

(三)高等教育现代化

高等教育现代化是现代化社会的重要组成部分,它包括高水平大学、世界领先的科技水平、与之相适应的发达的经济、文化实力以及整个民族的素质提高等内容。它包含的内容相当丰富:一方面是教育软硬件的现代化,主要包括教育思想、教育制度、教育内容、教育方法和手段等,这是教育现代化的表层意义;另一方面,主要指建立一种与现代社会发展相适应的教育机制或体制,使其能更好地为现代社会发展服务,这是教育现代化的深层意义。① 从这个意义上讲,它一般包含两个维度的发展与变化:一是与它所处社会的现代化进程相适应的发展变化;二是与当前世界现代高等教育发展趋势相适应的发展变化。② 这种变化使教育不断适应时代发展,反映并满足现代生产、现代科技发展需要,达到现代社会发展所要求的先进水平。需要注意的是,与一般的现代化发展意义不同,高等教育现代化除了体现为自身发展的纵向历史比较,还更加体现在它与现代国际社会最新发展状态的横向对照方面。由于知识是无国界的,奠定在现代科学基础上的高等教育具有普遍性的特点,因此,其现代化在体现各自国家和民族特色的时候还必须与世界高等教育的现代发展潮流密切关联。

---

① 何杰. 高等教育现代化的内涵及其价值取向[J]. 淮阴师范学院学报(哲学社会科学版),2005(5):684.

② Hayhoe, Ruth. . Education and modernization[M]. 1992:78.

（四）周远清教育思想

周远清是我国当代高等教育实践者、改革者和思考者，是我国高等教育改革发展和现代化建设的直接参与者和设计者。他在主持国家高等教育工作时期，适逢国家对高等教育的重要改革时期，其实践和思想不仅推动当时的高等教育发展取得了重要的成果，对我国当前的高等教育发展也有重要指导意义。在具体的实践中，他敏学善思，笔耕不辍，形成了一系列有价值的思想和理论，成为我国当代高等教育现代化发展的宝贵精神财富。这些思想既显示了周远清本人探索高等教育改革发展的思考光芒，也是中国当代高等教育现代化进程中集体智慧的结晶，成为当前我国高等教育实践的重要思想支撑。本书中对周远清实践及思想的研究主要界定于 1981—2016 年间，我国高等教育所经历的那段飞速发展时期。关于"周远清教育思想"的内涵，也主要是以周远清本人的思考为主，主要表现为周远清历年来的即席讲话、文章和一些报告，代表了当时我国社会关于高等教育领域改革和发展的一些主流思想。由于 1992—2000 年，周远清是我国高等教育的主要负责人，因此，其言论不仅代表了当时国内的主流学派，事实上也真正主导了我国的高等教育实践。这些思想应该说集中代表了那一时期我国高等教育发展的思想支撑，它们大部分都是周远清本人的思考，也有一些是周远清从国内诸多思想中主动筛选出来的，还有一些则代表了当时国家的主要态度和考虑。这些思想大多凝结在周远清的历次讲话和文章中，并以文本的形式保存下来。对这些思想来说，周远清无疑作出了很大的贡献。因此本书对于在那个阶段出现在周远清教育文本当中的、那些曾指导过我国高等教育现代化发展和之后仍对我国高等教育实践起了重大影响作用的思想，将统一以"周远清教育思想"来指代。因为主要以周远清教育文本为研究资料，所以对于从这些资料中所归纳出的教育思想也将不再做具体的细化分析，如哪些是周远清的个人思考，哪些是他吸收别人的，哪些又是他贯彻执行的国家决策等，而一概囊括在"周远清教育思想"这个概念里。

二、文献综述

（一）现代化的基本涵义

"现代化（Modernization）"一词，在西方直到 20 世纪 60 年代以后才在社会科学研究中逐渐流行起来。它原本仅是一种思潮,后来渐渐变为一种研究范式,被广泛应用到各个方面。在我国,"现代化"一词运用更早并早已家喻户晓,它早期同"西化""欧化""近代化"等词意义相似,意指向西方国家学习,达到富国强兵的状态。现今运用最多的也主要在这一方面,只不过学习的目标和内容随时代发展已有了显著的变化。正是由于我国"现代化"对"学习"的强调,因此,它同教育的关系也就更是如鱼附水而须臾不可分离,这一点在知识经济一日千里的今天尤甚。

对于现代化的准确定义,当前国内外尚缺乏一个明确的说法,只是因为这个概念具有极强的包容性和使用的高频率,现在有很多方面被学者们所接受和应用。尽管大家都强调"现代化"的理论体系不够科学和完整,却依然有很多人在从事这方面的研究,并广泛运用"现代化"这个术语来描述当代社会所发生的一切事情。当前世界对现代化的研究主要有"思潮说""状态说""过程说""研究范式说"和"历史范畴说"等几种主要论述。

思潮说主要将"现代化"看作自 20 世纪 50—60 年代以来由西方逐渐兴起的一种社会学和历史学分析思潮,意指"人们在描述自然和社会现象的过程中创新出来的一种思维方式"。[①]

状态说则认为,"现代化"主要指世界先进国家在进行工业革命后迅速达到的一种先进状态,既包括"工业社会"状态,也包括所谓的"后工业社会"状态。它并不完全指经济发展一个方面,也包括随之而来的政治、文化、生态等一系列社会变化及结果,[②]它的标准和条件多元,有法制化、民主化、都市化、工业化、福利化、均富化、宗教世俗化、知识科学化、教育普及化等多项目标参考。[③]

过程说主要是发展中国家对"现代化"的理解,它意指经过一段时间的发展以后,在社会、文化、经济、技术等方面赶上世界先进水平的历史过程。如美国普林斯顿大学社会学教授 G·罗兹曼(Gilbert Rozman)曾指出,现代化是人类历史上无可避免的、最剧烈、最深远的一场社会变革。[④] 它在各个地区的发展并不相

---

① 转引自陈劭锋,牛文元,杨多贵. 现代化指标体系的设计与测度[J]. 中国科技论坛,2001(6):54.

② 罗荣渠. 现代化新论——世界与中国的现代化进程[M]. 北京:商务印书馆,2009:12.

③ 杨国枢. 现代化的心理适应[M]. 台北:巨流图书公司,1978:24.

④ [美]吉尔伯特·罗兹曼,中国的现代化[M]. 国家社会科学基金"比较现代化"课题组译. 南京:江苏人民出版社,2010:3-5.

同,主要分为先行自发国家和成功的后来者,前者在一个很长的时间内,循序渐进地将本国中一些基本因素进行了成功转变,如西欧和美国;而后者则主要依靠借鉴国外模式或在外来模式的冲击下,迅速改变了传统的结构,如日本、韩国等。中国亦属后者。

范式说的著名代表人物是德国著名历史学家马克斯·韦伯(Max Weber)。他认为,现代化是一种"文明的形式",代表了一种历史时代,主要体现为一种心理态度、生活方式和价值观的改变。① 韦伯学派将现代化代指为"合理化",并突破了纵向的历史学研究的范式而提出了横向的社会学研究的一些方法,逐渐将"现代化"发展为一种研究当代社会变化的理论范式。

历史范畴说的观点主要源于对马克思主义"现代"观的研究和认识。马克思主义者认为,历史发展是分阶段的。"现代"既是对当事人所处时代的一种时间概念,也主要反映一种由生产力变革所形成的社会发达阶段。在《共产党宣言》中,曾经出现过很多关于"现代"的提法,如"现代国家政权""现代工业""现代资本家阶级""现代资产阶级社会""现代雇佣工人阶级""无产阶级即现代工人阶级""现代的工人"等等提法,均突出了"现代"的时代意义。他们甚至还直接将这个"现代"解释为"我们的时代,资产阶级时代"。② 因此,马克思主义的现代观是一个特定的历史范畴,"现代性"特指资本主义时代的特征,"现代化"也就是指由传统社会向资本主义社会的具体转变。

综上,对"现代化"的几种归纳,相互渗透和相辅相成。可以说现代化既是一个过程,也是一种状态;既代表人类从传统社会向理想社会转变的一个历史进程,也标志着人类文明发展的一种前沿状态。现代化研究涉及方方面面,是一个全面、综合、复杂的研究范式及理论。从时间上来说,大约从公元 1500 年起始到永无止境的"当前";从性质和水平来说,代表人类先进水平的工业化、后工业化、信息化、城市化等基本特征;从动态上看,主要是发展中国家追赶发达社会水平的一个过程。它在时间上只有起点,没有终点,不同时代的现代化有不同的水平,其指标水准也不会固定不变。总的来说,"现代化"可认为是一个有若干维度和层面的复杂概念,发达国家侧重于理论,主要是用"现代化"的视野来分析和观察一些

---

① [德]马克斯·韦伯,世界经济通史[M].姚曾广译.上海:译文出版社,1981:301.
② 中央编译局.共产党宣言[A]//马克思恩格斯选集(第一卷)[M].北京:人民出版社,1997:271-307.

社会、历史问题;而发展中国家则更多着眼于实践,倾向于从增强国力、提高国家地位的角度,主要从经济、政治、文化的角度来分析研究"现代化"。我国是一个发展中国家,因此对"现代化"的理解和运用也以后者为主。一定时间之内,"现代化"在国人的心目中与"救国""强国"等概念所差无几,被广泛运用于政治口号或政府报告中。比如当前,实现国家"现代化"仍然是"中国梦"的一部分,各行各业都提出了自己的现代化目标来激励和鼓舞人心。

分析发现,学者们已经分别就不同领域里的现代化展开了各种分析和研究,进行了许多宝贵探索,提出了许多有益之见。可以说,作为一种理论范式,现代化研究尽管仅有 50 多年历史,却流派众多。如从研究视角的角度,将世界现代化的发展主要区分为两种不同的发展模式,即发达国家的"自然成长型"和发展中国家的"后发追赶型";另外还有针对发达国家的"后现代理论"①,针对落后国家的"经典现代化理论"②以及我国学者何传启提出的"第一次现代化和第二次现代化理论"③等。实际上,从世界范围内来看,现代化并没有所谓的标准模式和最佳模式,而必须根据一国的实际状况去选择不同的发展模式。需要指出的是,无论处在哪一个现代化阶段,选择哪一种路径,"人"的觉醒和发展都应该是第一位的。因此知识和文化也理应成为现代化发展中最主要的因素,由于这些因素的发展都无法离开教育,这也就给本研究提供了最为重要的一个理论和现实支撑。

(二)教育现代化

教育现代化作为一个整体的发展过程而存在,除具有现代化的共性之外,也有一些自己的独特属性。它是社会现代化有机整体的一个组成部分,是一个具体

---

① 这种理论主要用来解释发达国家未来的发展。主要体现为一种对现代思想的否定和重构,强调在传统社会和现代社会之后为"后现代社会"。这个理论最大的问题就是造成了世界范围内"现代"和"后现代"的时间交叉和理论混淆,使"后现代"成为一个比较模糊的概念。

② 这种理论认为现代化主要指从传统的农牧文明向工业文明转变的历史过程及其转变过程中发生的一些经济和社会变化等。该理论不仅将现代化看作一个历史过程,也看作是一种发展状态。它并不是一个单一的理论,是不同领域、不同学者对现代化研究的成果统称。

③ 我国学者何传启在 1998 年提出了"第二次现代化理论"。这种理论认为,第一次现代化就是农业文明向工业文明的转变;而第二次现代化指从工业时代向知识时代的转变,是一种新的现代化,之后人类还将进入未来的现代化阶段。这个理论化解了后现代化理论的时间和概念困境,对人类文明的发展规律提出了全新解释。在发达国家里,第一次现代化已经完成,现在主要是第二次现代化;而在发展中国家,则两次现代化都需要发展,面临着不同于发达国家的双重压力。

的概念,而并不是一个抽象的模型。① 就像人们对现代化难有一个统一说法一样,学者们对教育现代化的看法也仍不一致。综合当前国内研究,主要有过程论、西化论、要素论、人化论和文化论等五种观点。

过程论的观点认为教育现代化主要是传统教育向现代教育转化的一种过程,持这种观点的主要有顾明远、周川、冯增俊等学者。他们认为,这种转化并不需要把传统教育全部抛弃,而是通过对传统教育的选择、改造、发展和继承去构建一个新的现代教育。② 这种观点有别于另一种将现代化转变也看作一个过程的西化论。西化论强调西方发展模式的普世性,认为后进国家要想实现现代化,就必须实施西方化。③ 它忽略了教育发展中传统因素的重要作用,认为西方就是现代化的模板,教育现代化就是要照搬西方的模式,是一种比较狭隘的过程论观点。

相对而言,要素论的提出则对教育现代化的研究进行了更加全面的补充。它从教育只是社会众多要素之一的角度指出,没有社会其他层面如政治、经济、文化等的现代化,就不能有教育现代化的发展。④~⑦郑金洲、李铁映、褚宏启、赵同森、侯菊英等都持这种观点,他们认为,社会的各主要方面达到现代化是实现教育现代化的必须和先决条件。这种概念界定的重点在于教育的社会属性与功能,带有明显的社会价值倾向。

人化论其实是要素论的特殊表现,它认为教育现代化的关键是"人",强调"人"在这个过程中的主体性。这种观点突出了"人"在现代化中的重要和关键地位,认为现代化实现的前提和目的都必须是"人"。因为教育在"人"的发展中具有的重要作用,从而将教育现代化作为实现国家现代化的前提和最终归宿。⑧ 这个界定体现了人道主义的价值追求,同强调社会本位的价值取向不同,是一种个

---

① 张平海. 现代化视野下的中国教育(1862—1922)[M]. 昆明:云南大学出版社,2006:11.

② 顾明远. 关于教育现代化的几个问题[J]. 中国教育学刊,1997(3):10-15.

③ 顾明远,薛理银. 比较教育导论[M]. 北京:人民教育版社,1996:209-210.

④ 李铁映. 社会主义现代化建设的奠基工程:认真学习、宣传和实施《中国教育改革和发展纲要》[N]. 人民日报,1993-03-03(3).

⑤ 郑金洲. 教育现代化与教育本土化[J]. 华东师范大学学报(教育科学版),1997(3):1-11.

⑥ 褚宏启. 教育现代化的路径[M]. 北京:教育科学出版社,2002:67.

⑦ 赵同森,侯菊英. 试论教育现代化的内涵及其对教育的客观要求[J]. 河南社会科学,1998(2):106-109.

⑧ 邬志辉. 教育现代化的实质及其启动点的选择[J]. 教育评论,1998(3):8-10.

体发展取向的界定,也不免失之偏颇。

近年来受西方后现代主义思潮及发展中国家文化觉醒的影响,一种"文化论"的观点也渐渐清晰起来。这种观点认为,文化是教育发展的土壤,教育的发展实质是一种文化的外在体现,只有文化发展了,教育才能最终变化。文化现代化是教育现代化的本质表现,教育就是文化。① 由于文化本身的丰富性,其实质往往涵盖了社会精神和物质生活的各个方面,因此,这种观点一方面更加全面地表现了教育现代化的本质,另一方面却又由于文化本身的难以把握而尚未形成共识。

总之,无论哪一种界定,我们都可以看出,作为社会现代化的一部分,教育现代化既是一个新旧的转化过程,也是一种现代性的状态。它是一项复杂的系统工程,包括了教育思想、教育制度以及教育发展方式等的现代化。它通过各要素的积极选择而不断创新发展,逐步累积教育中的现代性,最终达到和保持一种先进的教育水平或状态。② 高等教育作为教育的一个分支,其现代化的内涵大体同教育现代化一样,也是一个具有目标指向(状态)的教育发展过程。③ 它是教育中的一个特别领域,其现代化具体反映了社会现代化过程中的一个特殊层面。

(三)中国的高等教育现代化研究

由于现代化作为一门理论和研究范式的时间尚短,因此从世界范围内来说关于高等教育乃至教育的现代化研究也都仍然没有形成比较成熟的体系。作为一个现代化的发展中国家,我国学者经过多年的奋起直追,虽然也对此方面的许多研究进行了探索式的发展,填补了一些理论空白,并为具体的实践作出了相当贡献,但仍不可避免地存在着许多不足之处。这包括:一,尚未建立起大家公认的高等教育现代化研究方法和理论范式,也没能形成相对完整、成熟的理论体系;二,由于关注不够,因此尚未能建立起相关保障高等教育现代化顺利发展的政策和法律、法规;三,对教育现代化指标和评估体系的研究也还存在着不够科学和流于形式等问题;四,在教育现代化的道路体系方面仍缺乏系统的阐述和论证;五,对我

---

① 周远清. 文化的教育 教育的文化[J]. 中国高教研究,2012(10):1-3.

② 汪瑞林. 何传启访谈:中国现代化教育要先行[N],中国教育报,2013 年 3 月 5 日第 3 版.

③ 何杰. 高等教育现代化的内涵及其价值取向[J]. 淮阴师范学院学报(哲学社会科学版),2005(5):684.

国自己的教育现代化发展经验总结不够,过分推崇世界先进做法,造成在实践中的理论不清等。这些问题的解决还有待于理论研究的积累与创新。

1. 关于高等教育现代化发展历程的研究

我国学者的研究普遍倾向于接受世界上对高等教育的"现代化"阶段分类,即"四阶段说"①。第一阶段:18 世纪后期至 19 世纪中叶。这是欧洲工业革命加剧、资本主义制度逐步确立的时期,高等教育伴随经济和社会的极大变革开始呈现出"民主化""人本化"等"现代性"的发展趋势。第二阶段:约从 1870 年代开始到第二次世界大战结束。在这个阶段,在社会生产力的迅速发展以及新的科学技术革命的推动下,高等教育出现了"科学化""社会化"趋势。第三阶段:一般指第二次世界大战结束后至 20 世纪 80 年代初,此时高等教育领域里发生了大众化和多样化的趋势。第四阶段:20 世纪 80 年代至今,主要特点是高等教育表现出了强大的信息化、文化化和国际化趋势。这些对高等教育现代化发展历程及其时代特点的研究表明:高等教育发展从来都不是一个孤立事件,它与社会变化有着非常紧密的联系。因此进行高等教育研究决不能单独进行,而必须系统地从整个社会或国家发展中来观察。

2. 关于高等教育现代化的发展趋向研究

当前对于这方面的研究也主要是根据世界政治、经济、社会及科学发展的整体来判断的。概括起来主要有以下几种趋势:一,战略化。在知识经济时代,科学技术成为第一生产力,人才在国家竞争中的作用日显,高等教育越来越受到重视而成为许多国家的战略发展重点。二,国际化。知识无国界,当今世界各国高等教育之间学术交流日益频繁,国际合作日益增加,一些著名高校日益成为国际学术中心,许多国家也用更加广阔的国际视野来制订高级人才的培养目标。三,社会化。大学与社会之间的联系日益密切,其社会作用越来越大,正日益从社会的边缘走向经济、政治和文化的中心,其与社会的边界正变得越来越模糊。四,大众化。高等教育的受众进一步扩大,受继续教育、终身教育思潮的影响,世界高等教育越来越向广大民众开放。五,信息化。信息技术在高等教育领域的应用日益广泛,使高等教育在某种意义上正变成一种信息产业,信息教育也得到了充分的发展,高等教育的形式正在随之改变。六,"新人本化"。由于出现了环境污染、生

① 罗荣渠. 现代化新论——世界与中国的现代化进程 [M]. 北京:商务印书馆,2009:33-58.

态环境破坏等问题,以及由于人们对物质财富极大追求而导致的精神失落现象的出现,使人们开始重新思考"人类生存的本身目的",开始重新重视"人"的作用,它的具体特征为在教学过程中对人文教育的重新加强和注重从全面发展和个性发展的角度来培养人。

3. 关于高等教育现代化发展路径的研究

对于高等教育的发展路径,我国学者普遍认为,应将发达国家和落后国家进行区分,并总结出"内生型"和"外生型"两种状态。当前国内学者大多认为,我国高等教育现代化目前仍处于追赶阶段,其性质属于外来激发型,它的具体发展应该与我国传统相结合,注重培养自身特色。应当与现代科技发展相适应,坚持教育的社会主义导向,正确处理教育中传统与现代的关系。因为科学技术成为第一生产力和社会经济发展的加速器,高等教育现代化必须适应现代科技的发展,并充分考虑社会发展需要,建立与现代社会发展互相适应的机制。另外,经济是社会存在和发展的前提,我国高等教育现代化还必须首先考虑为经济建设服务,建立与国民经济发展相适应的机制。再者,我国高等教育现代化还应该多多加强国际交流与合作,培养出更多的国际性人才,从而为我国经济能更好地融入世界而奠定坚实基础。最后,高等教育现代化应该超前于整体社会的发展,这些不仅可从人才对现代社会发展的重要性中得到启示,也是人才培养需要一定的时间,理应走在社会需要的前面而使然,还可以通过后发追赶成功的德、美、日、韩等国家的实例中得到证明。综合上述几点认识,可以看出"建设高等教育强国"已成为我国当前高等教育现代化发展的时代目标,学者们对此论题的研究也逐步深入,这已成为我国当前高等教育现代化研究中的最新动向。

4. 关于高等教育现代化价值取向的研究

关于高等教育发展价值取向方面的研究,当前我国学者的研究主要集中在四个方面,分别是:以"全方位为社会主义现代化建设服务"为宗旨的国家发展取向方面的研究、以实现"人的现代化"为主要目标的个体发展取向研究、"面向全体受教育者"的民主化取向研究和"以追求更高效率"为目标的效率化取向研究。[①]第一,实现人的现代化是高等教育现代化的本质。对这一认识,国内大多学者比较统一。段作章在其1998年发表的文章《我国教育现代化的价值取向与推进方

---

① 何杰. 高等教育现代化的内涵及其价值取向[J]. 淮阴师范学院学报(哲学社会科学版),2005(5):684-686.

略》中就已指出,人的现代化是教育现代化的起点和归宿。① 其后张应强教授在其博士后论文《我国高等教育现代化的反思与建构》中更是从哲学的层面给予了详细的论述。学者们普遍认为,高等教育现代化并不只是"化"为现代教育就算成功了,而是要在现代教育的基础上,追求更为长远的"现代性",确立"人本论"的价值取向。② 因为"人"的现代化取向意味着人的行为必然会伴随其态度和价值观的改变而改变,并最终改变国家的现代化发展。③ 第二,以关注国家发展为主体的价值取向。这种价值取向具有典型的工具性,因为在现代社会教育的重要作用性突显,国家正日益成为教育的控制者和管理者,所以国家权力在教育领域中理性化的运作便成为其健康发展的关键④。第三,民主化取向。这是一种提倡打破原有"精英教育"模式而走向开放的、全民式的教育,它需要构建一种终身化的教育体系,体现为在高等教育现代化进程中对教育平等的追求。⑤ 第四,效率化问题。这主要是针对发展中国家的教育现代化而言的,作为后发国家,必须要在尽可能短的时间内完成对发达国家的追赶,这使其面临的压力是双重的,因此其效率问题也就一直是其发展中的一个重要价值选择。

5. 关于高等教育现代化具体内容的研究

对于高等教育现代化的具体内容,以往的研究主要集中在物质方面的条件或指标建设方面,而实践却不止于这些,思想观念、体制制度和道路建设等也一直是人们所关注的重点。对于物质条件方面的研究随着社会的发展其实一直是动态的和发展变化的,而其他方面的研究则显得相对稳定的多。如今,在高等教育观念的现代化研究方面,大家对"教育思想和教育观念的改革是先导"这句话已经取得共识,并普遍认为思想和制度的充分发展是高等教育现代化最重要的内容。首先,高等教育现代化的灵魂是思想和观念的现代化。只有正确处理好传统与现代的关系,理想与现实的关系,教育价值取向中"适用性"与"合理性"的关系,建

---

① 段作章. 我国教育现代化的价值取向和推进方略[J]. 吉林教育科学,1998(5):26-28.

② 蔡雨沁. 高等教育现代化的本体价值论[J]. 苏州大学学报(哲学社会科学版),2009(1):122.

③ [美]英克尔斯,史密斯著,顾昕译. 从传统人到现代人:六个发展中国家中的个人变化[M]. 北京:中国人民大学出版社,1992:451.

④ Daniliuk AI. Principles of the Modernization of Pedagogical Education [J]. Russian Education and Society. 2011(11):78.

⑤ 何杰. 高等教育现代化的内涵及其价值取向[J]. 淮阴师范学院学报(哲学社会科学版),2005(5):684-686.

立一种切合实际的、与中国国情相适应的高等教育思想体系,才能保证我国高等教育现代化的顺利实现。其次,制度现代化是高等教育现代化的重要保障。它一方面可以使高等教育的现代化成果得到很好的保障和落实。另一方面好的制度也可以促进高等教育新观念的产生,从而帮助我国高等教育现代化加速发展。我国当前的高等教育制度主要是借鉴国外发展模式而建立的,然而作为一个历史悠久的文化大国,现代化绝不可能通过简单照搬和模仿国外经验而实现。我国要实现真正的高等教育现代化,必须从实际出发,处理好学习外国与发展自身的关系,走自己特色的道路。

综上,我国过去对高等教育现代化的研究,尤其在其发展的内涵、特征、原则、历程、内容、方向等方面已经取得了一定的成果。结合现代化研究范式及理论,从教育现代化研究的大背景出发,学者们对高等教育现代化的特殊规律都进行了有益的探索,也较具体的在一些手段和物质建设方面提出了一些实践尝试和经验总结。然而同教育现代化的研究现实一样,以往我国对高等教育现代化的研究也多从理论和逻辑的角度,过多关注了对现代化的性质、比较以及指标体系等方面的分析,而忽视了对我国具体实践以及各种现实问题的研究,更缺乏从实践的角度所进行的理论总结和构建,尤其难见从宏观层面对思想体系、制度建设和发展道路方面的总体概括或经验总结。因为在可见的研究中一般多源于从西方世界的现成理论体系中寻找现象的具体解释,而对我们自己多年来的实践成绩则未免有忽视和遗忘之虞,而这也正好给了本研究开展的空间和理由。

第三节　研究的理论分析

一、研究的理论基础

(一)"现代化"理论

按照西方的研究,"现代化(Modernization)"一词可以从静态和动态两方面来进行解释。从静态的角度表述,现代化往往被描述成一种状态或性质;而如果从动态的角度描述,现代化就是一个过程,其实质是一种特殊的社会变革。由此,西方的研究者在 20 世纪六七十年代兴起了以"现代化"为视角的一种研究范式,其主要是用来研究社会发展形态和变化过程的理论基础。在中国,"现代化"一词是实践的产物,它的出现同我国的变法图强运动相伴相随,走进人们的视野也比西方人要早。因此同西方将现代化作为一种思潮和研究范式不同,其实质实际上是一种对传统的否定和对世界先进的政治、经济、社会文化的学习。这一分歧使中国的"现代化"主要被赋予了一种实践的意义,只是在 20 世纪 80 年代以后从西方引进"现代化"研究理论和范式之后才被赋予理论方面的意义。正因如此,中国虽然已经经过了 100 多年的现代化历程,但却没有形成鲜明的现代化理论,甚至在西方现代化理论传来之前我们一直缺乏对现代化内涵的深刻认识。近 30 年来,不仅是我国现代化取得最大进展的时期,也是我国现代化理论研究的黄金时期。由于现代化的实践性,我们已拥有很多实现"现代化"的经验及教训,但从理论的角度对其进行总结,却总显得不够深入和及时。20 世纪 70 年代末以来,我国发生了翻天覆地的变化,尤其是实行市场经济制度以后,各方面都经历了一番激烈的变革,既取得了一些成绩,也产生了一些问题。因此用现代化的理论和研究范式深入总结和分析我国近 30 年,尤其是实行市场经济以来的现代化得失对于我们正在进行的"现代化"建设将有重要的启示和借鉴意义。

(二)历史唯物主义和历史制度主义理论

马克思主义认为,社会存在决定社会意识。在社会发展中,既存在一定逻辑规律,也存在一定历史偶然,但历史发展最终由社会的基本物质条件决定,因此总的来说,历史有其一定的发展规律,呈现出一种历史与逻辑的统一性。人民群众是历史的主体,但杰出人物对历史的发展有重要促进作用。一个人,在历史上所起的作用,不仅是个人的天赋,而且和其所拥有的权力、所处的地位直接关联。处在特殊位置上的人物,在他权力所及的范围内,在造就他的社会关系所允许的限度里,可以按照自己的意志改变历史的面貌,给历史发展以深刻的影响。[①] 另外,实践是认识的现实来源、发展动力和最终目的,是检验真理的唯一标准。而认识对实践具有反作用,正确的认识可有效指导实践的发展,反之则会阻碍实践的正确发展。认识和实践辩证统一,认识来源于实践,实践受认识影响及指导,为实践而产生的理论才是真理论、理论与实践统一方能够产生最大的效力。

历史制度主义和历史唯物主义一样,都试图回答制度变迁背后隐藏的深刻道理。所不同的是,历史制度主义在分析制度产生时,所用的分析范式主要体现在

① 刘克辉. 论历史人物的个人责任问题[J]. 史学月刊,1994(2):106-111.

结构观和历史观方面,从而更加强调宏观的社会背景和偶然发生的事件的作用。在结构观中,它除了强调政治制度的重要作用,也极为重视各个变量之间的组合方式;而在历史观方面,它强调政治发展中路径依赖在制度变迁中的特殊性,主张多加关注过去对现在的重要影响,将研究的重点集中在追寻事件发生的历史轨迹上。① 制度变迁中最重要的考量即是路径依赖,路径依赖指在一个体系内,曾经被系统接受或采用的机制或因素,像物理学中的惯性一样会沿着一个固定的路径持续演进,从而难以再创新或被其他机制所取代。该理论认为,系统内先发展起来的机制常常凭借其先占优势实现自我增强的良性回转,从而对现在和未来产生巨大影响力,即"人们过去的选择决定着他们现在可能的选择"②。从制度变迁的原因来看,制度变迁可分为四种情况:制度微调、制度转换、制度置换和制度断裂。这四种情况可以归纳为两种类型,即突变与渐变。本研究中对当代中国高等教育现代化的分析,一方面建立在历史唯物主义的基础分析之上,另一方面借鉴了历史制度主义,尤其是其制度变迁理论的许多分析范式。

(三)后现代解构主义和解释主义理论

"后现代"是相对于现代而言的。"现代"一般指西方资本主义从产生、发展而走向兴盛的阶段,大致为文艺复兴开始,历经启蒙运动到 20 世纪 50 年代。其间"现代性"主要体现为一种理性和启蒙的精神,它相信伴随社会历史的进步和发展,人类必将从压迫走向解放,人性和道德也将不断改良直至完善。而从 20 世纪 60 年代开始,随着科技革命和资本主义的高度发展而出现的"后现代主义"思潮认为,现代性的理想主义将更多地被后现代的现实性取代,在工业化基本完成以后人类社会并没有进入所谓的完全理性社会而是进入一个文化更加多元的"后现代社会"或"后现代时代",需要用新的视角来重新审视人类社会的发展。"后现代"之"后"具有双关性,它一方面指"非现代","后"被理解为一种积极主动地与"现代"的决裂;另一方面也可被理解为"高度现代",指对现代的继续和强化,是对现代主义的一种新面孔和一种新发展。③

---

① 周光礼,吴越.我国高校专业设置政策六十年回顾与反思——基于历史制度主义的分析[J].高等工程教育研究,2009(05):64.

② [美]道格拉斯·诺斯著,陈郁,罗华平译.经济史中的结构与变迁[M],上海:三联书店,1990:25.

③ 冯俊.从现代主义向后现代主义的哲学转向[J],光明网,http://news.sina.com.cn/c/2004-01-02/12341488219s.shtml[EB/OL],2014-3-23.

解构主义,也称建构主义,是后现代主义的重要理论之一。其核心思想为对原有结构的怀疑和对结构本身的反感,它强调符号本身的重要性,认为局部重于整体,重视对单独个体的研究。这种理论反对绝对权威,主张打破现有秩序,重新再创造更加合理的新秩序。它是对现代主义所推崇的正统原则的批判继承,通过颠倒、重构各种既有语汇之间的关系来建立新的意义。① 解释主义(Interpretivism)是当前人类在科学研究过程中比较流行的一种哲学观点,它的主要思想是人类对世界的认识并不都是被动地接受,而应该积极主动地去进行认知并给出解释。其存在论(Ontology)的观点认为,现实世界的真相是由人的思想主观构建出来的,因此带有很重要的主观性,而且也不是唯一的。其认识论(Epistemology)的观点主张,通过研究社会中人的经验及其观点来认识一个复杂的世界,研究者应该深入领会并通过科学化的手段或语言去解释并重建对研究对象的理解。比如:交互式面谈,参与式观察等研究手段。解释主义者(Interpretivist)认为,在我们所认识的现实世界中,每一个具体事物的含义都是由"人"的思想所构建形成的,因而同时平等地出现多种对世界的不同认识也自然是合理的(Schwandt,1994)。② 本研究中对高等教育现代化和选定人物的解构分析主要参照了解构主义和解释主义的思考范式。

二、研究的理论框架

由于对教育现代化的研究迄今尚未形成自己严格的范式,因此一般仍需借鉴其他学科的研究方法。根据当前世界对"现代化"的研究进行归纳,较有代表性的当属社会学和历史学两种范式。其中社会学范式主要是一种横向的研究方法,它的理论基础是"结构功能主义",主要思路是认为社会是一个包括各个部分的大系统,各个部分相互依存,与整体之间通过功能进行联系,并和谐共存保持整体的一致性。③ 这种研究范式其实是一种"静态"模式,它往往以一种较成熟的模式作为参照,将其分解为几个可以相互联系的部分,进行深入分析后再归总得出最后的总结论。按此思路,一般可以将社会分为人(思想)、物质和制度三个主要部

---

① 张汝伦. 现代西方哲学十五讲[M].北京:北京大学出版社,2004:8.
② 许光伟. 生产要素社会规定性:一个批判性建构分析[J].学海,2012(2):7.
③ 张应强. 高等教育现代化的反思与建构[M].哈尔滨:黑龙江教育出版社,2000:30.

分,由此对高等教育系统的研究也可以大致划分为思想、物质和制度三个部分。由于社会学范式主要从静态的角度考察社会系统的不同侧面,难免会忽略对社会发展的动态考察,因此,我们在研究高等教育的现代化时有必要引入另一种现代化研究范式——历史学范式。历史学研究范式遵循的是一种纵向研究模式,着重研究传统到现代的变迁过程,这的研究范围广泛,涉及现代化的阶段、特征及其因果关系,发展规律、趋势等。这种范式注重对史实的研究,通过对历史事件、历史人物的考察以复现历史原貌,并注重历史、现实和未来的连续性,以揭示其背后的规律为主要研究目的。正是在此基础上,我国学者罗荣渠提出了"一元多线"现代化研究范式,指出要在一元,即物质发展的基础上,进行多角度、多视野的现代化研究。① 现代化的历史学研究范式弥补了社会学研究范式的缺陷,在对某一形态的社会进行考察时尤其关注其在关键历史阶段所做出的道路选择,并注重由此构建出整个现代化的发展图式。按照这样的思路,本文在考察高等教育的现代化进程时,也将重点从思想、物质、制度和道路四个方面进行分析研究。这四个方面不但将成为本文考察世界高等教育现代化发展的重要视角,也将是对我国高等教育现代化的研究所主要遵循的思考范式。

根据对世界高等教育现代化演变的脉络分析,我们将参照现代化研究范式的分类方法,重点从思想、道路、制度和资源四个方面对高等教育的现代化进行重新解构,找出其中最重要的发展规律和理念原则,从而为研究我国高等教育现代化提供借鉴。由于在高等教育现代化过程中,资源的部分一向比较客观,它给现代化造成的影响直接明了,主要是外部的和形式上的,而且放之四海而皆准,因此,本书对高等教育现代化的解构将主要从思想、道路、制度三个方面来分析。

现代高等教育在发展中曾经发生过许多次对其本质认识及发展理念的大讨论,其中的许多思想最后经过实践的检验而被世人所肯定、推崇并沿袭下来,形成了当代高等教育的一些主要特征,这些特征理应是后进国家在现代化过程中学习和效仿的标杆。也正如前面所分析的那样,在接近千年的历程中,所形成的高等教育思想和积淀的高等教育特征灿若星空,然而却大多究其一个方面而很少有全面的概括性的研究,真正能对表征高等教育当前本质特征的思想其实也并不多见。在学者们的研究中,最有概括性和代表性的是 1978 年美国学者布鲁贝克

---

① 罗荣渠. 现代化新论——世界与中国的现代化进程[M]. 北京:商务印书馆,2009:56-86.

(John S. Brubacher)在其《高等教育哲学》一书中对现代高等教育进行归纳和反思时所做的总结。他以"高深学问"作为高等教育的最本质特征和全书的逻辑起点,分别从高深学问、学术自治、学术自由、为谁服务、普通教育和专业教育、高等教育学、治学的道德以及作为教会的大学八个方面,引出了对高等教育的根本特点、办学特征、价值选择、服务面向、组织架构、最后归宿等一系列重要问题的思想进行了高度概括和全面回答,也比较全面的构建出了一个现代高等教育的理念大厦。① 该书距今虽然已经有30多年了,之后也确实又有许多关于高等教育论述的经典思想诞生,高等教育实践也比之当时更加复杂和多样,然而就对高等教育的全面把握来说,该书仍然不失其翘楚之地位。也因为《高等教育哲学》之后也鲜见有对现代高等教育进行比较全面概括的擎山之作,因此,本研究在解构高等教育的现代化体系之时,将主要参照布鲁贝克的观点,并结合高等教育的当代发展和其他一些思想大家的论述,捡其最能表征高等教育现代化成果的特征,以"现代化"研究的范式从思想、道路和制度三个层面进行一个初步的概括,将其归纳为:高深学问、学术自由、社会服务、文化传承、大众教育、普通教育、学术自治、学系制度、学科建设和巨型大学10个方面。

首先,在思想方面,"高深学问"这个最能体现高等教育特殊性的词汇,鲜明地回答了"高等教育是什么"的基本内涵问题。它是现代大学追求的最高境界,也是高等教育发展的最高水平,代表了世界一流的水准。因为只有这样才能最终通过知识创新、人才培养等手段为国家发展、社会进步作出其应有的贡献;"学术自由"是高等教育的最主要特征,它通过阐述人们在高等教育领域进行教学和科研所必须秉持的具体态度而回答了"高等教育应该怎样"的具体形态问题;而"社会服务"则代表了高等教育的最终归宿,它通过阐释高等教育的终极意义,将文化发展、人才培养和知识生产这些高等教育的目标意义有机地统一在了一起,回答了"高等教育为什么"的基本目的问题。

其次,在道路层面,"文化传承"主要阐述了高等教育的本质功能和具体内涵,它通过具体解释人们在高等教育领域进行的文化传承和知识生产,将现代高等教育的两大主要功能教学和科研有机地统一了起来,回答了"高等教育做什么"的主要问题;"普通(通识)教育"则重点分析了现代高等教育在发展过程中,

---

① [美]约翰·S·布鲁贝克. 高等教育哲学[M]. 王承绪,等,译. 杭州:浙江教育出版社,2002.

根据社会的选择和需要在人才培养方面所经历的理想和功利选择,以及现代社会人才需求变化对大学教育取向的影响,回答了"高等教育怎么做"的具体实践问题;而"大众教育"则主要是从高等教育服务对象的角度,论述了现代大学在民主化和社会化过程中的发展趋势,回答了"高等教育为谁做"的功能定位问题。

第三,在现代高等教育发展的制度方面,"学术自治"主要是从宏观方面论述了大学与社会及政府的关系;"学系制度"是从中观场面分析了大学的组织、结构和具体运行;而"学科建设"则基本上是从微观的角度分析现代大学里教学、科研任务是如何具体运行的机制保障和结构设计;最后"巨型大学"则是对高等教育发展现状的一个综合描述,是现代高等教育在形式特征方面的高等概括化。

由于现代大学暨高等教育已经变得十分复杂及多样,根本不可能用如此简单的一些术语就完全表征清楚;而且由于知识经济一日千里,高等教育也还在不断地发展变化着,因此,尽管考虑了思想及制度等大学的内在特质,也分析了大学在发展道路选择中的外在选择,尽量保证能将现代大学的静态特征和动态表现结合起来分析,以全面客观的角度来认识和分析现代高等教育的基本特征,但这些概括却仍根本无法将高等教育领域里的一些最新变化,如终身化、信息化、国际化等全部囊括进来。另外,鉴于研究视野,文中对高等教育现代化在物质方面的特征变化又进行了选择性的疏漏。因此,本研究对高等教育现代化的解构尝试,绝不可能具有在高等教育领域里进行现代化研究的普遍意义,而仅是研究者为了分析方便而对当今高等教育发展所进行的一次另类的归纳和总结,不当之处在所难免。进行这样总结的考虑主要有以下几个理由:

第一,根据现代化理论中落后国家主要采取的是"外生追赶型"发展道路的基本事实,我国高等教育现代化的首要任务还不是发展创新,而应先将现代高等教育那些经过历史积淀所形成的、最为基本的衣钵承继过来。因此我们对高等教育现代化的认识还不适于太追新立奇,而应该首先立足于掌握那些已经被实践证明和岁月打磨过的、比较成熟的理念和做法。

第二,在现代高等教育的悠久历程中,尽管适应和创新是其能够长盛不衰的一个基本秘诀,但"保守和执着"也未尝不是其能够绝世而独立的一种独门绝技。可以说,在其逾千年的里程中,正是因为能顽强地坚持住一些最为基本的"大学信念",才使其从未失去灵魂而保鲜至今。而那些历久弥新的理念和原则,也正是高等教育现代化中所必须要坚持和保证的。

第三,本文根据现代化理论的研究范式所确立的思想、制度和道路三维一体的分析框架,虽自有其不够科学之处,但文中所概括的高等教育特征还是比较完整地回答了其在现代化发展中所面临的几个基本问题,如"高等教育是什么""高等教育应怎样""高等教育为什么""高等教育做什么""高等教育怎么做""高等教育为谁做"等和现代高等教育在宏观、中观、微观等层次的组织运行问题。

第四,研究中所立意的高等教育的几个特征点,尽管也有一些自己的新理解,但其基本还是承继了当代高等教育研究中的一些主要术语,并且尽可能地寻找到学者的佐证。另外,对这些特征的总结,都是运用历史发展的观点,从逻辑和经验两个方面进行的归纳和总结,其中有典章的解释,也有学者的论断,更有对前面分析的现代大学发展思想流变的提炼,应该说还是有一定的阐释信度的。

三、研究思路、方法

(一)研究思路

本书的研究思路主要为:提出问题——理论分析——选取对象——定性分析——得出结论。具体为根据对现代化理论的研究,将高等教育现代化解构为:

1. 一个目标:与时代发展同步(当今世界最先进的高等教育、我国目前最需要的高等教育,最终归宿为高等教育强国)。

2. 三种类型:自然成长型(经济、政治、社会、文化等发展的自然结果)、模仿复制型(根据先进模式学习模仿的结果)、建设实践型(经济、政治、社会、文化等发展需要基础上主动建设的结果),其中第一种是内部自发型,后两种为外部激发型。

3. 四个维度:理论(思想、文化等)、制度(政治、经济、法治等)、道路(方法、手段、路径等)、资源(人、技术、物质等),其中第四个维度解构渗透于前三个维度。

根据以上假设和分类,从"现代化"的视角,运用解构主义的研究范式剖析周远清的教育实践及思想历程,用制度变革理论解释其实践及思想探索的经过,用历史唯物主义的方法检验其成效及价值,并运用质性研究的方法分析文本资料,然后在此基础上构建适应我国发展需要的、中国特色的、实践的高等教育现代化理论、道路和制度体系。

（二）研究方法

本书的研究属于一种典型性研究，主要采用质性的研究方法，通过分析典型人物的具体实践及其思想活动。主要运用文本分析的方法，从文本中寻找研究线索，探索并归纳总结其背后的规律性东西，最终建构出相应的理论，目的是运用这些来自实践的理论继续指导实践。质性研究是指"以研究者本人作为研究工具，在自然情境下采用多种资料收集方法对社会现象进行整体性探究，使用归纳法分析资料和形成理论，通过与研究对象互动对其行为和意义建构获得解释性理解的一种活动"。[①] 它在分析复杂事物、典型性研究及对微观层面的深入研究方面效果明显。质性研究收集资料的方法主要是观察、访谈，以及对一切文本或实物资料的收集整理等。其中访谈是研究者通过有目的的与被研究者交谈，从而收集与研究有关的第一手资料的一种研究方法。文本收集主要是对与被研究对象有关的文献资料进行归整，本研究主要是通过收集文献资料，并辅之以一定的访谈。研究所采用的文献资料基本上是被研究者本人的讲话、论述和公开发表的论文。然后通过对选定文本的独自感悟、运用政策文本分析法、扎根理论分析法和理想类型（模型）建构法等方法来达到研究目的。

1. 政策文本分析法

这是从有关政策主题信息的编码分析入手，对文献内容进行定量与定性相结合的分析，目的是要分析清文献中有关主题的本质及其发展趋势。分析的基本单元一般是可公开看到的文本，因此也被称为"从公开中萃取秘密"的一种研究方法。[②] 文本是指"由有关的话语组织的阐释政策的语篇"，作为官方的政策文本就是公共政策的文件以及解释政策的各种具有权威性的文本，本书研究中的文本特指由高等教育出版社整理的《周远清教育文存》（1—4）和已公开出版的《周远清教育文集》（1—4）以及通过其他渠道收集的周远清从 1985 年至 2014 年间的讲话、报告和所发表论文的文本资料。通过对研究文本的关键词语进行结构性编码处理，可以充分了解周远清教育思想的关键内容，得到其思想的重要特征，并归纳出其与高等教育现代化理论的契合程度，进行比较研究。这种分析是基于文本

---

① 陈向明. 质的研究方法与社会科学研究［M］. 北京：教育科学出版社. 2001:12.

② 李钢，蓝石. 公共政策内容分析方法：理论与应用［M］. 重庆：重庆大学出版社,2007:2–4.

的,既立足于文本,又不拘泥于文本,它通过与文本相关的历史、制度和政策实践的对话来揭示文本的深层意涵。①

2. 扎根理论

这是一种典型的质性研究方法,一般情况下,研究者在研究前是没有理论假设的,它主张研究者通过分析直接从原始资料中归纳总结出相关概念、命题,进而再上升为一定的理论。其建构理论的方法是自下而上的,主要通过全面系统地收集资料,并在这些资料的基础上,悉心找出反映一定社会现象的核心概念,进而再将这些概念联系比较,经总结归纳而形成理论。这当然需要有经验数据的支持,但它的主要特点却并不体现为经验性,那些从经验事实中抽象出来的新概念新思想才是其关注的关键。②

3. 理想类型(模型)法

这种方法实际上就是一个分析框架。主要包含三个步骤:一,分离。根据研究问题收集相关的经验材料,从中分离出有意义和相关联的规律性因素;二,抽象。从研究需要的角度将上述规律性因素建构为理想类型;三,适用。在前面基础上,运用建构出来的理想类型去分析那些相关的具体事件,从而解释社会行动及其变迁规律③。

4. 历史法

该方法主要是运用历史的观点分析客观事物和社会现象,它主要以时间为线索,寻找事物发生发展的规律。其方法的主要依据是人们对事物都是在特定时间产物的基本认识。任何问题的出现总有它的历史根源,根据事物的变化特点,对其不同的发展阶段加以联系和比较,就可以把握其实质,找到其发展趋势。因此只要按时间理清楚各个事件,就会摸索到事物的发展轨迹和内在规律,提出符合实际的解决办法。④

5. 文献研究法

文献研究法主要指搜集、鉴别、整理文献,并通过对文献的研究形成对事实的

---

① 涂端午. 教育政策文本分析及其应用[J]. 复旦教育论坛,2009(5):22-27.
② 陈向明. 质的研究方法与社会科学研究[M]. 北京:教育科学出版社. 2001:327.
③ 黄容霞. 全球化时代的大学变革(1980—2010年——组织转型的制度根源[D]. 2012(5):30.
④ http://baike.baidu.com/view/11821847.htm[EB/OL],2016年3月25日.

科学认识的方法。它一般包括五个基本环节,分别是:提出课题或假设、研究设计、搜集文献、整理文献和进行文献综述。文献法的提出课题或假设是指依据现有的理论、事实和需要,对有关文献进行分析整理或重新归类研究的构思。研究设计首先要建立研究目标,研究目标是指使用可操作的定义方式,将课题或假设的内容设计成具体的、可以操作的、可以重复的文献研究活动,它能解决专门的问题和具有一定的意义。①

(三)分析结构

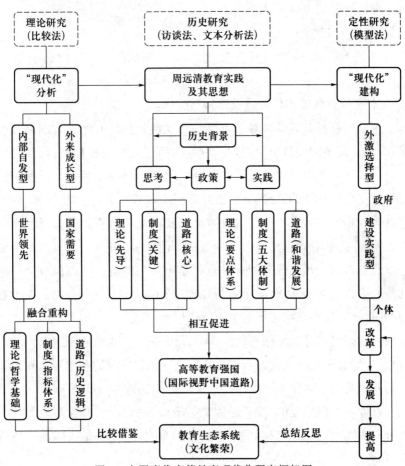

图 1　中国当代高等教育现代化研究框架图

---

① https://baike.so.com/doc/5407422-5645339.html[EB/OL],2019 年 1 月 20 日.

（四）研究的主要问题

本书是在全面分析高等教育现代化基本涵义的基础上,对最近 30 多年我国高等教育的改革实践进行考察,找出其发展背后的思想支撑,并在此基础上,探寻我国高等教育现代化发展规律。研究主要通过人物实践,以文本分析、历史考察、比较分析以及质性研究中"扎根理论"的范式,通过深刻总结周远清的高等教育实践及思想发展脉络,最后从高等教育现代化中思想、制度、道路三个维度,尝试对中国当代高等教育现代化发展的基本方式进行建构。根据这一研究思路,将本研究的主要问题概括为以下 3 个方面:

1. 高等教育现代化的基本内涵;

2. 中国当代高等教育现代化发展的实践与探索——以周远清教育实践为例;

3. 我国高等教育现代化的当代建构与反思。

以上重点问题是对我国高等教育现代化发展特色的归纳。我国高等教育现代化虽过百年,但期间曲折反复,精华和糟粕并存,如何去粗取精,从制度依赖的角度分析出我国高等教育现代化的背景特征,也着实不易。而这又是我国当前进行高等教育现代化建构的必须前提,因此将构成本书的重点。此外,本书中,对我国当代高等教育的实践考察主要通过曾负责我国高等教育改革发展工作的周远清的文本论述,因此对周远清教育实践与我国高等教育现代化之间关系的分析和对周远清高等教育现代化思想的整理也将是十分关键的。其中前一个问题是后一个问题的研究基础,后一个问题将是对前一个问题的升华和总结。关于对这两个问题的研究情况,将直接影响本书的价值和意义。

任何理论研究都是为了服务现实,本书研究的确立也着眼于我国当前的高等教育现代化发展,因此寻找我国当代高等教育现代化发展的基本理念和发展方式就成为研究的最终目的和难点所在。分析发现,在诸多高等教育现代化研究中鲜有尝试进行体系方面构建的,或者是因为其牵涉方面过广,亦或是因为其实践性过强而可操作性和说服性又相对较弱的原因,总之,这应该是我国高等教育现代化研究中一块非常难啃的硬骨头。

第二章 周远清同中国当代高等教育现代化的联系

任何实践都需要强有力的理论支持,我国当前高等教育的现代化发展强烈呼唤理论。多年来,我国在积极进行高等教育实践的同时也形成了许多重要的思想和研究成果,这些都是我们继续前进的宝贵财富。研究、分析它们,进而寻找出我国高等教育现代化发展的基本规律,将对我国正在进行的高等教育现代化发展有重要意义。

20 世纪 80 年代至今是我国高等教育发展史上一段非常重要的时期。此期间,我国高等教育完成了由计划经济向市场经济体制的转变,经过跨越式发展成为世界上高等教育人数最多的高等教育大国,高等教育的形式及其性质都随着世界和我国经济社会的发展而发生了很大的变化。周远清由于其特殊的工作经历,参与了这个过程的大部分,并且直接负责和领导了我国当代高等教育发展史上最为重要的 1990 年代。这时期所进行的大改革为我国后来的高等教育大发展提供了非常坚实的基础,直接开启了我国当代高等教育现代化的序幕。我国当今高等教育发展的许多思想都来自于对那段时期的实践总结,这些思想仍是我国高等教育现代化发展的主要思想支撑,因此仔细分析和梳理这些思想,不仅可以理出我国当代高等教育发展的主要原因,还可以在此基础上进一步升华和总结,总结出一条适合自己的、有中国特色的高等教育现代化发展体系和发展思路。

第一节 周远清在我国高等教育现代化中的典型性分析

在选取历史人物进行时代或思想研究时,最重要的就是对人物的选取。如前所述,我们已经根据历史人物的选取原则将教育部原副部长、中国高等教育学会会长周远清确定为研究对象。下面再结合我国高等教育发展的基本情况,仔细分析一下他在我国高等教育现代化发展过程中的典型性。纵观周远清的工作经历,主要分为三个重要的发展阶段,这三个阶段正好暗合了我国当代高等教育现代化的恢复、起步和大发展三个最为重要的历史时期。

一、清华大学:我国当代高等教育现代化的恢复时期

周远清,男,1939 年 5 月出生于湖南省桂东县,1956 年考入清华大学,读了6 年本科,3 年研究生,毕业后留校从事教学与管理工作。1981 年作为访问学者去日本大阪大学深造,两年后仍旧回清华大学工作。在清华大学时期,周远清亲临我国高等教育现代化建设的第一线,曾以学生的身份经历了新中国成立初期经过对旧大学的社会主义改造后、我国以苏联模式建立的计划经济体制下的大学模式。在经历了"文化大革命"的教育动荡之后,更是以一名直接工作者的身份同国家的经济改革一道开始探索高等教育现代化的新方向和新道路。

周远清曾作为清华大学的一名教师,后来又历任清华大学系主任、教务处长、教务长、副校长等职务,积累了非常丰富的教育管理经验。自 20 世纪 80 年代起,周远清就以清华大学教学管理者的身份,投入了我国高等教育改革发展的最前沿,并主要从教书育人的角度对高等教育的现代化发展进行了积极探索。当时他审时度势,认为我国高等教育已经大大落后于当今世界,为了适应现代科学技术的高速发展,必须培养基础雄厚、专业知识面宽、能力强的学生。[①] 而当时我国受之前教育理念的影响,培养的学生却知识面较窄、动手能力较差,当时的教材、教学内容、教学计划、教学方法等也都比较落后,师资力量也严重不足。针对这种局面,他在主持清华大学教学改革期间,提出"教学上要搞活,对学生又要严格要求"的改革思路,并积极以学校确定的"拓宽专业,加强基础,注重能力,因材施教"的十六字方针来指导清华的教学建设。在多年的实践中,他深刻认识到对学生能力和素质培养的重要性,提出将"主动适应社会需要"作为办学的基本指导

---

① 周远清. 清华大学教学改革的理论与实践——清华大学周远清副教务长在商业高教学会成立大会上的发言(1985 年 7 月)[R]//周远清教育文存(一)[C],高等教育出版社,2009:2.

思想,并从"专业建设,课程建设,基地建设,学风建设"四个方面扎扎实实、坚持不懈地提高教学质量,改善人才素质。由于他主要工作在学校教学管理的第一线,因此,他对当时高等教育现代化的实践探索主要集中在教书育人方面,他结合工作实践将当时清华大学的教学工作总结为三个方面,即教学工作的总体目标,要着眼于全面提高学生素质;教学工作的内容,要搞好建设、改革和管理;在教学工作方法上,要讲求实效,处理好"建"与"改"、"教"与"学"和"严"与"活"的关系。

由于当时我国的高等教育刚刚经历"文化大革命"的浩劫,现代化发展受到严重挫折,因此,恢复和重建是那个时代的主题。又由于我国经济和社会建设的急需,时代又对我国高等教育的发展提出了迫切的改革和发展要求,因此,高校建设就必须同改革紧密结合起来。在 20 世纪 80 年代,我国寻求变革的呼声高涨,人们的思想较活跃,大学里也发生了多次"学潮",直至成为"动乱"。在这种情况下,周远清经过深入思考,认为我国高等教育现代化的发展必须结合我国实际,"坚持方向、办出特色、深化改革、提高质量",指出学校的方向问题是涉及我们培养人和国家能否坚持社会主义道路的大问题,并从"重新认识教育的阶级属性、坚持马克思主义在高等学校的指导地位、推动教育与生产劳动相结合以及建设一个良好的育人环境"四个方面论述了我国高等教育的现代化必须同国家的社会主义方向保持一致,必须把学校的教育放在社会这一大循环中去考虑,使学校的教育适应社会发展、国民经济建设的需要,努力把学校的教育与高校的发展同社会主义建设与改革开放密切结合起来。可以说,正是在清华大学的高等教育工作和管理经验,为其日后负责全国高等教育工作,并主导我国当代高等教育现代化最重要的发展打下了坚实的基础。

二、教育部（国家教委）：我国当代高等教育现代化的起步阶段

因为工作卓有成效,1992 年 5 月周远清被调至国家教委任高教司司长,开始参与和领导我国的高等教育改革和现代化建设工作。1995 年,升任国家教委副主任(后随机构调整改任教育部副部长),分管高等教育工作直至 2000 年 11 月。不同于一般的行政领导,周远清没有被日常的琐事羁绊住思维。相反,他注重理论研究和思考,通过领导和管理工作更加深入地考虑了我国高等教育现代化发展中的一些重大问题,并积极组织策划了一系列我国高等教育实践中事关全

局的重要问题研究。如"建设有中国特色社会主义高等教育理论要点"和"21世纪的中国高等教育"研究等。通过这些研究,他带领我国高等教育界首先厘清了我国高等教育现代化发展的大体思路,然后身体力行,坚定而又积极稳步地推进落实着这些考虑成熟的思路,把我国高等教育现代化带入了一个发展的黄金时期。

这段时期是周远清人生事业的重要时期,也是我国当代高等教育现代化发展的关键和奠基时期,是时我国高等教育发生了翻天覆地的大改革和大调整,影响至今仍存。在此期间,他直接领导了我国高等教育领域内的"五大体制"改革,建立起适应市场经济的我国高等教育新体制,为我国当代的高等教育现代化发展打下坚实的体制基础。由于注重实践,善于总结,他还提出了一系列符合我国高等教育发展实际的、非常有见地的思想;并坚持方向,大胆实践,积极稳妥地推进,使我国的高等教育现代化逐步走上了快速发展的正轨。在发展理念方面,他一直强调要尊重教育规律,按教育最本质的规律办学。他认为,培养人才是学校的根本任务、教学是学校永恒的核心,质量是高等教育发展的生命线;要重视文化素质教育,强调大学文理并重,提出"三注""三提高"和"三结合"等具体发展理论;我国高等教育发展要强化"三个意识,建设高等教育强国"等理论,为我国高等教育的现代化发展进行了积极的探索。他强调"教务处是天下第一大处""学风是没有列入课表的必修课""教学改革和质量建设是永恒的"等观点,并在实际工作中以人为本,加强人才意识、注重素质教育,重视实验、稳步推进、注意民主、发动群众等,对我国等高等教育的现代化发展作出了重要贡献。

三、高教学会:我国当代高等教育现代化的大发展时期

自 2000 年 11 月起,周远清开始担任中国高等教育学会会长,直至 2012 年 8 月,在近 12 年的时间里,他依然高度关心着中国高等教育的现代化发展。虽然已不在第一线工作,但他充分利用学会的研究和协调平台,积极进行高等教育现代化的理论研究和高层构建。这期间,他仍然敏学善思,笔耕不辍,形成了许多有价值的思想和理论,成为我国高等教育现代化实践的宝贵精神财富。

2000 年以后,我国高等教育迎来了发展中的又一个高峰。经过前期的改革和调整,体制已基本适应了市场经济的要求,并与社会的发展逐步协调。在国家

决策进行高等教育扩招的大背景下,迅速由精英教育过渡到了大众教育阶段,2007 年我国高等教育受众达到世界第一,成为名副其实的高等教育大国。另外,自 1998 年开始的世界一流大学建设也已启动,我国的高等教育在质量建设方面也迎来一个大好时机。正是在如此背景下,周远清结合自己多年在中国高等教育界工作的体会和经验,认为我们在发展速度的同时一定不能忽视质量,并且应该更加重视质量建设。他提出我国高等教育正在经历"大改革、大发展、大提高"三个阶段的理论,指出我们应当尽快转入大提高阶段,以提高高等教育质量为核心进入内涵式发展阶段,从而使我国不仅是高等教育大国而更应成为高等教育强国。为此,他组织策划了全国高等教育界关于"建设高等教育强国"的理论研究和建设实践,提出并促成了国家高等教育发展的又一次重要转型。

另外,由于不在其中,他能够更加理性地进行我国高等教育现代化的顶层研究。根据多年的实践和观察,他完善了关于高等教育的主要任务是培养人和素质教育的思想,发展了"高等教育现代化的主体是人"的观点,将高等教育现代化的属性同文化的现代化联系起来,强调了高等教育现代化的文化属性。[①] 他认为世界高等教育现代化没有共轨,各国必须坚持走自己的道路。开始组织和策划"中国特色高等教育思想体系"的大型研究,鼓励和带动大家为我国高等教育的现代化发展进行理论探讨。另外,经过思考,他还论述了高等教育与生态文明的关系,将高等教育现代化的归宿定位为一种"新型高等教育生态系统",把对我国高等教育现代化的思考推向了又一个高度。他认为,高等教育应该是一种生态系统,和谐而不是相互排斥才是其最为本质的文化属性。这个观点强调了教育的有机统一性,强调要从人与自然和谐相处的角度,重新构建高等教育的价值观和发展观。[②] 这种将高等教育定义为一种生态系统的思想,是周远清的新认识,也是我国高等教育现代化研究中的一个新突破,也必将成为将来的研究重点。

四、结论

综上,我们分别从工作经历、曾经地位及实践和思想贡献的角度,分析了周

---

① 周远清. 建设中国特色社会主义高等教育[N].中国教育报,2013 年 9 月 30 日第 5 版.

② 周远清. 生态文明:高等教育思想体系重要内容[N].中国教育报,2013 年 10 月 28 日第 5 版.

远清在我国当代高等教育现代化过程中的典型性特征。当然,在我国当代高等教育大发展的历史时期,还有很多作出了重要贡献的实践者和思考者,他们或者对我们重新正确的认识现代高等教育,或者直接将高等教育开创为一个相对成熟的研究领域,又或者直接提出了我国高等教育的改革和建设方向,然而仔细分析起来,却不无例外地发现,在最为直接的实践方面,周远清无疑是最为特别的一位。可以说,周远清是一个从微观、中观到宏观都有过亲身体验的一线参与者。实践出真知,一切真正伟大的理论也只能源自实践。因此尽管不是什么学院派的理论大家,但喜欢思考并善于从实践中总结思想的周远清,依然提出了许多对我国高等教育现代化发展颇有影响的真知灼见。事实证明,周远清教育实践实际上就是我国当代高等教育现代化发展的具体写照,他的许多思考和论述也毫无疑问地成为了我国当代高等教育现代化发展的重要思想支撑。当然,由于个人知识体系和工作经历的局限性,周远清没有也不可能对我国高等教育现代化发展中的每一个具体问题都给予正确详细地回答,但瑕不掩瑜,他在我国高等教育领域、至少是在我国高等教育改革发展这一历史进程中所起的作用还是非常重要的。

如今,随着时间的推移,周远清已经逐渐不再像以前那样被人所熟知,他所代表的时代也逐渐变得模糊,然而以他为代表的中国高等教育的改革发展精神却一刻都未曾远离。这种精神不仅属于周远清,也属于千千万万个奋斗在高等教育现代化发展一线的参与者。因此我们研究周远清,绝不仅仅是简单地梳理归纳一下他个人的一些思想和理念。更重要的是为了去了解那个时代,认识那段历史,因此"周远清"也就渐渐地变成了一个符号,而以他的名字所命名的实践乃至思想也势必会超出其个人的范围而带上当时的时代印记。因此我们对周远清的研究当然也不会拘泥于所谓的一字一句,而更看重的是字里行间所透露出的时代信息。我们需要的是那个时代,而时代推出了周远清这个人。相对于抽象的时代,人要具体得多,而人在其现实性上又是一切社会关系的总和,因此尽管我们可能无法把握住整个时代,但却仍然可以通过对一个人的深刻理解来管窥其中的某一个侧面。而对于我国当代高等教育的现代化发展,我们也就可以通过周远清这个具体人物的深入研究来略知一二。

另外对于人物研究,其实是可以有多种手段和多个角度的。这正如我们在现实生活中,想了解一个人就必须多与其沟通和交往一样,对人物的研究也必须想尽一切办法达到与其沟通和交流。通过听其言,观其行,达到我们对一个人物的真实全面了解,从而再透过人物活动轨迹来反映当时的社会形态及变化。事实上,对于一个人物的考察,除了分析其主要实践经历以外,对其所留下的文本进行分析,则往往更容易把握住研究对象的思想。本书中对周远清教育思想的分析主要通过对其文本的分析和直接与其进行语言沟通来进行,因此我们主要通过文本分析和访谈来构建对研究对象的全面描绘。文本在本书的研究范式中,主要是针对研究对象公开发表的论文、重要讲话及报告等文献进行剖析,而访谈则主要是通过与研究对象本人直接交流,辅之以当时一些重要选定人物的回忆等。

第二节　周远清教育文本的具体分析

"文本(text)",一般指书面语言的表现形式,它含义丰富而不易界定。一般地说,文本就是语言的实际运用形态,包括语句(Sentence)、段落(Paragraph)和篇章(Discourse)等。[①]《新牛津英语词典》将其释为:"一本书或其他书写或打印的作品;被看作是传递一个特定作品的真实内容或基本形式的一种书写或打印的材料;书写或打印的文字,通常构成一个连贯的作品;书写形式的计算机数据;一本书或其他书写作品的主体,区别于注释、附录和说明。"[②]《现代汉语词典》则将其解释为:"文件或文件中的某种本子(多就文字、措辞而言)。"[③]从词源上说,"文本(text)"原本表示一种编织的东西,我国古代同"纹",《说文解字》解释为"错画也。"[④]之后,文本的概念逐渐演变成:"任何由书写所固定下来的任何话语。"可能只是一个单句,如谚语、格言、招牌等,也可能由一系列相对封闭、自足的句子组成。它一方面是实际的语言符号以及由它们所组成的词、句子和段落章节,另一方面又主要表现为某种固定的、确定的、单一的意思,并受这种意思的正确

---

① http://baike. baidu. com/link? url = IlaWAgSqF2 _ g8YV4li24NPGhI9SKv-wRZoTgLPRrcD8 Dz62-hLs5PkKTTkyUyrh72JIH8Qei65l6XJl0vuokB[EB/OL],2015 年 5 月 2 日.

② Judy Pearsall. The new Oxford Dictionary of English[Z]. Oxford:Clarendon Press,1998: 1918.

③ 中国社会科学院语言研究所词典编辑室. 现代汉语词典[Z],北京:商务印书馆, 2001:1318.

④ [汉]许慎著. [宋]徐铉,校. 说文解字[M].北京:中华书局出版社,2013:182.

性所限定。① 这种对文本的定义多从技术的角度给以中性地界定,指的仍是书面语言。当前,这种定义已经被以文本为中心的后现代主义大大扩展。他们把能记录下来的一切事物都看成是一个文本,包括一次生活经历、一场战争、一次革命、一次政党集会、选举、人际关系等,甚至演说(口头文本)也具有文本的地位。②

本书中的文本是传统意义上的文本,主要指选定人物公开发表的文章、在重要场合的报告及其在公开场合的讲话经整理后的文字记录。这种传统意义上的文本,由于是静态的,往往容易被理解为对历史的一种消极反应。而事实上,文本却并不总是消极的,它包含有丰富的动态内涵。"社会文本不仅仅反映预先存在于社会世界和自然世界中的物体、事件和范畴,而且,它们积极地建构这些事物的面貌。它们不仅仅是描述事情,它们还做事情。由于它们是积极的,因而它们寓有社会和政治意涵"③。文本作为一种复杂的社会文化产物,不仅反映了社会的变迁,同时也可以促进历史的发展。文本完全可以作为"有意义的、使用口头和书面语言的实例。特定种类的文本尝试在社会制度下'做事情'并有它们的特定的形状和格式"④。因此我们完全可以透过对特定文本的研究来打开一扇窗户,从而窥探到当时历史情景的发展和变化。

一、周远清文本资料的时间分布

作为我国当代高等教育现代化的亲历者和见证者,周远清的论文、报告、讲话以及访谈是其实践和思想发展的结晶。这些材料大多已被整理出版在《周远清教育文集1—4》(以下简称《文集》)和《周远清教育文存1—4》(以下简称《文存》)里。其中《文集》全套四本已由高等教育出版社公开出版发行,主要收集了周远清1985—2012年间的一些重要报告、讲话、文章以及访谈录;而四本《文存》虽然也由高等教育出版社整理印刷,却没有公开发行,其内容主要涵盖1985—2000年

---

① 厉小军等.文本倾向性分析综述[J].浙江大学学报(工学版),2011(7):1167—1172.

② [美]波林·罗斯诺.后现代主义与社会科学[M].张国清,译.上海:译文出版社,1998:50.

③ [英]乔纳森·波特,玛格丽特·韦斯雷尔.话语和社会心理学:超载态度与行为[M].肖文明,等,译.北京:中国人民大学出版社.2006:9.

④ Lawrence J. Saha. International Encyclopedia of the Sociology of Education. Oxford, UK; New York; Pergamon, 1997:54.

间的讲话、报告、文章以及访谈录等，时间上同《文集1—2》相同，但内容却更为全面，翔实。《文集3—4》从周远清2000年12月至2012年12月的文章、讲话及访谈录等材料中收集整理而得，也基本反映了他在这一时间的实践和思想历程。因此，本书的主体文本即由四本《文存》（1—4）和两本《文集》（3—4）组成，刨除其中重复的文章，共有287篇，约147万字。另外，为保证研究的全面，笔者还通过期刊整理和网络收集对《文集3—4》做了补充，填补了2013年至2016年三年多周远清公开发表的文字资料。这样，本研究全面收集、整理出的周远清从1985年至2016年30多年的"文本资料"共407篇，约211万字。其中1985—1991年，周远清在清华大学时期10篇；1992—2000年，周远清在国家教委和教育部时期211篇；2001—2012年，周远清在高等教育学会162篇；2013—2016年29篇。而这也大体反映了周远清实践和思想发展的三个重要时期：（1）清华大学时期，作为我国高等教育现代化的直接参与者时期，也是其教育现代化思想的萌芽期；（2）国家教委、教育部时期，这是其作为我国高等教育现代化的主要负责人时期，也是其教育现代化思想的重要发展和成熟期；（3）高等教育学会时期，作为我国高等教育现代化的研究者和指导者，这段时期是其高等教育现代化思想的进一步成熟和继续发展时期。

由于文本总是通过一定的形式结构来展现其内部所蕴含的深刻意义，因此我们有必要先对选定文本进行一下形式解剖。按照文本发表的时间，以年份为单位将其进行数量分布（表1、图2和图3），可以看出，在所收集到的1985—2014年间周远清文本中，其在实际主持和负责全国高等教育实践发展过程中的文本最多，达到211篇，约150万字，占到其总文本数量的51.84%。其中1998年、1999年最多，分别为52和48篇，总字数约为72万，占到其全部文献资料的1/3强，这实际也同当时我国高等教育改革和发展已经到了最关键最高潮的部分，以及周远清当时正作为主管全国高等教育工作的教育部副部长有很大关联。这8年中，平均每年生产约26篇，19万字，年均增长12.5%；而后其在高等学会的12年时间里，也产生了大量的文本资料，达到160篇，年均13篇，占其总文本数量的39.31%。这两个时期约20年时间里也是中国当代高等教育现代化进展最快的时期，由于其身份的特殊，其中很多论述直接体现了国家高等教育的发展方向，有很多论述就是当时国家的实际政策。从这些资料中，我们有理由相信其对中国高等教育现代化发展的佐证度还是很高的。

表 1　周远清文本资料年度统计表①

清华大学时期			国家教委、教育部时期			高教学会时期至 2014 年		
年份	篇数	百分比（％）	年份	篇数	百分比（％）	年份	篇数	百分比（％）
1985	1	0.25	1992	2	0.51	2001	16	4.07
1986	0	0.00	1993	5	1.27	2002	10	2.54
1987	0	0.00	1994	11	2.80	2003	7	1.78
1988	1	0.25	1995	13	3.31	2004	18	4.58
1989	2	0.51	1996	26	6.62	2005	19	4.83
1990	2	0.51	1997	36	9.16	2006	14	3.56
1991	2	0.51	1998	52	13.23	2007	10	2.54
1992	2	0.51	1999	48	12.21	2008	15	3.82
—	—	—	2000	18	4.58	2009	13	3.31
—	—	—	—	—	—	2010	20	5.09
—	—	—	—	—	—	2011	14	3.56
—	—	—	—	—	—	2012	6	1.53
—	—	—	—	—	—	2013	6	1.53
—	—	—	—	—	—	2014	4	1.02
总计	10	2.54	总计	211	53.69	总计	172	43.77

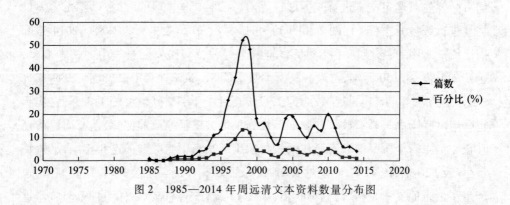

图 2　1985—2014 年周远清文本资料数量分布图

① 本书主体完成于 2014 年 7 月，实际文中所统计的"周远清教育文本"也截止于此时，当时共统计文本 393 篇，研究中的所有数据分析皆据此而来。之后，笔者继续关注周远清所发表的文献，并对之进行了补充统计。其中 2014 年增加 5 篇，2015 年 7 篇，2016 年 2 篇，共 14 篇。经分析，这些文章主要是周远清对自己多年来教育思想的一些梳理和总结，没有出现新的思想观点，前面的统计和分析完全可涵盖这些文章的内容。因为这些文章在总体文本中所占比例较小，对统计结果几乎没有影响，因此本书仍然采用 2014 年的统计进行各项分析。

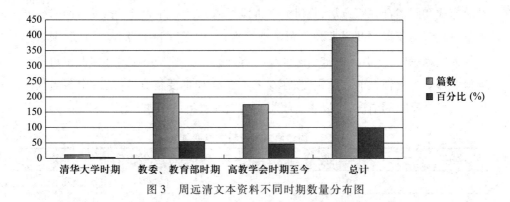

图3 周远清文本资料不同时期数量分布图

通过以上图表可以清晰地看出,周远清关于高等教育的文本材料主要集中于其到国家教委开始具体负责我国高等教育工作以后,共有402篇文本资料被收集到,占全部资料的98.77%。尤其是在1994年至2012的18年间内共有367篇幅的文本被收集到,约占整个文本资料的92%。而这个时间段,正是当代中国高等教育进行翻天覆地大改革和规模、质量飞速发展的一段时期,此时期不仅初步形成了我国当代高等教育发展的基本格局,也为其下一步发展打下了坚实的基础。由于周远清的特殊身份,他的论述基本反映了中国高等教育发展的历史轨迹。其在教育部工作时的讲话和报告很多直接代表了当时的国家决策,而其在高等教育学会时发表的论文和讲话也间接对我国高等教育的发展发挥着重要影响。从研读周远清教育文本,我们完全可以大体勾勒出一副中国当代高等教育发展的基本轮廓。

二、文本的体例结构分析

如前所分析,在对历史人物的研究中,除了事件,选定人物的话语是最有说服力的。而文本作为一种特殊的话语,可以真实反映选定人物思想及其所处背景的时代信息。在所有文本中,根据其规范程度的不同,其实际的话语特征当然也是不一样的。一般来说,文本越规范,发表的场合越正式,其所反映的时代特征和背景信息则越明显,而其所代表的人物思想同样也会越严谨。因此,我们有必要分析一下选定文本的类别,从而尽可能地将确定出选定文本的客观性和真实效度,从而保证研究的尽量客观。按照这样一种思考,我们将选定的文献资料进行了一定的整理和分类。基本方法是将所选资料的题目进行汇总,然后根据其特点进行初步筛选和分类,找出其中最有代表性的词汇作为文本类别编属,并通过词频统计的方式和同类合并等方法,将研究文本概括成:文件、讲话、报告、发言、访谈、开幕词、序言、会议提纲及思考和主题论文等类,其中在期刊上发表的讲话、报告等不计入主题论文,如有已经被以文件形式贯彻的文本则首先计为文件而不再记为其他类属。如此根据前述原则,按照文本的正式和重要程度,以及对中国当代高等教育发展反映的信度,可以将所收集到的文本资料统计如下(见表2,图4)。

表2 周远清文本资料类属汇总表

排序	文本类别	数量	百分比(%)	研究效度
1	文件	7	1.78	很高
2	报告	28	7.12	很高
3	开幕词	12	3.05	很高
4	会议讲话	177	45.04	高
5	大会发言	7	1.78	高
6	会议提纲、纪录	8	2.04	高
7	发表的访谈	12	3.82	较高
8	序言、题记、贺信	15	3.05	较高
9	发表的文章	127	32.32	较高
	总计	393	100	高

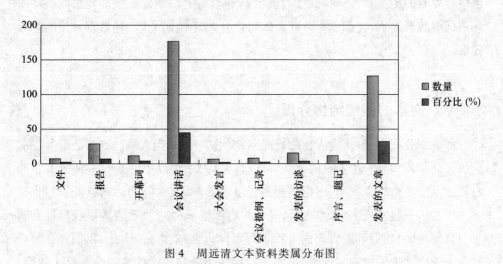

图4 周远清文本资料类属分布图

　　如上所分析,本书研究中所收集到的文献资料均经国家正式单位公开发表或内部整理,绝大部分都属于非常正式的会议报告、讲话或已公开发表的访谈和文章,极少一部分非正式的会议提纲和纪要也是经过专门机构认定并整理的。其中虽有部分资料是通过当时的讲话录音进行整理的,未经周远清本人审定,但为保持研究的确定性,在研究过程中我们还是将所有收集到的文本资料同周远清沟通,并得到了其亲自确定,因此研究效度还是比较高的。这些资料中,文件、报告、讲话、发言、开幕词及会议提纲纪要等六类,总共有 239 篇,占全部文献资料的60.81%;访谈、序言和文章共有 154 篇,占所收集文献的 39.19%。其中前者发表的场合正式严肃,基本能反映当时的国家意志;后者也全是来自国家公开发行的期刊、报纸、论文集等正规渠道,在效度上没有疑问。值得说明的是,这些文本资料可能更多地融入了周远清本人的思考因素,有的还经过相当深入地理论升华,更能反映时代发展背后的思想根源,因此研究效度也是比较高的。

如表 3、图 5 所示,在已找到的周远清的文本材料中,公开出版或发表的占大多数,达 242 篇,占总体的 61.58%;若加上其在公开会议上的讲话或报告则达到了 346 篇,占总体的 88.04%;只有少部分是没有公开的内部资料,共 47 篇,占比约 11.96%。这些资料如果是公开发表的大多经其本人审定或同意,能够完全代表其思想,尤其是通过期刊、报纸、论文集和书的序言等形式公开发表过的,一般

表 3　周远清文本资料发表情况统计表

类别	文本类别	数量	百分比(%)	研究效度
公开	期刊类	186	47.33	高
	报纸类	36	9.16	高
	论文集类	8	2.03	高
	序言、题记类	12	3.05	高
	讲话、报告等	104	26.46	很高
未公平	讲话、报告等	47	11.96	较高
总计		393	100	高

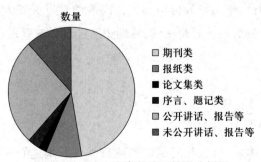

数量

- □ 期刊类
- ▨ 报纸类
- ■ 论文集类
- ▧ 序言、题记类
- ▥ 公开讲话、报告等
- ▦ 未公开讲话、报告等

图 5　周远清文本资料公开情况分析图

皆经过其深思熟虑及字斟句酌,基本上是其真实意思的表达,也最能体现其思想内涵。因为在已经发表的文本中有许多是周远清在一些重要会议上的讲话经整理而得来的,他当时又是中国高等教育的直接负责人,所以非常能体现中国高等教育发展的时代精神。至于其他一些即时讲话、谈话,虽有部分未公开发表,但往往却更能体现人物心里的那些真实想法,也更能对时代给予真实的反映,从某种意义上来说,甚至更具有研究价值。而且研究者在将这些资料进行对比分析后发现,无论是当时公开发表的,还是只在一定范围内讲话后被整理为书面资料的,其内容和精神实质均无二致。就本书的研究来说,因为最需要追寻的是从文本中找出国家高等教育发展的整体脉络,透过周远清本人的一些特殊思考,我们在观察中国高等教育的宏大发展时发现,这些资料的意义其实都一样重要。因此在随后展开的具体文本分析时,笔者基本没有对其做具体的区分,而是统一将其作为反映某一具体时代的客观"文本",而只有在具体分析选定人物基本思想时才略作区分。

经过对文本资料的仔细分析,我们发现在收集到的文献资料中,绝大部分为周远清在负责我国高等教育工作时的一些会议讲话、报告,其中大部分已经在当时公开发表,有的甚至以文件的形式下发供有关单位和人员学习贯彻,这些文本无疑能够完整地反映出时代脉络,而这也正是本书确定将其作为研究对象的重要因由。因为历史历来都是由人来书写的,周远清的文本中当然有许多个人的印记,尤其是其对历史现象的描述和时代问题的回答,均不可避免地带有其个人的鲜明特征。关于这一点,我们在选取其为研究对象时,就已经给予过充分的考虑。即对于一个仍在实践中不断发展着的中国高等教育来说,其实也更需要不断总结在实践中得出的经验和教训,将这种为解决具体问题而进行的思考进行理性升华,从而再将其用来指导接下来的实践,这正是辩证唯物主义认识论中对真理追求的基本准则。因此,本书在分析中国当代高等教育发展宏大历史脉络的同时,也同样重视选定人物的具体思想探索,并期望通过这种探索来管窥我国高等教育发展的历史逻辑。

三、选定文本的主题分布

根据选定的文本资料,从其所确定的题目结合所阐述的内容,我们分析了周远清教育文本中关于高等教育发展中的一些主要题目分布。具体做法是通过对所收集到的 393 篇文章进行集中整理,首先按时间顺序进行文章题目的排序,并通过题目进行初步归属;再仔细阅读各篇文章的具体内容,通过印象掌握周远清最主要的论述对象和思考点;接下来再用词频统计的方法查出周远清论述中出现频率最高的词汇,从而验证原来的判断,最后得出周远清教育文本中最主要的论述主题,并对其主题的分布按时间顺序进行归类整理。鉴于周远清的特殊身份,便可以由此推断出近 30 年来我国高等教育发展中的主要发展方向和具体实践轨迹。

首先通过对周远清教育文本的标题进行筛选分类后发现,1985—1991 年周远清在清华大学时期的文本资料主要集中于教学、改革、理论、实践、素质、课程、外语、数学、方向、特色、质量等几个主题方面;从 1992 年到 2000 年在教委和教育部工作时其文本主题明显增多,几乎涵盖了高等教育的所有领域,主要集中于改革、发展、理论、质量、CAI、人才培养、办学、管理、体制、课程、学风、考试、观念、职业教育、教学内容、新世纪、信息、课题、理科教育、课程体系、毕业、招生、资源配置、效益、文科教育、思想、人文、文化素质、评估、国际、干部、师范教育、计算机(教育)、学生、专业学位、一流大学、教师、科学研究、知识、创新、高考、科技园区、合作办学、高等教育强国、教材等;之后在高等教育学会时期,周远清教育文本的主题进一步丰富,除前面论述的主题外,还增加了研究生教育、应用型人才、科学教育与人文教育、开放、引智、全球化、小康社会、院校研究、高教研究、中国特色、职业教育、思想政治教育、重视个性、留学工作、就业、民办调增、艺术教育、和谐文化、生态文明、教育信息化等。由此,根据同类项合并的原则,我们可以从文本的标题中将周远清文献资料中的主题总结为表 4。

表 4　周远清文本资料标题中的主题分布统计表

序号	主题	主要涉及方面	总计	1985—1991	1992—2000	2001—2014
1	改革	教学改革、体制改革、思想改革、开放、实践	5	2	5	5
2	教育	高等教育、职业教育、理科教育、文科教育、研究生教育、专业学位教育、留学生教育、素质教育、思想政治教育教育、外语教育、数学教育、艺术教育、计算机教育	13	3	9	12

续表

序号	主题	主要涉及方面	总计	1985—1991	1992—2000	2001—2014
3	思想	理论、教育思想、教育观念、质量意识、素质意识、知识创新、中国特色高等教育体系、文化自觉	8	1	6	8
4	教学	素质、课程体系、实践教学、外语教学、数学教学、教学内容、专业、数学建模、教育基地、教学方法、计算机辅助教学	11	4	10	11
5	办学	人才培养、招生、毕业、就业、管理、评估、合作、民办、师资队伍建设、文化育人、校园文化、提高质量、学风、留学工作、引智	15	1	14	15
6	研究	科学研究、教育研究、院校研究、高教研究、战略研究	5	1	3	5
7	物质	计算机、CAI、教材、课程、信息、科技园区、基本建设	7	1	5	6
8	人	教师、领导班子、干部、学生、人才	5	1	5	5
9	体制	管理体制、评估体制、办学体制、招生体制、就业体制、评估体制、民办高校	7	—	7	7
10	道路	特色、质量、效益、重视个性、中国特色、科学发展、国际、全球化	8	2	6	8
11	目标	建设什么样、高等教育强国、世界一流大学、新世纪、21世纪、小康社会、创新型国家、和谐文化、生态文明、教育信息化、方向	11	1	6	11

从表5、图6中可以看出,周远清教育文本中主要涉及的主题可以归纳为关于高等教育发展的11个方面,即改革、教育、教学、办学、思想、体制、资源、人、研究、道路和目标。经过观察这些主题实际可以进一步归结为思想、体制、道路(道路、改革、目标)、条件(资源、人)和办学(教育、办学、教学、研究)五个大类。我们还可以明显地看出,周远清在这三个时期所论述的主题有明显的区别,其中第一个时期最少,只有17个,占总体数量的17.89%,而且主要集中在关改革和教学方面,分别占40%和36.36%,其余的则就更少,其中关于高等教育体制方面的论述则基本没有涉及,经分析这他当时仅在清华一校工作,且仅具体负责教学管理工作有相当的关联。在第二个时期中,其所论述的主题明显增多,达到其全部论

述主题的80%，其中在改革、人和体制三个方面均达到100%，而在教学、办学、思想、资源和道路方面则也均达到了70%以上，由于此期间周远清处于中国高等教育的领导位置，因此其论述的主题多为指导性和规范性，具有很强的时代意义。我们可以看出，周远清所论述主题最多的时期为第三个时期，此时作为一个高等教育的研究者，他所关注的主题达到了97.89%，除教育和资源两个大类以外全部达到其所论述主题的100%。此期间，尽管他不再直接负责高等教育工作，但"事外之身"再加上更多的时间和精力反而使他能更加广泛地关注中国高等教育发展的各个方面。

表5　周远清文本资料标题中的主题分布百分比表

序号	主题	合计	1985—1991年		1992—2000年		2001—2014年	
			数量	百分比（%）	数量	百分比（%）	数量	百分比（%）
1	改革	5	2	40.00	5	100.00	5	100.00
2	教育	13	3	23.08	9	69.23	12	92.31
3	思想	8	1	12.50	6	75.00	8	100.00
4	教学	11	4	36.36	10	90.91	11	100.00
5	办学	15	1	6.67	14	93.33	15	100.00
6	研究	5	1	20.00	3	60.00		
7	资源	7	1	14.29	5	71.43	6	85.71
8	人	5	1	20.00	5	100.00	5	100.00
9	体制	7	—	—	7	100.00	7	100.00
10	道路	8	2	25.00	6	75.00	8	100.00
11	目标	11	1	9.09	6	54.55	11	100.00
	总计	95	17	17.89	76	80.00	93	97.89

为了进一步证实以上观点，研究者在对文本标题进行分析的基础上，通过深入阅读文献，并结合一定的词频度统计发现，周远清关注和论述最多的词汇主要集中在改革、发展、教学、素质、体制、培养、建设、思想、研究、管理、文化、质量、法、专业、学生、办学、知识、教师、评估、科学、创新、校长、观念、学科、课程、理论、国际、特色、实践、计算机、招生、毕业、服务、高考、制度、条件、道路等方面。这些词汇除了绝大部分同其在标题中所论述的相同之外，更加全面地包括了中国高等教育发展的各个方面。其中改革、发展、建设代表了我国高等教育发展的时代主题，而科学、实践、国际、特色、道路等则主要论述的是我国高等教育的发展途径问

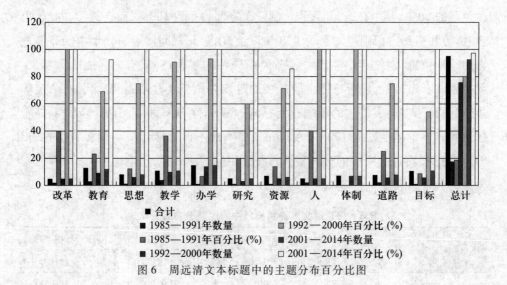

图 6 周远清文本标题中的主题分布百分比图

题,它们可统一概括为"道路";教学、培养、研究、文化、知识、办学、学科、服务、招生、毕业、高考、评估等则主要论述的是我国高等教育应该如何发展的具体事项,可统一概括为"办学";思想、观念、理论、创新、素质、质量等则主要论述的是我国高等教育发展中的发展属性、方向和思想理论建设方面,可统一概括为"思想";体制、制度、管理、法等则主要论述了我国高等教育发展的制度环境问题,可统一概括为"制度";学科、专业、课程、学生、教师、校长、计算机、条件等则主要论述了我国高等教育的资源基础问题,可统一概括为"条件"。这样,我们发现,无论是用词频统计的方法寻找出的高频词汇,还是用归纳总结的方法整理出的题目主旨,均不约而同地归结为道路、办学、思想、制度和资源五个大类。仔细分析,我们还可以清晰地发现周远清所主要论述的五个方面,除了其在教育办学方面的独特特点以外,同我国当代现代化发展的时代主题——思想、道路、制度、资源有着惊人地吻合,这也进一步说明周远清的教育实践就是中国当代高等教育现代化的具体实践,而他来自于实践的具体思考则也基本上可以代表中国当代高等教育现代化发展的主流思考。在前面的论述中,我们知道关于对中国当代教育现代化的研究的主流观点也基本上是从思想、体制、道路、资源(人和物质条件)这几个方面来进行论述。由于办学、教学等主题本身就是高等教育的分内之事,周远清对它们的论述也基本上是从以上四个维度进行分析和展开的,因此本书也力求以这几个维度为研究视野,通过对选定文本进行深度解剖,从而管窥出整个中国当代高等教育现代化的具体实践。

经统计,除了改革、发展、建设类这类表示时代精神的词汇,以及教育、工作、问题等这类表示性质和特征的词汇,在周远清文本中出现得最多的、最具有针对性的词汇依次为:教学、素质、体制、思想、文化、质量和法。1992 年前由于周远清主要是在清华大学负责教学管理工作,因此其有限的文本大多是与教学工作有关;而 1992 年后,伴随其工作的调整,其对高等教育整体发展的论述在主题数量和范围上都急速扩大,并且多是从国家层面、带有全局性的阐述。尤其是 2000 年之前,周远清负责国家高等教育管理工作时,所阐述的主题多集中在改革、发展、建设、管理体制、办学方向、教学、质量、思想观念、人才培养、基础建设、素质教育等实践性较强的领域;而 2001 年之后,其文本的主题则更多地集中在了质量建设、思想规划、素质教育、文化属性等较宏观的指导性或规划性较强的方面,这也充分体现了身份转换对其所思考问题的影响。但总体来看,周远清文本资料自 1992 年后所阐述的基本是对我国高等教育整体或宏观发展的设计或思考,而经过思考后的一些具体实践有的已经随着时间的推进被证明成功,有的则仍然在实践着或接受着实践的检验,而还有一些则是对我国高等教育未来发展的规划或希望。这些既包括我国当代高等教育发展的一些成就,也涉及其未来发展的走向,皆有效地反映了我国当代高等教育现代化的具体建构进程。

第三节　周远清教育文本同高等教育现代化的相关性分析

高等教育现代化是一个系统工程,在国外,它经历了漫长的历史发展过程,在国内也经历了曲折的发展历程。根据前文论述,高等教育现代化大体可总结为思想体系、制度建设、道路选择和物质基础四个维度,而对周远清教育文本进行分析后发现,思想、体制、道路、资源也正是其主要论述的四个方面,这充分证明周远清的教育实践和思考同中国当代高等教育现代化的实践基本相同。下面将重点从这四个维度来进一步分析一下周远清教育文本同中国当代高等教育现代化具体实践的相关性。

一、高等教育现代化主要特征解析与编码

鉴于现代高等教育的复杂多样及快速变化,至今都未能有一个学术界公认的

理论标准和研究范式。为了能保证研究的顺利进行,在前面对高等教育现代化特征分析和解构的基础上,我们从思想、道路和制度三个方面将高等教育的现代化特征概括划分为高深学问、学术自由、社会服务、文化传承、大众教育、普通(通识)教育、学术自治、学系制度和学科建设等九大具体指标。在这些指标中高深学问、学术自由和社会服务主要回答高等教育"是什么、应怎样和为什么"的问题,属于思想层面;文化传承、普通教育和大众教育主要回答高等教育"做什么、怎么做和为谁做"的问题,属于道路方面;而学术自治、学系制度和学科建设则分别从高等教育的宏观、中观和微观三个层次上回答了高等教育现代化中的制度建设问题。以上这些概括既考虑了思想及制度等大学的内在特质,也分析了大学在确立发展道路中的外在选择,从静态和动态两方面将高等教育的现代化特征进行了有机统一,以比较全面客观的角度来认识和解构现代高等教育,从而能保证了本书的研究能具有比较高的效度。

另外,正如前面的分析,像经济和社会一样,现代高等教育也可以从思想、制度、道路和资源(包括人和物质条件)四个维度来进行解析。当然,这四个维度并不是平行并列的,它们是一个完整统一的有机体。这里,物质条件(包括人)是现代高等教育发展的基本保障和客观前提,它是高等教育现代化能否真正领先于世界的基础条件;而思想则是现代高等教育的灵魂所在,它是现代高等教育能发展千年而不衰的精髓,是现代高等教育的本质,离开了它,就不能称其为现代高等教育,更无法达到高等教育的所谓现代化;制度是现代高等教育的表现形式,它是现代高等教育思想的具体体现,维护和保持着现代高等教育思想之光能不断辉煌闪烁;道路则是现代高等教育的历史锤炼,它是现代高等教育不断适应社会经济发展而进行的一些必要调整,但究其实质却从未离开过现代高等教育的本质和灵魂。可以说,现代高等教育正是为社会更好地发展而应运产生的,它不仅仅是探索知识,更是为了追求人类最美好的幸福,并最终使人类文明之光能够一代代的薪火相传。根据这样的分析,在高等教育现代化中最重要的当属思想,其次才是道路和制度。人是现代化的主体,而以育人为使命的教育现代化则更应该将人的现代化作为其最本质的属性。因此在我国高等教育现代化的过程中,首先应该在人的思想层面加强对教育本质、内涵、功能等基本属性的思想普及,其次才是由此引起的道路选择和制度设计,而物质的现代化则由于受制于经济和社会的发展,属于最后考虑的范畴。按照这样的顺序,我们可以将高等教育现代化的基本维度和特征进行如下编码:

首先,在基本维度方面。思想是最重要的,编码为 I;后面依次为道路 II,制度 III,资源 IV。其次,在相应的各个层面。则依次编码为:1 内涵;2 属性;3 定位;4 办学功能;5 价值追求;6 服务面向;7 宏观体制;8 中观机制;9 微观组织;10 人;11 财、物;12 信息。尽管这些层面基本都是对高等教育现代化一部分特征的描述或概括,然而在实际运作中也并不是完全绝对地对应于以上几个词汇,实际上每一个层面都还包括若干种涵义,并且也确实存在有许多不同的表达或表现形式,因此,我们在实际操作中会根据意义的相近或类别的相似进行一定程度地归总,以便我们能够更全面地了解到真实有效的信息。

二、选定文本编码

根据前面的分析,在选定文本中主要存在的体例为正式出版的论文、报告、访谈以及重要会议上的公开讲话和一些非正式讲话,这些文本均体现了周远清对当时我国高等教育发展情势的判断分析和前瞻规划。尽管从文本内容上来看,选定人物并没有存心按现代化的理论或框架来归整什么,但由于身处中国高等教育现代化发展的第一线,所以其文本话语仍不无透露或体现出其对现代化规律的遵循和墨守。按照文本分析的传统观点,其从文字材料中直接静态的反映往往只能给人以比较直观的结果,这一点在文本分析中固然重要。但是透过文字的直接反映,而从其意义和背景的角度则往往更能察觉到选定人物的一些"真实意图"。因此,对于文本分析的主要目的当然不应该满足于纸面意义,其最重要的应该是"建立新型的社会关系"①,即提示其背后隐藏的意义。这一点如果按照解释主义或解构主义这些后现代的观点来分析的话,则一定会有"仁者见仁、智者见智"等众多的说明版本。本书对文本的"解码"分析当然希望能还原文本选定人物的"真实意图",也希望能有一个取得大多数人共识的普适性解释,然而毕竟研究者水平有限,分析的视角也难免偏颇,因此最后只能通过作为读者的"我"用自己的理解来力图揭示文本背后隐含的那些原理或价值。如此,本书中对现代化研究的理论的结合,以及对选定文本结构的划分及重新分析,都不可避免地带有研究者的武断及拙劣分析的特征。

---

① [美]斯图亚特·S·那格尔. 政策研究百科全书[M]. 林明,等,译. 北京:科学技术文献出版社,1990:16.

按照有关现代化研究的理论,结合现代高等教育的基本特征,以及选定文本的形式结构,研究者对选定文本进行了独立编码(表6、表7)。编码的目的是为了验证选定历史人物同研究主题的相关程度。

根据质性研究的特点,在编码中主要遵循了以下一些原则:一是尽量完美原则,力求在一个编码系统中将所有相关条目都包括在内;二是相互排斥原则,一个编码代表一个主题,不允许两个以上的编码代表同一个主题;三是独立原则,各主题之间保持独立,在设定一个编码单元时不受其他单元的影响。[①]

表6 选定文本形式变量表

变量	变量名	指标	说明
文本形式变量	时间	1. 1985—1991 2. 1992—2000 3. 2001—2014	主要是根据周远清不同的工作阶段及工作性质区分
	主题	1 法律(思想、观念);2 综合办学(发展方向、一流大学、办学特色);3 现代化实践(改革、发展、建设);4 管理体制;5 教学(方法、内容等、学风、人才培养、质量建设、素质教育、评估);6 科研;7 社会实践(合作办学);8 德育;9 文化、艺术等其他教育;10 学位、学历、研究生教育;11 考试、招生;12 就业;13 校长、教师等;14 学生、人才;15 财务、经费;16 基本建设(计算机、信息网络、基地建设等);17 教材(课程);18 职业教育、成人教育;19 民办高校(自学考试);20 留学、国际交流;21 后勤	主要参考了《中华人民共和国现行高等教育法规汇编》的分类方法[②],并结合周远清文本中的主题分布统计,在尽量不重复和同类合并的前提下分为了21个主题
	体例	1 文章;2 讲话;3 发言;4 访谈;5 报告;6 序言、题记	主要根据选定文本的实际性质进行的区分
	背景	1 计划经济开始松动;2 社会主义市场经济建立阶段;3 加入WTO及市场经济完善阶段	主要通过当时的国家决策及发展情势划分

---

① 李钢,蓝石. 公共政策内容分析方法:理论与应用[M].重庆:重庆大学出版社,2007:9-11.

② 根据《中华人民共和国现行高等教育法规汇编》,高等教育的主要方面共分为"法律""综合""管理体制""教学、科研与社会实践""德育""体育、卫生、艺术它将高与国防教育""学位与学历管理""考试管理与招生""校长、教师及其他教育工作者""学生""财务、国有资产管理与审计""劳动工资、福利待遇""基本建设与条件装备""教材、图书及出版""成人高等教育、职业高等教育""高等教育自学考试""留学生、国际教育交流与合作""后勤及其他"共18个方面。根据研究需要,本文对其进行了重新整理,并概括为21个新的主题。

表7　选定文本根据主题分布归类的研究变量表

变量名	指标	说明	代表变量主题
Ⅰ思想	内涵	高等教育的本质,"高等教育是什么"	1 法律(思想、观念)
	属性	高等教育的特征,"高等教育应怎样"	5 教学(人才培养)
	定位	高等教育的归宿,"高等教育为什么"	2 综合办学(发展方向、一流大学、办学特色);3 现代化实践(改革、发展、建设)
Ⅱ道路	功能	高等教育的具体功能,"高等教育做什么"	5 教学;6 科研;7 社会实践(合作办学);8 德育;9 文化、艺术等其他教育;20 留学、国际交流
	价值	高等教育的人才培养面向,"高等教育怎么做"	5 教学(质量建设、素质教育)
	服务	高等教育的服务面向,同社会的联系,"高等教育为谁做"	7 社会实践(合作办学);19 民办高校(自学考试)
Ⅲ制度(体制)	宏观	现代高等教育与外部,主要是同政府之间的关系	4 管理体制;5 教学(评估)
	中观	现代高等教育的内部组织和运行体制	5 教学(学风);11 考试、招生;12 就业
	微观	大学里教学、科研等的运行机制和结构设计	5 教学(方法、内容等);10 学位、学历,研究生教育
Ⅳ资源	人	现代高等教育的主体:组织者和参与者	13 校长、教师等;14 学生、人才
	财物信息	主要包括现代社会为高等教育发展提供的一切财物条件以及信息网络等由计算机革命带来的一切新技术、新手段	15 财务、经费;16 基本建设(计算机、信息网络、基地建设等);17 教材(课程)

　　具体的编码程序为:一,按照尽可能全面、不重复的原则收集整理出研究样本;二,对选定文本资料进行词频统计和主题分析,将其频次最高和主题最鲜明的词汇整理出来;三,将现代高等教育的主要特征按现代化理论的方式进行分类和解释;四,拟定编码的程序、方式和表格等信息;五,将整理出的主题进行进一步归类并编码,分析检验编码的信度和效度;六,通过分析选定文本同高等教育现代化发展的相关性来验证选定人物的契合度。

三、选定文本同"中国当代高等教育现代化实践"的相关性分析

由于文本都是带有时代特征的,所以对其理解一定要有对历史的把握。另外,由于文本从来都不是孤立的,因此还需要有系统的视角。只有从文本之间的相互关联以及连续发展的角度来看,才能分析清其总体的真正意义。事实上,文本彼此之间发生着吸收和改造,并互为各自叙述和声音的踪迹和回声。[1] 即文本具有"互文性",人们既可以将"历史插入到文本之中",也可以"将文本插入到历史当中"。[2] 其中前者是指文本吸收了过去的文本,并依据过去的文本而建立;而后者则意味着文本回应和对过去的文本重新加工,并以此来创造历史,推动社会变化和参与对后续文本的预测和构建。总之,互文性将文本之间的相互作用以及它们与历史和实践潜在的复杂关系作为一种话语秩序呈现出来。在本书中,这一点尤其突出,因为研究对象仅限于一人,并且其实践和思想始终是一贯的,保持了相当的连续性;也保持了对时代和社会的紧密结合。因为研究对象的工作经历及岗位变换正好与我国社会发展的关键转折相契合,这也使得每一个研究阶段的针对性更强,而文本的不断再生产既保证了对先前时代的延续,也一直在切实反映着每一个当代。正是这样,选定文本作为一个系统,全面地反映了我国近 30 年高等教育现代化发展的主要脉络。为了能够更加清楚地证实这个假设,笔者以高等教育现代化的主要要素为基准,当选定文本的效度进行了较为系统地分析。关于文本内容分析中的效度有多种表现形式,具体包括内容效度、语义效度、表面效度、建构效度、预测效度和假设效度等。[3] 本书中主要采用较常用的内容效度、语义效度和建构效度三个方面。

(一)内容效度

"检查内容效度就是检查概念到指标的经验推演是否符合逻辑,是否有效。"[4]由于内容效度检验只能凭借人们的主观判断和共同定义,而对一个概念的

① [英]诺曼·费尔克拉夫. 话语与社会变迁[M].殷晓蓉译. 北京:华夏出版社,2003:94.

② Kristeva,J. word,Dialogue and Novel. In:Toril Moi. The Kristeva Reader[M]. New York:Columbia University Press,1986:39.

③ Robert Philip Weber. Basic Content Analysis. Beverly Hills:Sage Publications,1985:19-21.

④ 袁方. 社会研究方法教程[M].北京:北京大学出版社,1997:194-195.

理解是因人而异的,因此,在研究中,通常通过专家评判来检验内容效度。本书在编码过程中,对于现代高等教育的基本特征编码是基于现代化理论中研究维度和具体的实践层面而进行设计的。从前文的论述中,我们已可以得知,现代化的发展主要基于思想、道路、制度、资源(人以及物质基础条件)这几大方面,因此本书根据这些理论并结合现代高等教育的一些基本特征将高等教育现代化的变量确定为思想、道路、制度、资源四个大项和内涵、属性、发展定位、功能、价值追求、服务面向、宏观体制、中观机制、微观组织、人、财物和信息 12 个小项。这些指标因为参考了我国当代对教育现代化研究的最新进展,因此通过咨询有关专家,得到了比较多数的认可,因此其内容效度应该还是有一定保证的。

(二)语义效度

语义效度是指在分类时,被归为同一组的编码单位具有相似的意含。[①] 本书中,对选定文本资料的主题划分,是在对文本进行标题主题分析和词频统计的基础上。我们参照《中华人民共和国现行高等教育法规汇编》的分类方法,将前面分析过的选定文本标题中的主题词进行了重新整理,并最终确定为 21 个代表主题(见表6),这些主题基本都是根据原标题中出现的词汇进行的汇总,具有非常强的同义性。另外为了保证研究的更加客观,我们还通过计算机辅助质性分析软件 NVivo8[②] 的帮助对选定文本进行了词频统计,分析出其出现次数最多,作者最为强调和重视的词汇以帮助确定研究主题。具体作法为:

在统计中没有考虑"的、地、得、里"等没有实际意义的虚词,也没有考虑那些意思较泛且主要附加在主体词之上的形容词,如"高、大、中、上"等,对于一些指代性较强,出现明显具有针对性的名词也基本上不做统计。主要统计方法是将所有文本资料导入至 NVivo8 中文软件中,然后再利用软件逐一将重要词汇标记成节点,最后利用软件统计出词汇的具体参考点,即词汇出现的频次,为保证统计的准确还用 Word 功能中的词频查找进一步验证节点词汇出现的词频数。如此最后选出的词汇主要包含的就是一些表示实际动作的动词、有一定突出意义的形容词和最能表达资料主旨意义的名词。其中有些较具体的词汇,如"中国高等教育"、

①　袁方. 社会研究方法教程[M].北京:北京大学出版社,1997:165.
②　NVivo 软件由澳大利亚的 QSR 公司推出的当前使用最为频繁的计算机辅助质性分析软件,它是一款能对多种资料形式(如文本、影音、图片和图像)进行处理的功能强大的软件,旨在将定性数据尽可能量化地进行处理。

"管理体制改革"因为比较重要,所以也作为单独词汇进行了统计。由于我们统计词频的主要目的是为了分析文本中同现代化高等教育实践的相关性,因此在具体分析时,可除去那些表示程度的副词、形容词和表示动作的动词,并将其中表达意思相同或相近的词汇进行同类项合并,如改革、管理体制改革、教学改革等可统一并入"改革"一词,而教育、高等教育、中国高等教育、我国高等教育等则可以并入"教育"一词。由于汉语字节的特殊性,词汇在统计中难免会出现一些不太合适的地方,如在统计"研究"时会将所有"研究生"出现的次数也一并算上,而统计"日本"时则会将"20 日本人……"这样语句中实际同"日本"没有关系的词汇统计上,等等。为此,我们尽量搜索出所有同主题词相关联的词汇,如果同在 NVivo软件中标记的节点数差别较大,经分析可能会对研究结果有影响的,则通过删减的方法处理;如果像后面的情况那样本身出现次数不多,也基本不对研究结果有影响的则忽略不计。根据这样的原则,我们最后汇总出选定文本中出现频率较高的词汇,并将其中的前 200 个汇总在表 8 中。

表 8 选定文本高频词汇统计表

序号	词汇	频次	序号	词汇	频次	序号	词汇	频次
1	教育	27236	18	建设	4239	35	专业	2749
2	改革	14455	19	中国	4214	36	办学	2712
3	我们	11239	20	问题	4198	37	素质教育	2642
4	学校	11742	21	国家	4170	38	学科	2307
5	高等教育	10568	22	思想	4149	39	高教	2221
6	发展	9775	23	提高	3920	40	基础	2197
7	教学	7912	24	经济	3665	41	世界	2074
8	大学	7154	25	管理	3620	42	同志	1910
9	素质	5414	26	我国	3612	43	难	1909
10	体制	5412	27	文化	3611	44	需要	1878
11	社会	5395	28	重要	3469	45	教育思想	1832
12	工作	5289	29	质量	3441	46	教学改革	1807
13	研究	5252	30	科学	3199	47	21 世纪	1781
14	新	4991	31	人才	3161	48	能力	1713
15	学生	4868	32	法	2988	49	教师	1692
16	培养	4606	33	体制改革	2906	50	管理体制	1672
17	好	4438	34	现在	2870	51	知识	1671

续表

序号	词汇	频次	序号	词汇	频次	序号	词汇	频次
52	观念	1639	83	学习	1107	114	不断	899
53	文化素质	1629	84	探索	1103	115	开展	894
54	优	1619	85	必须	1098	116	解决	892
55	评估（价）	1604	86	自己	1088	117	博士	877
56	合并	1579	87	指导	1085	118	一定	869
57	教育改革	1518	88	面向	1077	119	条件	866
58	创新	1516	89	影响	1070	120	支持	850
59	体系	1499	90	过去	1063	121	阶段	846
60	课程	1482	91	校长	1059	122	优秀	845
61	改革和发展	1469	92	人文	1049	123	历史	842
62	社会主义	1465	93	管理体制改革	1048	124	思路	834
63	计划	1352	94	中国高等教育	1044	125	大学生	832
64	适应	1349	95	希望	1028	126	进一步	820
65	结构	1344	96	高等教育改革	1021	127	制度	819
66	地方	1333	97	人才培养	1015	128	现代	814
67	理论	1271	98	计算机	1011	129	努力	809
68	新的	1271	99	部分	1010	130	高考	802
69	国际	1243	100	基本	1005	131	推动	796
70	特色	1240	101	教学工作	1003	132	任务	786
71	讨论	1230	102	招生	998	133	毕业生	778
72	政府	1224	103	可能	991	134	投入	770
73	重视	1177	104	毕业	995	135	促进	766
74	研究生	1160	105	重点	984	136	中国特色	759
75	要求	1155	106	教学内容	973	137	推进	759
76	主要	1149	107	领导	971	138	重大	755
77	我国高等教育	1139	108	最近	938	139	学院	748
78	实践	1122	109	经验	937	140	自主	746
79	形成	1118	110	服务	932	141	关键	741
80	技术	1115	111	模式	922	142	稳	730
81	建立	1115	112	评估	921	143	单位	719
82	作用	1109	113	专家	901	144	社会发展	709

续表

序号	词汇	频次	序号	词汇	频次	序号	词汇	频次
145	工程	702	164	大力	595	183	教学质量	510
146	得到	700	165	坚持	595	184	困难	509
147	队伍	698	166	意见	595	185	达到	508
148	实施	697	167	信息	591	186	变化	508
149	企业	694	168	时期	588	187	统一	508
150	试点	684	169	成绩	585	188	充分	507
151	加快	683	170	当前	584	189	方向	507
152	评价	683	171	规划	581	190	逐步	502
153	理科	681	172	深化	579	191	今天	501
154	事业	671	173	高水平	568	192	教育质量	499
155	认识	667	174	一流	565	193	创造	498
156	开放	664	175	实行	563	194	改革发展	489
157	实际	659	176	实现	563	195	核心	486
158	措施	659	177	并轨	555	196	形势	481
159	意义	634	178	发挥	541	197	单一	478
160	硕士	633	179	机构	531	198	教育的改革	451
161	贯彻	615	180	根本	531	199	文科	449
162	意识	611	181	现代化	518	200	道路	400
163	出现	599	182	思想观念	517			

从表 8 中,按照去除虚词、同类项合并的办法最后将文本中最重要的主题词归整为:教育、文化、知识、人才、思想、观念、理论、政治、发展、建设、培养、质量、效益、实践、科学、国际、中国、强国、方向、目标、道路、改革、创新、特色、素质、能力、自主、合作、社会、服务、体制(制度)、政府、学校、法、评估(评价)、结构、管理、教学、招生、毕业、就业、考试、专业、学科、课程、学生、教师、校长、投入、教材、条件、网络、信息等 52 个。通过对这些主题词进行跟踪释义,得出表 9。

表 9　选定文本根据高频词汇统计的研究变量表

变量	指标	代表意义	主题词	代表意义及延展
思想	1内涵	高等教育的本质	思想、观念、理论、教育、发展、建设	教育思想、教育观念、政治导向、经济建设服务、思想政治教育、科教兴国、辐射社会

续表

变量	指标	代表意义	主题词	代表意义及延展
思想	2 属性	高等教育的特征	文化、知识、人才	知识生产、实践文化、生产文化、传承文化、教书育人
	3 定位	高等教育的归宿	国际、中国、强国、方向、目标、道路	国际视野、中国特色、高等教育强国、世界一流、小康社会、21世纪什么样的高等教育
道路	4 功能	高等教育的发展方向、具体功能	培养、质量、效益、实践、科学	人才培养、科学研究、社会服务、产学研、科学发展、"规模、结构、质量、效益"协调发展、改革意识、国际意识、质量意识
	5 价值	高等教育的人才培养面向	改革、创新、特色、素质、能力	创新人才培养、突出特色、重视个性、专业教育、素质(通识)教育
	6 服务	高等教育同社会的联系	自主、合作、社会、服务	自主办学、合作办学、服务社会、大众化教育
体制、制度	7 宏观	高等教育的主要制度,同政府之间的关系	体制(制度)、政府、学校、法、评估、结构	大学自治、法治、政府宏观调控、学校面向社会依法自主办学、布局合理
	8 中观	高等教育的内部组织体制	管理、教学、招生、毕业、就业、考试	综合大学、教学内容体系、教学方法、人才培养模式、招生并轨、双向选择就业、学风建设、人事聘用、后勤社会化
	9 微观	大学里教学、科研等的运行机制	专业、学科、课程	专业结构调整、精品课程建设、学科融合、学科交叉、学术自由
资源、物质	10 人	高等教育的主体:组织者和参与者	学生、教师、校长	以学生为本、师资队伍建设、校长(书记)、领导班子、职工队伍、专家、教育研究者等
	11 财物	指硬件,主要包括一切财物条件	投入、教材、条件	经费投入、经费筹措、教室、实验室、设备、基地建设、精品课程教材建设
	12 信息	指软件,包括网络、信息等技术	网络、信息	多媒体、软件、网络技术、计算机辅助教学(CAI)

表 9 中的用词全部都截取自选定文本,本身也具有一定的代表性,单从静态词义和显性频率上来说,完全能反映出文本的重要关注和主要表达。另外,以上所有主题词和代表主题选定以后,曾征求过选定人物本人的意见,并在其建议下进行了仔细修订。因此,在此基础上进行的文本编码其语义效度还是能够得到保证的。

(三)建构效度

建构效度是要了解测量工具是否反映了概念和命题的内部结构。它通过与理论假设相比较来检查,因此也称为理论效度。[①] 在本书中,我们的假设是选定文本中出现的高频词汇与现代高等教育的关键指标基本吻合,并且这些词汇对相同主题的阐释也同现代高等教育的特征大致相符,如果检验结果同我们设想的一致,即可证明我们选定的样本是符合研究需要的。本书通过 NVivo8 软件来确定选定文本中频率出现最高的词汇,然后再通过追踪这些词汇背后具体所代表的意思和选定人物对其所进行的阐述,通过将这些阐述与现代高等教育相对应特征的对照比较,最后得出选定人物的实践及思想同我国高等教育现代化的进程是否一致的结论。根据我们的研究目的,我们首先需要考察的是文本资料同"中国当代高等教育现代化实践"这一标题之间的契合度。为此我们首先将论文标题解为"中国""当代""高等教育""现代化"与"实践"5 个核心词,然后再考察选定文本中出现频率最高的主题词及其背后所代表的含义与这 5 个核心词的关联度从而初步判断选定文本的建构效度。

从表 8 中,我们可经明显地看出,在周远清文本资料中出现次数最多的前 200 个词汇中排名前 10 位的分别是"教育 27236[②]""改革 14455""我们 11239""学校 11742""高等教育 10568""发展 9775""教学 7912""大学 7154""素质 5414"和"体制 5412"。这 10 个词中,"教育""学校""高等教育""教学"和"大学"很明显同被要求检验的 5 个核心词中的"高等教育"有很大相关,而"改革"和"发展"则明显同"实践"相关,并与"现代化"也有极强的关联度,"我们"则与"中国"有一定的关联度。另外,我们找出排在第 18 位的"中国 4214"和与其表示意思相同、排在第 25 位的"我国 3612"相加之后,得出"中国+我国 7826",从而

---

① 袁方.社会研究方法教程[M].北京:北京大学出版社,1997:165.

② "教育 27236"表示"教育"一词在文本中一共出现了 27236 次,以下标法表示同种意思。

超过"大学 7154"而排到第 8 的位置。如果我们将排在前面的几个意义相关的词合并,如将"教育""学校""高等教育""教学""大学""素质"合并而仅用"高等教育"来代替,将"改革"和"发展"合并而用"实践"来代替,并且去掉"我们"这个用来表示具体实践的主体词的话,那么排在周远清文本词频统计前三位的词就将是"高等教育""实践(改革+发展)"和"中国+我国"。为了证明时间上同"当代"吻合,我们找出表 2—9 中所有表示时间的词,它们是:"现在 2870""21 世纪 1781""过去 1063""最近 938""现代 814""当前 584""今天 501"等 7 个词,通过观察我们发现,其中除了"过去"一词以外,其余 6 个都是表示"当代"意义的词,相加起来达到 7488 次,占到总体表示时间词频的 87.57%,频次也将紧随"中国+我国"之后,从而成为周远清文本中排名第四的主题词。关于最后一个主题词"现代化"的验证,我们认为,所有关于"实践"的词汇其实都同"现代化"相关,比如"改革"是为了给"现代化"铺平道路,"发展"就是为了实现"现代化",而"建设 4239"本身就是在建立"现代化"。另外,"现代化"这个词本身也属于出现次数较多的词汇,以 518 次而排名第 181 位。这样我们初步证明了"中国""当代""高等教育""现代化"与"实践"这 5 个核心词是位列周远清文本资料中最前面的主题,为了进一步证实我们的观点,我们还通过观察仔细分析了全部的高频词发现,其中绝大部分都与"教育"和"改革、发展"有关,其中仅"高等教育改革"就曾出现了 1021 次而排名第 96 位,而"中国高等教育 1048"94 位、"我国高等教育 1139"77 位、"改革和发展 1469"、"教育的改革 451"198 位。其他直接表示"实践"的词,如"实践 1122""实施 697""试点 684""实行 563""实现 563"的高频词的出现则也充分证明了我国当代高等教育现代化发展的"实践"品性。由于我们选定的文本时间 1985—2014 年正处于我国"当代",而且也是我国高等教育发展变化最快和现代化进展最有成果的一段时期,文本的论述也基本上直接反映了当时的高等教育实践,再结合以上对文本的分析和判断,我们可以初步认为周远清教育文本同"中国当代高等教育的现代化实践"有相当高的契合度。

在以上文本分析的基础上,为了能够更加准确地证明选定文本符合我们的研究要求,我们又进一步分别将前面通过主题分布和词频统计寻找出的关键变量,同我们分析的现代高等教育的基本特征进行了意义对比(见表 10)。

表 10 选定文本主题研究变量同现代高等教育相关效度分析表

变量	指标	通过主题分布参考《中华人民共和国现行高等教育法规汇编》分类确定的文本变量	通过词频分析归类统计的文本代表词变量	相关性
Ⅰ 思想	内涵	1 法律(思想、观念)	思想、观念、理论、发展、建设、教育	高
	属性	5 教学(人才培养)	文化、知识、人才	高
	定位	2 综合办学(发展方向、一流大学、办学特色);3 现代化实践(改革、发展、建设)	国际、中国、强国、方向、目标、道路	高
Ⅱ 道路	功能	5 教学;6 科研;7 社会实践(合作办学);8 德育;9 文化、艺术等其他教育;20 留学、国际交流	培养、质量、效益、实践、科学	高
	价值	5 教学(质量建设、素质教育)	改革、创新、特色、素质、能力	高
	服务	7 社会实践(合作办学);19 民办高校(自学考试)	自主、合作、社会、服务	高
Ⅲ 制度	宏观	4 管理体制;5 教学(评估)	体制(制度)、政府、学校、法、评估、结构	高
	中观	5 教学(学风);11 考试、招生;12 就业	管理、教学、招生、毕业、就业、考试	高
	微观	5 教学(方法、内容等);10 学位、学历,研究生教育	专业、学科、课程	高
Ⅳ 资源	人	13 校长、教师等;14 学生、人才	学生、教师、校长	高
	财物信息	15 财务、经费;16 基本建设(计算机、信息网络、基地建设等);17 教材(课程);	投入、教材、条件、计算机、信息	高

通过表 10,我们在对比高等教育现代化 12 项指标同选定文本中高频主题词所代表的意义和发展趋向后发现,选定文本同我们设想的一致,基本满足了高等教育现代化的各项指标要求,是在不同程度上向其发展或对其本质意义的解释说明。由此,可以认为,选定文本主题词汇的选择同"现代高等教育"指标体系的构建具有建构效度,从而为我们以周远清的教育实践和思考作为考察我国当代高等教育的现代化实践提供了有力证明。

　　本章将现代高等教育的主要特征进行编码,并对选定文本通过词频统计确定变量并编码,最后检验两者之间的契合度或相关性,获得了较高的一致性。由此证明我们的假设,即选定人物对研究中国当代高等教育的现代化具有非常的典型型和代表意义。通过对其文本材料的分析,我们可以相当程度地了解中国当代高等教育的改革、发展和现代化进程,并结合现实对我国当代高等教育的建构历程进行有效的解读和分析。

第三章 对周远清教育文本的质性解读

思想是发展的灵魂,我国当代高等教育现代化之所以能取得巨大的成就,同其背后的正确理念支撑有分不开的关系。20 世纪 90 年代以来,我国高等教育现代化进程加快,并取得了举世瞩目的成绩,仔细发掘这些教育实践后面的思想支撑,可以对今后的发展提供很好的启示和借鉴。周远清作为我国高等教育发展曾经的负责人,是一位重要的亲历者和见证人。他不仅亲自领导了很多重要的实践,还在思想方面进行了许多宝贵的探索,提出了许多重要的观点和论断,对我国高等教育的现代化发展影响深远。纵观周远清的工作经历,他不属于书斋气浓厚的学院派,其高等教育思想大多来自于多年工作积累中的观察和思考,有的甚至直接来自其工作中要面对的现实问题。由于身份问题,他的许多论述都直接代表了当时国家在高等教育方面的决策和规划,不但具有很强的针对性和指导性,也有很强的代表性,能够基本反映我国在高等教育现代化改革和建设中的主流思想,将其系统地进行梳理非常有意义。

本书根据现代化理论及其研究范式,通过质性研究中扎根理论的分析方法对周远清教育文本进行深度解析。首先在仔细阅读文献的基础上,利用软件对其常用词汇进行原始整理,定为一级码(自由节点),然后根据选定的一级码归整出二级码(树节点),再在此基础上归纳总结出三级码(集群),最后再返回根据编码从文本中透露的信息按照集群整理出周远清的思想和考虑,并在此基础上,通过对文本的整体把握,以及周远清高等教育实践和思想的深入分析,形成结论。

按照扎根理论的研究方式,首先需要收集到足够多的原始资料,本书在研究中选定的周远清文本基本可以满足这一需求。在收集到的从 1985—2014 年约 210 万字的文本资料中,大部分是周远清的讲话、报告和期刊论文,语言既是周远清自己的,又是国家和时代的,既清晰反映了我国高等教育时代发展的足迹,又深刻透露着周远清本人的生动气息,其中绝大部分的论述来自我国高等教育发展的具体实践和对一些针对性问题解决的具体思考。而扎根理论方法特别强调"在问题解决中产生办法",强调从行动中产生理论,从行动者的角度建构理论,理论必须来自资料,与资料之间必须有密切的联系。扎根理论认为,"只有从资料中产生的理论才具有生命力。如果理论与资料相吻合,理论便具有了实际的用途,并可以被用来指导人们具体的生活实践①。"因此,将周远清的文本资料作为质性研究的原始资料,结合我国30年高等教育发展的时代背景,借鉴"现代化"研究的一些理论范式,运用扎根理论的研究方法分析我国高等教育现代化实践背后的思想支撑,并探索寻找我国自己的高等教育现代化发展之路,既符合研究初衷,也有很强的时代意义。

第一节　质性研究中的扎根理论

同其他类型的研究不同,质性研究是一个循环反复、不断演化发展的过程,允许研究者在研究的进程中根据具体情况对事先设定的方案进行修改。质性研究中的设计不能像量化研究那样确定,也不能一次定终身,而是要根据研究的具体情况不断调整和修改。因此,并不是所有的质性研究都需要有一个研究设计和假设。然而研的目的还是有的,即任何研究都必须有一定的方向性。本书的出发点是为了以史鉴今,基本立足点是当今,因此尽管我们总是不断地回归到被研究者本人,并尽量从他的时代,他的角度来思考问题,但在研究时仍不可避免地会用许多今人的眼光来解释过去的时代。因为质性研究强调研究者本人就是研究工具,强调研究者自己独特的体悟和感觉,因此本书中最后结论的出现也纯粹是研究者在无数次被文本感动后的一些体悟,在此过程中,研究者基本上是按照扎根理论的分析思路一步步来进行的。

一、扎根理论的基本原则

扎根理论特别强调从资料中提升理论,认为只有通过对资料的深入分析才能

---

① 陈向明. 质的研究方法与社会科学研究[M].北京:教育科学出版社.2001:328.

逐步形成一定的理论框架①。这是一个归纳的过程,自下而上将资料不断地进行浓缩。它不像一般的宏大理论,不是对研究者自己事先设定的假设进行演绎推理,而是强调对资料进行归纳分析。理论一定要可以追溯到其产生的原始资料,一定要有基本事实作为依据,不能凭空制造。扎根理论不反对在进行理论建构时使用前人的理论,但是却强调它必须与本书所采集的原始资料及其理念相匹配。最重要的是研究者要有高度的理论敏感性,从而在研究过程中不断地对现有的理论以及资料中呈现的理论保持警觉,注意捕捉新的建构理论的线索。在书的所有阶段和层面,研究者都应该时刻注意建构理论的可能性,将资料与理论联系起来进行思考。由于本书一开始基于的基本理论始于"现代化"研究的基本理论和范式,因此笔者并没有只是停留在机械的语言编码上,而是以理论为指导进行编码。通过不断地就资料内容建立假设,以及资料和假设之间的反复比较产生理论,然后再使用这些理论对资料进行编码。在对资料进行分析时,我们把从资料中初步生成的一些印象归纳为理论,然后以此作为下一步资料抽样的标准,并指导之后的资料分析工作。在此过程中,初步的理论被用来指导进一步分析资料时对假设的检验。尽管这种检验是初步的、过程性的,但却贯穿于研究过程的始终。因为"扎根理论不主张按照一个现成的理论进行完全的嵌套,认为研究者的个人解释也可以在建构理论时起到重要的作用,认为从资料中生成的理论实际上是资料与研究者个人不断互动和整合的结果②","原始资料、研究者个人的之前理解以及前人的研究成果之间实际上是一个三角互动关系",因此,"研究者本人应该养成询问自己和被询问的习惯,注意倾听文本中的多重声音,深入了解自己与原始资料和文献之间的互动关系是如何发生和发展的"。

扎根理论的主要分析思路是比较,在资料和资料之间、理论和理论之间不断进行对比,然后根据资料与理论之间的相互关系提炼出有关的类属及其属性。这种比较必须贯穿于研究的全过程,一般可分为四个步骤:一,根据概念的类别资料进行比较。首先对资料进行细致的编码,将资料归到尽可能多的概念类属下面;然后将编码过的资料在相同和不同的概念类属中进行比较,为每一个概念类属找到其属性;二,将有关概念类属与它们的属性进行整合,同时对这些概念类属进行比较,考虑它们之间存在什么关系,如何将这些关系联系起来;三,勾勒出初步呈现的理论,确定该理论的内涵和外延。将这个初步的理论返回到原始资料进行验

---

① 陈向明. 质的研究方法与社会科学研究[M]. 北京:教育科学出版社. 2001:328.
② 陈向明. 质的研究方法与社会科学研究[M]. 北京:教育科学出版社. 2001:329.

证,同时不断地优化现有理论;四,对理论进行陈述。将掌握的资料、概念类属、类属的特性以及概念类属之间的关系一层层地描述出来,最后的理论建构可以作为对研究问题的回答。①

扎根理论对理论的检验与评价有自己的标准,主要为:一,概念必须来源于原始资料,常常扎根于原始资料之中。理论建立起来以后,可以随时回到原始资料找到丰富的资料内容作为论证的依据;二,理论中的概念本身应该得到充分的发展,密度应该比较大,内容比较丰富;三,理论中的每一个概念应该与其他概念之间具有系统的联系,彼此紧密地交织在一起,形成一个统一的、具有内在联系的整体;四,由成套概念联系起来的理论应该具有较强的实用性。

二、扎根理论的操作程序

扎根理论的主要操作程序如下:一,对资料进行逐级登录,从资料中产生概念;二,不断地对资料和概念进行比较,系统地询问与概念有关的生成性理论问题;三,发展理论性概念,建立概念和概念之间的联系;四,理论性抽样,系统地对资料进行编码;五,建构理论,力求获得理论概念的密度、变异度和高度的整合性。②

扎根理论要求对资料进行逐级编码:一级编码即开放式登录,就是从资料中发现概念类属,对类属加以命名,确定类属的属性和维度,然后对研究的现象加以命名及类属化。这是一个将资料打散,赋予概念,然后再以新的方式重新组合起来的操作化过程;二级编码又称关联式登录或轴心登录,主要任务是发现和建立概念类属之间的各种联系,以表现资料中各个部分之间的有机关联;三级编码又称核心式登录或选择式登录,是指在所有已发现的概念类属中经过系统分析以后选择一个"核心类属",将分析集中到那些与该核心类属有关的码号上面。核心类属必须在所有类属中占据中心位置,与其他类属发生关联而不牵强附会,必须频繁地出现在资料中,是一个资料中反复出现、比较稳定的现象。核心式登录的具体步骤是:一,明确资料的故事线;二,对主类属、次类属及其属性和维度进行描述;三,检验已经建立的初步假设,填充需要补充或发展的概念类属;四,挑选出核心概念类属;五,在核心类属与其他类属之间建立起系统的联系。

① 陈向明. 质的研究方法与社会科学研究[M]. 北京:教育科学出版社. 2001:329.
② 陈向明. 质的研究方法与社会科学研究[M]. 北京:教育科学出版社. 2001:332.

第二节 周远清文本资料的编码与解析

根据前面的分析,我们对选定文本资料按照扎根理论的原则,"自下而上"地从原始资料中逐级进行编码,并随时调整,通过推演和归纳的方法寻找最后的类属和理论根源。首先,研究者通读了全部文献,对文本资料中反映的具体内涵形成初步印象,直观得出被研究者文本中最关注和论述最多的主题。然后,再利用软件,对文本资料进行第一级编码,直接用原始资料中的语言寻找出自由节点2 893 个,并对其进行了词频统计;然后再通过对一级编码进行分析、归类,尤其对出现频次较高的自由节点进行对比研究,形成有相同类属关系的二级编码(树节点)25 个;接下来再根据确定的树节点,从原始文本中寻找与其相关联的词汇或语句,形成了树节点下的类属群,并在此基础上验证原来分类的科学性;最后再将总结好的类属群进行进一步归整,确定出文本资料中最重要的核心概念,即第三级编码(核心类属),并通过观察分析这些核心类属,尽量用文本中的原始词汇形成最后的"扎根理论"。在此过程中,"现代化"的理论及其研究范式,一直是研究者提前预设的一个理论假设,在编码的过程中不断作为参考和分析依据,并通过实际的编码进行检验。由于研究者始终关注的是我国当代高等教育的具体发展,因此这个研究目的也可以说是研究者的一个基本参考依据。在整个研究中,这三者始终互相缠绕,共同对编码工作产生重要的影响。

一、一级编码(自由登录)

这个过程,最主要的是要忠实于原始资料,要求研究者以一种开放的心态,尽量"悬置"个人的"偏见"和研究界的"定见",将所有的资料按其本身所呈现的状态进行登录。[①] 因此,研究者通过质性分析软件 NVivo 8.0,逐字逐句地寻找文本资料中的概念,并对其进行初步命名。所坚持的原则是"什么都相信,又什么都不信",主要关注的是文本资料中到底有多少概念,这些概念是否有进一步深入探究的可能。在尽可能保证不漏掉重要信息的情况下,初步建立起一个关于中国当代

高等教育发展的一般概念和主题表（见附录二：周远清教育文本一级编码表）。

　　为了能更加方便地将其归类，在选出初步的散乱节点以后，研究者对其按字数的多少和词的性质进行了初步分类，具体如下：

　　1. 单字词（35 个）：学、教、育、高、大、我、校、改、生、人、建、强、新、好、更、院、法、师、难、路、优、包、稳、宽、升、差、低、窄、旧、弱、死、齐、乱、坏、废。

　　2. 双字词（频率最高的前 100 个）：教育、改革、学校、我们、发展、教学、大学、素质、体制、社会、工作、研究、学生、培养、建设、中国、问题、国家、思想、提高、经济、管理、我国、文化、重要、质量、科学、人才、高校、现在、世纪、专业、办学、学科、高教、基础、世界、同志、需要、能力、教师、知识、观念、部门、合并、创新、体系、课程、计划、适应、结构、地方、院校、理论、就业、国际、特色、讨论、政府、重视、要求、主要、综合、实践、形成、技术、建立、积极、作用、学习、探索、必须、自己、指导、面向、影响、过去、校长、全面、人文、希望、部分、基本、招生、毕业、可能、重点、领导、最近、经验、同时、服务、模式、评估、专家、不断、开展、解决、政治、博士。

　　3. 三字词（频率最高的前 50 个）：21 世纪、研究生、计算机、大学生、进一步、毕业生、高质量、高水平、现代化、培养人、有利于、为什么、大发展、比较大、多年来、教育观、高素质、单科类、大改革、发展中、国际化、基础课、发展观、工作者、博士点、大提高、研究会、体制下、教育家、自主权、新世纪、全球化、本世纪、产学研、硕士点、跨世纪、不适应、创造性、怎么办、信息化、单科性、一流的、一手抓、教育界、大问题、社会上、思想上、抓教学、近年来、知识面。

　　4. 四字词（频率最高的前 100 个）：高等教育、科学发展、体制改革、素质教育、高等学校、教育思想、教学改革、管理体制、文化素质、教育改革、社会主义、人才培养、教育发展、教学工作、教学内容、社会发展、经济体制、中国特色、科学研究、教育工作、思想观念、教学质量、教育体制、改革发展、科学技术、提高质量、我们国家、教学方法、科学技术、人文教育、专业学位、思想政治、教育研究、工作会议、世界一流、社会科学、经济发展、教育科学、体系改革、这个问题、指导思想、培养模式、职业教育、改革开放、专业目录、教学计划、一流大学、加强文化、大的发展、基础教育、教育理论、自主办学、合作办学、条块分割、高考改革、培养质量、教育教学、科学教育、思想道德、加强素质、这项工作、创新能力、适应社会、道德素质、队伍建设、就业体制、经济建设、自然科学、教育方针、改革计划、理论研究、投入不足、高度重视、学校发展、传授知识、面向社会、办学体制、小康社会、科学发展、理论研究、教育规律、优秀教学、办学效益、质量意识、思想体系、高教体制、学科建设、本科教育、教学管理、协调发展、发展方针、自主择业、合格评估、业务素质、科学素质、精神文明、很大发展、创新人才、注重素质。

5. 五字以上主题词或概念(频率最高的前100个):改革和发展、我国高等教育、管理体制改革、中国高等教育、高等教育改革、文化素质教育、高等教育发展、高等教育强国、教育的改革、研究生教育、建设高等教育强国、市场经济体制、教学内容和课程体系、高等教育体制、高等教育的改革、课程体系改革、思想政治教育、教育科学研究、体制的改革、观念的改革、改革与发展、科学技术发展、建设有中国特色、人才培养模式、创新型国家、计划经济体制、世界一流大学、现代化建设、高等教育体制改革、人文社会科学、思想道德素质、提高教学质量、科学发展观、改革是关键、综合性大学、推进素质教育、大学生文化、高等教育思想、教学改革是核心、内部管理体制改革、高等教育研究、中国特色的高等教育、经济全球化、较大的发展、邓小平理论、体制改革是关键、提高教育质量、世界高等教育、重点和难点、建设创新型国家、理论工作者、建设世界一流大学、高等教育理论、经济体制改革、就业体制改革、高等教育质量、改革的重点、计算机基础、内容的改革、实施素质教育、体系的改革、教育国际化、学校内部管理体制、文化的传统、学科的发展、改革是先导、教育思想教育观念的改革是先导、方法的改革、高等教育科学研究、计算机辅助教学、建设小康社会、发展高等教育、改革的目标、突破性进展、教学方法的改革、质量的提高、身体心理素质、学生的素质、高等教育工作、存在的问题、中国特色高等教育思想、发展的形势、优秀教学评估、制度的改革、中国特色的高等教育思想、思想政治教育研究、教育的思想、中国特色高等教育思想体系、高水平大学、发展和改革、经费筹措体制、区域经济服务、自己的特色、精神文明建设、永恒的主题、质量是永恒的主题、发展职业教育、改革的进程、优秀的文化、教师队伍建设。

从这些词中我们可以看出,选定文本至少可以透露这么几个信息:

1. 与"教育"相关的词出现频率最高,如"教育、学校、教学、培养、高等教育、素质教育、我国高等教育"等;在教育中,"教学"及其关联词出现的频率最高,如"教学工作、教学内容、教学计划、教学思想、培养模式"等;文本中关于教学方面的论述相当全面,包括了"招生、培养、考试、毕业、就业、课程、学科、研究生教育、职业教育、基础教育、留学生"等各个环节,其中"思想政治教育、计算机辅助教学、实践教学"也受到了足够的重视。"质量"和"素质"是作者对高等教育在发展内涵上的高度关切,如"高质量、提高质量、人才培养质量、质量是永恒的主题、质量是中心(核心)、质量意识、质量的世纪、素质教育、文化素质、身体(心理)素质、业务素质、思想道德素质、素质意识、高素质"等。

2."改革"和"发展"是我国当代高等教育现代化的主题,如"改革、发展、体制改革、教学改革、改革和发展、管理体制改革、高等教育发展、改革是关键"等都是出现频率非常高的词汇,其中"体制""教学"和"思想观念"是文本中出现的最受关注的改革对象,如"体制改革是关键、教学改革是核心、教育思想观念的改革是先导";对于改革和发展的道路、方式及目标,文本中出现频率最多的词汇是"高质量、高水平、现代化、国际化、科学发展、素质教育、提高质量、教学改革、体制的改革、观念的改革、建设高等教育强国、中国特色、世界一流大学"等;其中"中国特色"和"高等教育强国"在文本中最受关注。

3."学校、体制(制度)、社会、法、国家、政府"以及与之相关联的"管理"等词高频出现,其中"体制改革""管理体制改革"尤其频繁,体现了被研究者对"教育、教学"外部大环境的高度重视;"思想""文化"及其相关联词汇在文本主题中出现的也非常频繁,则进一步体现了被研究者对"教育"软环境的高度关注。其中"思想"一词同中国特色联系紧密,如"中国特色高等教育思想、中国特色高等教育思想"均属于高频主题;而"文化""人文"则主要在教育本身的发展中受关注,如"文化素质教育、人文教育、加强文化、优秀文化、大学生文化、文化的传统"等出现频率均较高;最后作者还用"教育的文化、文化的教育"等主题专门论述了"教育"同"文化"的关系。

4."研究"和"建设"是继"改革"和"发展"之后两个出现频率最高的主题动词。与此相对应,"问题""计划""目标"等词出现了相当高的频率,其中"问题"可以说是继"教育、教学"及其关联词后出现最多的;在具体"研究"中"科学研究、教育研究、理论研究、教育科学研究、高等教育研究"属于最受重视和被关注的主题;而"建设"中,"建设高等教育强国""现代化建设"和"建设有中国特色"等则出现得最多。

5. 在文本中"学生、人才、教师、校长、领导、专家、队伍"等均有相当论述,且文本中"学生"的频次明显高于"教师",体现了被研究者"以人为本""以学生为本"的办学思路;文本中高度关注了"校长"和"师资队伍"建设,也是作者对发展高等教育内部运行机制中"人"的作用的重要体现。另外,文本还高度关注了"投入、经费、资源、条件、课程、教材、计算机、网络"等与教育教学相关的物质保障。

6. 整个文本中,时间方面表示现当代的词汇占主流,如"现在、最近、21世纪、本世纪、跨世纪、近年来、小康社会"等,这充分表现了被研究者关注当下及其务实的态度,也证明选定文本是与时代紧密结合的一部相当生动的我国高等教育当代发展史料。

7. 文本中的形容词、副词明显以正面、积极的占据绝大多数,如"高、大、强、新、好、优、稳""积极、一定、大力、充分、加快、深化"等;另外文本中用来表示重要的词汇相当多,如"重要、主要、重视、重点、关键、核心、重点和难点、生命线、牛鼻子"等,而与这些词相关联的主题也往往是时代发展中的最重要的方面。

8. 文本中的动词多体现一种主动性和建设性,表示改革、发展等实践的词也是最多出现的,如"改革、发展、研究、建设、管理、提高、创新、建立、实践、适应、形成、探索、开展、自主、推进、促进、实行、实施、努力、解决"等,这些均体现了我国当代高等教育发展的一个主要特点,即积极主动地、发展建设型的、以"改革"而不是"革命"为主的"科学发展"方式。

以上从一级编码中透露出来的信息,为我们更全面地认识选定文本提供了相当重要的信息。根据这些信息,结合研究者在阅读文献时对文本的初步理解以及当时头脑中形成的直观印象,接下来我们对一级编码进行了初步归纳,进入了更加深入的二级编码。

二、二级编码（关联登录）

二级编码的主要任务是发现和建立概念类属之间的各种联系,以表现资料中各个部分之间的有机关联。在二级编码中,研究者每一次只对一个类属进行深度分析,围绕这一个类属寻找相关关系。随着分析的不断深入,有关各个类属之间的各种联系变得越来越具体、明晰。在对概念类属进行关联分析时,研究者不仅要考虑到这些概念类属本身之间的关联,而且要探寻表达这些概念类属的被研究者的意图和动机,将被研究者的言语放到当时的语境以及其所处的社会文化背景中加以考虑。在每一组概念类属之间的关系建立起来以后,研究者还需要分辨其中什么是主要类属,什么是次要类属,并通过比较的方法把主要类属同次要类属之间的关系联结起来。这时研究者还可以使用新的方式对原始资料进行重新组合,分析这些类属是否具有实践意义,并初步建立一个以行动为指导的理论建构雏形。这种理论雏形将重点放在处理和解决现实问题上面,其理论基础是当事人的实践理性①。

根据这一思路,研究者在充分分析了一级编码的主要信息后,寻找出了一些联系,并在 25 个主要类属下面将这些概念连接起来(见附录三:周远清教育文本二级编码表)。这些主要类属分别是:教育(教学)、改革、发展、研究、建设、工作、问题、思想(理论)、体制(制度)、文化、重要、质量、科学、法、办学、评估(价)、目标、国际、实践、积极、道路(路子)、积极、人(主体)、背景(时间、空间)、资源等。在实际编码中的具体思路如下。

1. 根据主题出现次数的多少,将最高频出现、频次达 3 000 次以上的词汇共 31 个(见表 8 选定文本高频词汇统计表)进行统计分析后,确定出"教育、教学、研究、改革、发展、建设、工作、问题、思想(理论)、体制(制度)、文化、重要、质量、科学"等 14 个类属,被弃用的其他高频词,除了两个单字词"新、好"外,四字词"高等教育"可直接归至"教育"类属里,其他双字词,如"学校""大学""学生""培养""人才"等皆可以归为"教育"类属,"社会""国家""经济""管理"等则可以归入"体制"类属,至于"提高""中国""我国"三词则一般无单独的特殊意义,主要是附着于其他词才产生主题意义,如"提高质量、中国特色、我国高等教育"等。由于这些词本身出现的频率非常高,且与之直接相关联的主题词汇很多,从这些词汇中往往可以更加深入地发现文本中所蕴含的意思,因此,对于这些词我们一般都结合其关联词汇而进行统计和分析。

2. 仔细观察所有的一级码,尤其是词频较高的主题词,根据文本中反映的意思,结合词频分析,将一些虽单独出现次数不够多,但同类词共同出现频率较高,且同之前总结的类属不冲突,能够深刻表达文本意图的词确定为一个类属。这些词主要为:法、办学、评估(价)、目标、国际、实践、道路(路子)、积极等 8 个类属。这些类属词的编码主要是将文本中表达意思相近或词类性质一致的词进行归类。

3. 根据前文的分析,在深刻把握被研究者文本论述主旨的基础上,从"现代化"研究的理论和范式出发,寻找文本中能深刻反映我国当代高等教育现代化发展痕迹的词汇,将出现频率较高,可以做为研究资料的一级码进行归类总结,确定出:人(主体)、背景(时间、空间)、资源等 3 个类属。

经过以上三种方式,几乎将所有的一级码全部归类完毕,根据类属整理后的编码情况(见附录三:周远清教育文本二级编码情况表)统计和文本中反映的意

---

① 陈向明. 质的研究方法与社会科学研究[M]. 北京:教育科学出版社. 2001:333-334.

思,可以非常明显地看出:

1. "教育""教学"和"办学"。这是文本中最为重要的类属,它完全可以统领其他的所有类属,其他类属几乎全是围绕着它们展开。这三个类属由于共同反映的是我国高等教育的具体发展状况,"教育"是选定文本当然的主题,而"教学"则是"教育"的"主旋律","办学"则是对"教育"总体方面的概括,它们还可以进一步统一到"教育"一个核心类属中。

2. "改革""发展""建设"。这三个类属是所有动词里出现频率最高的,反映了时代的主题,也是我国当代高等教育现代化发展的主要表征。不同于"革命"和"折腾",这三个主题词表达了一种保守中的积极态度,是非常"建设"性的,新事物的发展并不是建立在对旧事物的破坏和完全否定上面,而是强调在原有基础上的"改革",既强调承继性和保持"特色",也注意"创新"和"发展",实际遵循的是一种"稳中求改、稳中求建"的"科学发展"道路。它们围绕着"教育"、"教学"和"办学"这三个核心类属,并深入进每一类属下面的具体层次,几乎涵盖了我国当代高等教育的每一方面。这三个核心词可以统一概括为"发展"这一类属。

3. "工作""问题""目标"。这三个类属高频出现,其下属概念对我国高等教育发展中的方方面面都有的涉及,共同反映了选定文本对我国当代高等教育发展中重要主题的关注,也是对"教育"这一核心的概念的补充和演绎。通过统计每一个主题的概率还可以侧面反映出同时代我国高等教育发展中"工作"的主次、"问题"的焦点和"目标"的大小。并通过具体的工作引领、目标激励和问题解决来达到我国高等教育的不断发展。

4. "体制""法""评估"。这三个类属属于"教育"发展的外部环境方面,文本中"体制"主要是"改革",包括宏观的"办学体制""国家管理体制""经费投入或筹措体制""招生就业体制",中观的"高校内部管理体制"以及微观的"教学方式""人才培养模式"等;至于"法"主要是"制定(建设)"和"依法办学",这既是一个办学前提,也是一种办学理念,体现了我国高等教育"现代化"的必须规律;"评估"主要是"探索",包括"合格评估""优秀评估"和"随机评估",是我国高等教育在新"体制"下国家对学校进行宏观管理的一种探索和尝试。当事人认为"体制"是我国高等教育发展的"关键","法"是"保障",而"评估"则是一种非常重要的"监督"。

5. "思想""理论""质量""素质""文化"。这几个类属属于"教育"发展中的内涵及本质属性方面。按照当事人在文本中的论述,"思想""理论"是教育发展的"先导""灵魂","质量"(素质)是教育的"核心""中心""生命线",而"文化"就是"教育",是教育的本质属性。因此,被研究者认为,"思想"要"改革"或"更新","质量"要"提高"和"建设","文化"要"传承"和"创新",这些思想基本贯穿了文本始终,是被研究者关注的重点,也是我国高等教育现代化的重要内容。

6. "研究""科学"。这两个类属在文本中表达的实质是如何进行高等教育的发展。被研究者认为,高等教育是一门"科学",有自己独特的客观"规律"。只有加强"研究",才能掌握它的"规律",从而做到"决策的民主化、科学化""不折腾",并进而"科学发展""协调发展"和"可持续发展"。这两个类属与"思想""质量"和"文化"这三个类属有高度的关联性,强调"研究"对"教育思想改革"、加强"质量意识"和"文化素质教育"意识的重要意义。另外,"研究"也是高等教育一项非常重要的职能,它包括了"思想研究""科学研究""文化生产"和"质量建设"等。

7. "道路(路子)"。"道路"这个词包涵了文本中所有关于我国高等教育发展方式探索实践所取得成果的归纳和总结,其中包括"国际视野、中国特色"的发展方式,包括"大改革、大发展、大提高"的发展阶段,包括以"质量为中心"加强"素质教育"这样的发展理念,以及"面向世界、面向未来、面向现代化"建设"高等教育强国"和"世界一流大学"这样的雄心壮志和目标。另外文本里还特别多的涉及"国际""世界"等词,它们则主要反映的是国人在建设高等教育现代化中的一种"开放"的心态,强调了我们要"主动进入世界大循环",用世界的目光来发展自己的一种"现代化"发展理念。

8. "人""背景(时间、空间)""资源(条件)"。这几个类属,分别代表了中国当代高等教育发展中的几个重要要素,"人"是"现代化"发展的主体,包括"学生""教师""校长、书记""领导班子""专家""行政管理人员"等;"背景"包括"时间"和"空间",表明"现代化"发展的时空归属,如"现在""最近"等词汇和"我(中)国""学校""学院"乃至"班级"等表示空间的词汇;"资源"则代表了我国当代高等教育发展中所必须的"条件",如"投入""基地""实验室""教材""计算机""信息""网络"等。

9. "重要""积极""实践"。这三个类属放在一起,是因为它们共同反映了我国当代高等教育发展的又一主要特征,即有"重点"的、"积极"的和"实践"性的。这里"重要"一词是对高等教育改革和发展中一些"主要"方面的着重说明,如"体制""教学""思想""质量""素质"等,文本通过运用一些表达"重要"的主题词,如

"关键""核心""灵魂""生命线""重视"等,强调了我国当代高等教育建设中的
"重点和难点"。"积极"一词是对文本中大部分形容词和副词总结分析后得出的
重要属性,如,"大力""充分""主动"等,它反映了我国近些年在发展高等教育时
的一种主要心态,即非常主动的、既"迫切"又"稳健"的品格特征。"实践"一词是
经过对文本中几乎所有动词的特点进行总结分析后做出的高度概括,如,"实施"
"建立""形成""探索""制定""完善"等,它反映了人们在改造客观世界时的一种
主体性和主动性,也代表了指导我国当代高等教育发展的主要思想和理论大多是
来自于具体的实践,并通过继续不断地实践而进行完善。

三、三级编码(核心登录)

三级编码指的是在所有已发现的概念类属中经过系统分析以后选择一个"核
心类属",将分析集中到那些与该核心类属有关的码号上面。与其他类属相比,核
心类属具有统领性,能够将大部分研究结果囊括在一个比较宽泛的理论范围之
内。这个阶段之内研究者经常问的问题是:"这些概念类属可以在什么概括层面
上属于一个更大的社会分析类属? 在这些概念类属中是否可以概括出一个比较
重要的核心? 我如何将这些类属串联起来,组成一个系统的理论构架?"此时研究
者要针对核心类属的理论密度进行分析,目的是对有关概念进行整合,直至达到
理论上的饱和与完整。① 按照这样的思路,综合前面两级编码及仔细地归纳和分
析,研究者发现,整个选定文本可以透露出这样一个信息,即全部文本都在探索和
论述"中国当代高等教育现代化发展的方式或道路"。文本里出现最多、最能作
为核心类属来统领全文的主题词是"教育"和"发展(改革)",它们也是选定文本
中最核心和最为上位的两个概念,统一即为"教育发展"。而其他所有类属则都
围绕着这一个主题,分别从不同的角度形成自己的理论构建,共同丰富和完善出
一副我国当代高等教育现代化发展的基本理论雏形。

1. 发展的主题——"现代化",可具体为"教育思想""管理体制"和"人才培
养模式(即"教学")"的"现代化",具体体现在"工作""问题"和"目标"三个类
属中。

2. 发展的保障——"现代大学制度",主要是"体制改革""法治"和建立"评

---

① 陈向明. 质的研究方法与社会科学研究[M].北京:教育科学出版社.2001:334-335.

估"制度等外部环境"建设",体现在"体制""法"和"评估"三个类属中。

3. 发展的本质——"文化的教育",以"改革教学思想""提高人才培养质量""注重素质教育"等内涵"建设"为依托,包括"思想""质量"和"文化"三个类属。

4. 发展的方式——"遵循高等教育规律,科学发展",注重"研究"的"科学"性,倡导"决策的民主化"和"规模、结构、质量、效益的协调发展",包括了"研究"和"科学"两个类属。

5. 发展的道路——"国际视野、中国特色",强调一种"开放"的心胸,但不盲目"接轨""共轨",提倡在自我发展基础上借鉴人类文明的一切优秀成果,并最终形成自己的特色,主要体现在"道路"和"国际"两个类属中。

6. 发展的目标——"高等教育强国",这是对中国当代高等教育现代化发展追求的一种高度概括,要求我国必须建成"世界一流的大学"、培养出"世界一流的人才",完成"科教兴国"重任,提高我国的国际竞争力,具体体现在"目标"这个类属中。

7. 发展的性质——"建设实践"型,这是对我国当代高等教育多年发展经验的客观总结和高度概括,它充分体现了"建设"这一我国现当代高等教育发展的主要特征,以及采取"实践"和"探索"为主要手段,"稳中求改""稳步推进"的"现代化"发展模式,并包涵了我国多年来通过具体实践所形成的许多重要理论成果,初步形成了一种适合我国国情的、高等教育现代化发展道路及理论体系。直接反映这个特征的主要类属为"实践""积极"和"重要",其他二级类属也都从不同侧面丰富和完善了这个理论。

8. 发展的条件(因素)——"人"与"资源",这里包括了我国高等教育"现代化"发展的主体基础和客观条件,其中"人"的方面主要是"思想"的改革和"素质"的提高,而"物"的方面则最重要的是需要"投入"和"建设",这些因素主要体现在"人""背景"和"资源"这三个类属中。

综上,在选定文本中高频出现,最能反映我国当代高等教育现代化特征的主要为表示积极、主动的"建设"性"实践"的词语。这两类词高频出现,从具体事实的角度证明了我国当代高等教育现代化发展的最主要特征即"建设和实践"。这里"建设"主要体现主观要求,它与"破坏"相对,意味着一种积极、正向、理性的观念,是在承认现实基础上对未来的一种积极构建和创新性发展。它对待传统的态度是扬弃而不是颠覆,是一种制度内部的量变积累推动质变的过程。它将"实践"作为发展的客观手段,强调主体在改造客观世界中的主动性和具体发展时的目的性;强调通过"实践、认识、再实践、再认识"的发展路线,不断将成功经验进行理论升华并最终变为具体的发展方式。这一模式特征既是运用质性方法对选定文本进行的一种理论升华,更是对我国当代高等教育现代化发展道路的具体凝练,对当前的发展也有积极借鉴意义。

四、结论:"建设实践型"理论的形成

通过对周远清教育文本的质性分析,结合我国当代高等教育发展实践的具体成果,我们可以探寻到在轰轰烈烈的实践背后暗含的一些思想因素。可以说,正是因为有这样的思想支撑,才使得我国自 20 世纪 90 年代以来迅速成长为一个名副其实的高等教育大国,并正在向"高等教育强国"的现代化目标迈进。根据分析,我们将这些思想支撑统一命名为"建设实践型"的高等教育现代化发展理论,这个理论产生的时代背景是从 1985 年到 2015 年的当代中国,依据就是这 30 年来中国高等教育改革、发展和建设的具体实践。它具体还可分为八个方面,即:

1. 发展的主题是实现高等教育"现代化",建立一个教育思想、教育体制和人才培养模式和谐平衡发展的新型高等教育"生态系统";

2. 发展的目的是达到"高等教育强国",实现"科教兴国"的历史重任;

3. 发展的性质是"建设实践型",立足实际,以具体工作为引领,以目标做激励,在问题中求发展,并以积极、建设的心态,有重点地"稳中求进";

4. 发展的本质为"加强文化素质教育""提高人才培养质量"并最终实现"文化的教育";

5. 发展的方式是"遵循高等教育规律""科学发展""协调发展";

6. 发展的具体道路为"国际视野,中国特色",从实际出发,走自己的道路;

7. 发展的主要因素为人的"思想的现代化"和以"投入为前提"形成的物质资源建设;

8. 发展的保障为建立"国家宏观调控,学校面向社会依法自主办学"的"现代大学制度"。

对照"现代化"的理论研究范式,可以分别从"理论、制度、道路和资源"四个方面再次将这些概念类属归纳为:一,高等教育现代化发展的理论总结:主要包括发展主题、发展性质和发展本质等;二,高等教育现代化发展的制度构建:主要包括现代化发展的制度保障建设;三,高等教育现代化发展的道路探索:主要包括发

展目的、发展方式和发展道路等;四,高等教育现代化发展的资源准备:主要包括人和物质资源建设两个方面。

第三节　周远清对我国高等教育现代化的理论贡献

任何历史都不过是历史人物的集锦,人物研究也一直是史学研究的一个重要组成部分。历史学作为"一门以过去事实为基础的独特的人文学……它关心的是人,研究的是人,探讨的是过去时空中人的思想、观念、行为及其意义"①。我国历史的纪录也多是用人物传记的形式来体现,如最著名的《史记》就曾开创我国历史纪传体的先河。在肯定人民群众创造历史的同时,历史唯物主义也从未否定过杰出人物对历史发展的特殊贡献。虽然历史人物都必须要受到其特定条件的限制,但在客观条件一定的情况下,一些重要人物也往往会对历史的发展产生重要的影响力。这些人物由于自己的禀赋及个性,有时甚至可以直接加速或延续历史发展的脚步。这一点,在高等教育的发展过程中也并无例外。无论是在刚刚开始起步的民国时期,还是已经取得巨大成就的当代,我国高等教育领域都曾涌现出许多重要的历史人物。对他们的实践及思想进行深入研究,常常能够更加有效地把握我国高等教育发展的基本脉络,并对今后的发展有重要启示。

作为一个发展中国家,现代化一直是我们不懈追求的目标。在追求高等教育现代化的路上,我们历经曲折,终于在 20 世纪 80 年代开始逐步走上正轨。21 世纪以来,我国正经历着由大国向强国的转变,高等教育现代化也又到了一个关键的时期。由于我国的独特国情,我国不可能走完全效仿别人的模式,而只能探索属于自己的道路。在对选定文本的研究分析中我们发现,20 世纪 90 年代以来是我国高等教育现代化发展最突飞猛进的时期,正是在这段时期,以周远清为代表的高等教育实践者们积极思考,勤于总结,及时将我国的高等教育实践结晶上升为理论,给我们当今的现代化发展带来了很多有用的启示。

---

① 李剑鸣. 历史学家的修养和技艺[M].上海:三联书店,2007:49.

一、文化是高等教育现代化发展的本质属性

从选定文本中可以看出,周远清在教育实践中十分重视文化对人的塑造和影响作用。他一直提倡用素质教育的思想来改变我国传统上过于注重传授知识的教育。他认为没有现代化的思想就不会有现代化的高等教育,教育思想和观念的改革是高等教育现代化的先导,而他所认为和倡导的现代化教育观念,主要就是素质教育的思想。而在素质教育中,他认为文化素质教育是基础和核心,并进而提出了以文化素质教育为切入点的"三结合"和"三提高"发展思路。在实践中,他不断提升对教育中文化的认识,并多次发表关于文化同教育关系的文章,用以说明文化在教育中的重要作用和教育对文化发展的重要影响。

(一)人是高等教育现代化发展的主体

在实际负责我国高等教育改革和建设的过程中,周远清重视体制改革,却始终把教学改革作为发展和改革的核心。他认为,是否将培养人作为学校的首要和根本任务是一个学校办学思想是否端正的标志。他始终坚持"以人为本"的教育发展和改革思想,将提高人才培养质量作为改革和发展的最终目的和检验改革成败的关键。在教育教学的改革过程中,他重视对"人"的建设,认为"加强师资队伍建设是当前高等教育改革发展的切入点和突破口[①]""大学校长和领导班子学校发展的关键因素[②]"、高等教育发展要"一切为了学生,为了一切学生,为了学生的一切"。[③] 他支持学生参与教育思想和教育观念的大讨论;注重对学生"做人"的培养,提出"注重素质教育、注视创新能力和注意对学生个性培养"的"三注"理论;认为人才培养模式改革是我国教学改革的关键,并以提高和培养学生对社会适应性和创新能力为出发点指导高校进行专业调整和设计教学计划。在对学生的实际培养中,他始终强调要加强对学生"做人"方面培养的素质教育,并认为在

---

① 周远清. 在中国地质教育协会第二届理事会暨学术讨论会上的报告[R].周远清教育文存(二)[C].北京:高等教育出版社,2009:515.

② 周远清. 坚持为"三农"服务的办学方向 加快高等农林教育的改革和发展[J].中国高等教育,1997(2):5-9.

③ 陈浩. 跨世纪的课题:改革教育思想教育观念——国家教委副主任周远清访谈录[J].中国高等教育,1996(Z1):4-8.

素质教育中,思想政治教育是根本,而文化素质教育则是基础。提出要以文化素质教育为切入点和突破口来加强对学生人文道德的教育。他指出教师对学生培养的重要性,提出要首先提高教师文化修养和重视教师师德建设。在实际推进改革的具体工作中,他重视做"人"的工作,总是将做通大家的思想工作作为工作的一项重要来抓,并充分利用积极政府主管部门和广大教育工作者的理解和支持来稳步开展工作,使我国20世纪末的高等教育改革取得了巨大的进展。这一切无不表明,在高等教育现代化中,"人"才是最重要的,我们发展高等教育的最终目的也应该是人。

(二)思想是现代化发展的先导和灵魂

因为人的思想决定了人的选择和行为,所以重视人最终必将落实到重视人的思想上面。周远清说,"没有现代化的教育思想、教育观念,就不可能建设现代化的高等教育"。[1] 因此要想在高等教育改革中取得重大进展首先就要改革或更新人的思想观念,只有思想观念发展了,高等教育改革才能顺利地进行。他提出,"教育思想和教育观念的改革是先导","教育思想是发展的灵魂"的观点,这其中无不蕴含着将"人"视为现代化发展主体的重要意味。因为无论是对现代化的制度设计还是最终的道路选择,无疑都必须仰仗人来执行,所以人的思想观念以及对政策的理解程度就最终决定了现代化发展的效果乃至成败。正是因为对此认识深刻,周远清力倡要加强对高等教育的研究和思考,倡导要加强高等教育研究队伍的建设,他亲自组织和推动了数项具有重要现实发展意义的战略性研究,为的就是首先从思想上廓清人们对高等教育改革和发展的认识,改变人们旧有的、错误的思想观念,通过改变"人"为高等教育的改革和发展扫清障碍。另外,周远清还指出,思想观念对高等教育发展的重要性还体现在它往往决定着人们选择什么样的教学方法和人才培养方式。由于我国传统文化中重视"师道尊严""重教轻学",喜欢采取"灌输式""填鸭式"的教学方法,从而造成我国人才培养中学生主动性差不爱问问题,也缺少思考和启发式锻炼等培养,使我国大学生普遍表现出创新力不足等问题。而这些问题从深层次上分析均缘于人们的思想观念,可以说这些思想观念如果不革新,教师和学生如果不能首先得到改变的话,我们很难

---

① 周远清.开放是前提 改革是关键——30年中国高等教育改革开放的经验[J].中国高教研究,2008(11):2.

发展出符合时代潮流的、现代化的高等教育。

（三）文化是高等教育现代化发展的本质属性

文化是人们对客观世界进行改革的物质和精神成果的总和,往往表现为一种传统,并以知识的形式储存在人们的记忆中。人化就是文化,人们对物质世界的所有改造最终都将凝结在其文化中。文化的传承依靠教育,而教育的发展又脱不开文化,文化就是教育,教育中有文化,文化与教育水乳交融,高等教育现代化的本质特征是文化的现代化。这些思想可以说是,对选定教育文本所体现出来的高等教育追求的高度概括。我们知道,在周远清教育思想中最着重和最突出的无疑当是他对"素质教育"和"质量意识"的思考。在对"素质教育"的论述中,他从加强"做人"的教育为逻辑起点,以文化素质教育为切入口,逐渐构建出教育是文化传承、实践和创新的主阵地以及文化是高等教育现代化的本质的最终论点。而在论述"质量意识"时,他则一方面从"人"本身出发,阐明提高质量对一个人世界观养成、知识量丰富以及个人素质提高的重要性:另一方面则从社会已发展到"质量时代",提高质量已经成为一种文化的角度论述,在现代社会没有质量意识将寸步难行。除了以上论述,周远清在论述体制改革时谈到的改革传统思想、论述教学方法改革时强调的教学思想要更新,以及论述我国传统教学弊病时强调的"文理分科、人文教育过弱"等也直接反映了他对于文化传统同高等教育关系的深刻思考。其于 2014 年发表的《文化的教育,教育的文化》一文更是将教育的文化本质进行了集中的总结和升华。他认为,教育是文化的。大学(高等教育)是传承、实践和创新文化的主阵地,是一个社会的精神家园,是优秀健康文化的辐射源。"教育同文化具有同根性①",大学作为文化建设的主阵地,在人类发展中始终通过"明明德、亲民、止于至善"等"道义"为社会传承着文化,并通过教师的"传道授业解惑"肩负着对文化的实践和创新。周远清曾多次从文化传承的角度论述大学,认为其应该有品位,应该是一个社会的精神家园和高度精神文明的辐射源。他认为大学应该做好文化的榜样,应该保持自己的一些风骨。其次,周远清还论证了教育必须与一个国家的文化相适应。强调大学要办出特色,要建设自己独特的文化。他认为全世界的大学没有固定模式,随着文化和国情不同大学发展也会有所区别,不可能也不应该"共轨",高等教育必须适应本国文化并根据本国国情走自

---

①　周远清.文化的教育　教育的文化[J].中国高教研究,2012(10):1-3.

己的路。第三,周远清认为教育中处处渗透着文化。一个格调高雅的大学本身就代表了一种文化,也会给身处其中的人一种很好的熏陶。另外教师的修养,教学管理制度、教学方法等也无不与文化有关。尤其是教学方法的改革必须从革新思想和改造文化入手。由此,周远清通过论述教育与文化之间的息息相关使我们明白:教育的本质即文化,文化是一个国家高等教育性质的决定性因素,高等教育现代化发展的最终归宿即体现为文化现代化,只有通过文化的现代化才能真正做到高等教育的现代化。

二、理论、制度、道路三位一体的现代化发展方略

在我国当代的高等教育发展中,尽管也有其重点,但总体还是平衡协调的。如文本中周远清在推进我国高等教育改革和现代化建设的过程中,就非常注意总结发展的经验,提倡统筹兼顾和协调发展。他在刚开始负责国家高等教育时就提出了"体制改革是关键,教学改革是核心、教育思想和教育观念的改革是先导""规模、结构、质量、效益"协调发展的观点,形成了其"体制、教学、思想"三位一体的高等教育改革发展思想。他还提出过"投入是前提"和"培养人才是根本目的"的思想,将"三位一体"的发展观丰富为"五位一体"。后来,他又不断总结我国的高等教育现代化发展经验,提出了"开放是前提、改革是关键、质量是核心、理念是先导""科学发展"和"以人为本"①的发展思路,进一步明确了其对高等教育现代化发展的战略思考。在多年的实践中,他认为我国高等教育要在新世纪很好地发展,必须不断强调"国际意识、改革意识和素质意识"②、走"国际视野、中国道路"③的发展模式。

(一)体制改革是关键、教学改革是核心、教育思想的改革是先导

这一思想是周远清最为看重的一个改革发展思路。他曾经将这三点比喻为

---

① 周远清.努力提高两个文化自觉[R].周远清教育文集(四)[C].北京:高等教育出版社,2013:294-301.

② 周远清.在中国现代农业发展战略研讨会上的讲话(1999年9月1日)[R].周远清教育文存(四)[C].北京:高等教育出版社,2009:150.

③ 周远清.提高我国教育国际化水平[J].中国高教研究,2010(5):1.

音乐的三个乐章,缺一不可、相辅相成,共同组成了我国高等教育改革的协奏曲。① 这一思想也是周远清面对当时纷繁复杂的改革局面提出的一个比较具体的高等教育发展思路。当时我国正处于由计划经济向市场经济过渡的非常时刻,原有的高等教育体制由于是在计划经济体制下建立的,已经严重不适应国民经济建设和社会发展的需要,进行较大的体制性改革建立适合市场经济发展的新体制已经成为国人的共识。周远清根据这一背景提出了体制改革是关键的思想,目的就是为了突出大家对体制改革和体制建设的认识,强调体制对高等教育发展的重要性。确定"教学改革是核心"是因为培养人才是高等学校的根本任务,而我国传统的教学模式忽视对人的人文素质教育,并缺乏对人才创新能力和个性的培养,严重影响了我国高等教育人才培养的质量,同时我国在向市场经济转变过程中许多新的思想不断涌现,部分高校对培养人才这一根本任务认识模糊,轻视教学使我国人才培养质量出现"滑坡",在这种情况下,必须高举"教学"的大旗,明确学校主要任务,从而坚持改革的正确方向。在推进两项重要改革的过程中,周远清很快就认识到教育思想和观念如果不变的话,改革就很难推进,因此又提出要重视教育思想和观念的改革,使之成为改革先导口号。由此,他首次构思了一条我国高等教育改革中"理论、制度、道路三位一体"统一发展的具体思路,其中"教育思想改革为先导"主要着重于理论方面的建构,而"体制改革是关键"则是强调制度建设的重要,"教学改革是核心"则主要说明在发展中必须坚持的主线,具有道路方面的意味。这个思想与他提出的"投入是前提"和"培养人是根本目的"又可组成一个"五位一体"的高等教育发展观。

(二)加强国际意识、改革意识和素质意识

20 世纪末,周远清在构思我国新世纪高等教育的发展策略时,又提出了要加强"国际意识、改革意识和素质意识"的思想。他认为,21 世纪是一个更加开放,国际联系更加紧密和高等教育更加面向世界的世纪。随着知识经济和科学技术的突飞猛进,21 世纪将变成一个"教育的世纪"②。因此我国的高等教育发展必须加强国际意识,开阔视野,进入世界大循环。他分析了我国高等教育多年的发展经验认为,加快改革是高等教育发展的前提。这一方面是同高等教育发展相适应的体制建立依赖于改革步伐的加快,另外也因为改革要触动人们的许多旧思想、

① 周远清. 关于教育改革和发展思路的报告[J].教材通讯,1993(5):14-1.
② 周远清.21 世纪是教育的世纪[J].中国高等教育,1997(9):4-5.

旧观念,会很难所以必须强化这个意识。他还认为 21 世纪我国最重要的培养人才方面一定要建立素质教育的观念,要将知识、能力、素质三位一体结合起来培养学生,以培养学生"做人"的教育作为新的教育理念。他的这个思想因为着眼于我国高等教育未来发展的规划,因此更具有发展战略的意味。在这个论述中,强调国际意识,应该是对高等教育现代化发展的思想和道路启示;强调改革意识,则无疑是在证明制度构建和思想指引在发展中的重要作用;而强调素质意识,则是从发展的具体方略和终极追求上来论述高等教育现代化的建设思路。在论述"三个意识"思想时,周远清还特意强调了他们三者的相互关联性,强调三种意识的不可分割性。在这段论述中,周远清虽没有明确对高等教育发展的"理论、制度和道路"进行具体划分,但从其论述背后所体现的精神实质来说,无疑仍然贯穿着这种"三位一体"发展的思想内涵,因此这个论述应当说是他原先发展思想的进一步深化。

（三）开放是前提，改革是关键，质量是核心，理念是先导

经过多年的高等教育现代化实践,周远清在总结我国高等教育 30 年发展经验的时候又提出了"开放是前提、改革是关键、质量是核心、理念是先导"[①]的高等教育发展理念。在这个理念中,周远清认为近 30 年我国的高等教育发展得益于开放,开放也是一种改革,它扩大了我国高等教育建设的视野,并为我国高等教育现代化建设培养了人才,是我国高等教育现代化进一步大发展的前提,要始终不渝地坚持。而改革,他认为是我们发展的关键因素,高等教育正是通过不断地改革来建立适应社会经济发展的制度,从而保持了健康持续地发展。他根据高等教育与经济社会发展的日益紧密性分析认为"对于高等教育来说,改革可能是永恒的"[②]"改革是高等教育不断发展的动力"[③]。对于高等教育改革与建设的方向,周远清始终都强调"质量是中心",他坚持认为质量是学校的生命线,提高教育教学质量是高等教育的永恒主题,教学工作是学校经常性的中心工作。认为"如果我

---

①　周远清. 从改革、做大到改革、做强——再论把一个什么样的高等教育带入全面小康社会[J]. 中国高等教育,2009(21):12-14.

②　周远清. 周远清在 1999 年天津全国普通高校招生总结会上的讲话[Z]. 周远清教育文存(四)[C]. 北京:高等教育出版社,2009:212.

③　周远清. 高等教育改革与发展形势[J]. 临沂大学学报,2011(2):6-12.

们脱离了质量去改革、去发展,可能就会使我国的高等教育改革误入歧途①"。而如何保持正确的办学方向不迷失呢?周远清认为,没有现代化的教育思想、教育观念,就不可能建设现代化的高等教育②。他强调"理念是先导",认为最重要的是要加强战略思想研究,加强高等教育教育发展规律的研究。强调没有现代化的教育研究,不可能有现代化的高等教育。在周远清的这段论述中,我们可以看出,他对"开放和理念"的论述是因为对思想和理论建设的重要性认识,对于"改革"重要性的论述则多基于对制度构建的肯定,而对于"质量"的论述则主要强调了高等教育在发展中应该坚持的主题,应该说,他的这个论述使其"理论、制度、道路"三位一体高等教育发展观的逐步成熟。

在高等教育的改革和发展中,周远清始终坚持"以人为本、科学发展"的思想,他说,"以人为本的办教育的理念,反映到高等学校中就是人才强校,以学生为本,高度重视人的作用,重视人的全面发展。办好一个大学,关键是人才"③。"教育体现以人为本,一是要服务人,二是要依靠人。服务人,就是要有服务学生的思想。学生成长成才,是一切教育的出发点和归宿,如果不是为了学生,就没有任何教育可言"④。他的这个观点,其实是补充了其以提高质量为核心的高等教育现代化发展目的的理论,是对其发展道路选择的一个完善和升华。另外,他一贯强调我国高等教育的发展要遵循"规模、结构、质量、效益"协调发展的科学思路,强调我国高等教育要积极吸收世界最先进的发展经验,结合本国国情,走"国际视野、中国道路"的发展模式,这些论述都丰富和补充了他的思想。他经过思考,明确提出了"教育思想是高等教育改革发展的灵魂"⑤的观点,并大力号召我国高教界要积极总结研究在建设实践中的有益经验和深刻教训,加快构建中国特色的高等教育思想体系。而他自己关于高等教育现代化发展的思考,如果综合起来做一

---

① 周远清.开展一次教学方法的大改革——在"首届中国大学教学论坛"上的讲话[J].中国大学教学,2009(1):4-13.

② 周远清.中国高等教育的回顾与展望——在"东亚教育改革与交流国际会议"的讲话[R].周远清教育文集(三)[C].北京:高等教育出版社,2007:181-185.

③ 周远清.提升教育科学研究的国际化水平 为建设高等教育强国贡献力量[J].中国高教研究,2012(9):4-7.

④ 陈浩.把什么样的高等教育带入21世纪?——国家教委副主任周远清访谈[J].中国高等教育,1996(1):4-9.

⑤ 周远清.建设中国特色的社会主义高等教育[N].中国教育报,2013年9月30日第5版.

总结的话,也许可以这样表述,即:"思想理论是灵魂、制度体系是关键、教学育人是核心"的发展设计,和"以素质教育为指导思想,以提高教学质量为根本目的和发展方向,以构建适应国民经济和社会发展的新体制为主要保障"的"理论、制度和道路"三位一体的高等教育现代化发展方略。

三、建设实践型的高等教育发展模式

如前所述,通过归纳分析我国当代高等教育的发展过程,可以发现,无论是在高等教育的"大改革"阶段,还是后来的"大提高"阶段,都没有再出现什么"刮风""折腾",而基本上是"稳中求改、稳中求进"的、渐进式的、探索式的发展,这其中不乏对问题的解决和为一个既定的目标而进行的各种调整,但无论如何,都是以一种积极的、建设性的态度,在尊重教育本身规律的前提下自觉地进行着。由于我国高等教育仍处于比较落后的情势,在发展中也总会出现一些重点要解决的问题和首先要达成的目标,但就其整体来说,基本上还是"协调"和"科学"发展着的。它的基本特点呈现如下。

(一)目标激励式定位和问题解决式发展

根据对选定文本的质性分析可以看出,我国高等教育现代化主要体现为各项具体工作的开展,其最根本的特点是以目标激励为定位,并在不断地解决问题中得到发展。文本中,随着发展的深入,周远清不断调整工作目标,从建立一个"适合社会主义市场经济的高等教育体制"到"21世纪我们建立一个什么样的高等教育",从开始论证"全面建设小康社会我们应该建立一个什么样的高等教育"到最后"高等教育强国"战略的提出,一个又一个具体的目标激励着我国当代高等教育不断调整着自己的发展方式,我国的高等教育现代化也随之被分为"大改革、大发展和大提高"三个重要发展阶段。尤其是建设"高等教育强国"思想的提出,更是明确了发展思路,从各个方面影响了我国高等教育现代化的具体发展。另外,在文本中高频出现的"问题"一词,也使我们认识到,在高等教育已由象牙塔走向社会中心的今天,教育正成为各种问题的中心,而如何处理这些问题就构成了整个高等教育的发展历史。选定文本中几乎涵盖了同教育相关的所有问题,可以说正是通过对这些问题的解决才促使我国高等教育的不断发展。如在我国高等教育以主动适应社会和经济的发展变化而进行的大改革教程中,无论是曾经的"五大体制改革""教学改革"乃至"教育思想的改革"等无不是从发现问题开始,然后通过对问题的解决而最后达到改革和发展的目的。因此可以说,目标激励和问题解决,已实际构成我国当代高等教育发展的一个主要特征。

(二)建设实践型模式

由前面的分析可知,在选定文本中所体现的我国高等教育发展模式,既不同于西方"自然成长类型"的高等教育现代化,也有别于某些小国简单复制先进国家的"模仿复制类型"的发展方式,而是一种以西方成功经验和发展状态为目标,立足于自身特殊实际,通过不断解决发展中遇到的问题,利用实践不断完善自身建设的"建设实践型"的发展模式。这种模式在借鉴国外先进经验的同时,尤其注意结合本国实际,是在自己文化传统土壤中生长出来的"特色之花"。它同"自然成长型"的先进国家模式最大的不同是,其在发展过程中的主动性和主体实践性要更强一些,而同"模仿复制型"的小国发展模式不同的是注重立足自己的传统,走自己的特色的道路。我们用"实践"和"建设"这两个词汇来概括,一方面是因为它们更好地代表了全文中的动词表达,另一方面也因为这两个词的本义正好代表了我国当代高等教育发展的本质特征。这种发展反对翻天覆地,主张脚踏实地,它是从实际出发,在充分尊重我国先前发展传统和体制依赖的前提下,对发展变化了的形势进行的一种不失时机的调整。它是建设性的,而不是破坏性的,但如果为了解决问题和适应时代的话也不乏大手笔地体制性改革。这种模式在发展时,既强调教育要环顾四方,主动适应社会经济的发展,又强调一定要立足于教育自身,尊重教育自身的规律。根据文本中周远清的认识,这种模式既可以概括为"体制改革是关键、教学改革是核心、教育思想和观念改革是先导"的改革发展道路,也可以概括为"开放是前提、改革是动力、质量是中心、理念是先导"的发展建设道路;它以素质教育为思想指导,以培养人才为首要任务,以本科教学为发展基础,以提高质量为根本目的,最后以"产学研"一体化发展为最终追求;它还以开放为前提、改革为动力,强调"规模、结构、质量、效益"协调发展,最终达到"高等教育强国"的目标;它以传承文化、实践文化和创新文化为己任,主张"国际视野、中国道路""以人为本、科学发展",最终在丰富的实践中探索寻找属于自己的发展道路,构建自己的思想体系和制度方式。

总之,在高等教育现代化的过程中,我国属于"后发追赶型"的国家,我们当今实施的高等教育模式完全是从国外学习而来,尽管其中也有我们一些自己的创造,但究其实质还是属于世界现代高等教育的一部分。在现代社会,作为一个后发国家,我们不得不向先进国家学习,包括其保持社会不断繁衍发展的教育制度。只是由于我国是一个有着五千年独特文明史的大国,因此在学习国外经验的时候,传统与现实之间的差异使我们在进行选择或者在实际前进时总显得有一点踯躅。另外,意识形态,也使得我国在学习国外先进经验的时候不得不有所选择,又因为教育本身同文化及传统的不可分割性,如此,我国的教育现代化注定要走出一条由自己探索、不同寻常的道路。纵观百年来我国高等教育的曲折发展史,尤其近30年的建设实践史,无不体现出以上两个特征。

第四章 周远清关于高等教育发展的思考总结

通过对周远清教育文本的分析,结合我国当代高等教育现代化实践,我们初步总结出我国高等教育化发展的基本形态为"建设实践型"。下面我们将参照"现代化"研究的理论范式,主要运用历史研究的方法从思想、制度、道路和条件(人和物质基础)四个方面进行逐一总结。研究从高等教育现代化发展中的一些基本问题入手,通过直接从文本中寻求答案,并进行理论和逻辑分析的办法,并尽量依靠原文为佐证,对我国高等教育现代化发展中的一些基本问题进行解答。研究直接引用周远清教育文本 160 余篇,力求真实反映周远清及其所代表时代的主要思想。

第一节 高等教育现代化发展的理论基础

在高等教育现代化发展的理论基础方面,周远清有很多重要的思考。他重视对教育思想的研究和改革,认为没有现代化的思想就没有现代化的高等教育。在所收集到的文本中,"教育思想"一词共出现 1932 频次,教育观念出现 266 频次,属于非常高频的词汇。文本中最早对教育思想进行论述的文章是周远清在清华大学时发表的《总结经验,深化改革,坚持方向,办出特色》(1992 年 1 月)一文,该文强调在大学改革中要尤其重视"研究教学思想",注意"教学思想的更新"等观点。之后,到国家教委工作后,结合当时的教育体制改革,周远清明确提出了"教育思想、教育观念改革是先导"的著名论断。周远清的这个观点最早在 1994 年 12 月 26 日"全国高等农林专科课程建设委员会成立暨第一次全体会议上的讲话"中提出,后来不断完善,逐步发展。2014 年,在"中国特色高等教育思想体系研究"重大课题开题会的讲话中,周远清又提出了"高等教育思想是高教改革发展的灵魂"的观点,进一步肯定"教育思想"在高等教育发展中的重要作用。2015年1月18日,周远清在《中国高等教育》撰文《教育思想:教育改革发展的灵魂》正式确定了其一再的判断,并将"教育思想"的地位提高到一个更高的层面。后来他一再指出,高等教育改革发展的灵魂是教育思想,教育思想适应了我国经济社会文化的发展,符合了教育规律,高等教育的改革发展就容易统一思想,改革和发展就容易取得成绩。他认为,高等教育在国家现代化发展中的"引领"作用首先就应该是思想的"引领"作用。[①] 认真学习周远清关于高等教育的思想论述,其最主要的思想可概括如下。

一、我国高等教育现代化发展的主题

从文本中我们可以非常清楚地看出,周远清对我国高等教育现代化的发展设计从一开始就有鲜明的重点。他一直将思想、体制和教学作为我国当代高等教育改革和发展的"三大乐章",认为"教育思想和教育观念改革是先导""体制改革是关键"和"教学改革是核心"。他尤其认为"教学"和"培养人"是高等教育的主旋律,是永恒的核心。他时常说,高等教育的主要任务是培养人才,这是关系到高等学校办学方向的根本问题。他主张高等教育发展和改革成功与否的标志是看培养的人才质量是不是有所提高,认为如果这个目的没有达到的话就不能证明我们的发展是成功的。他主张高等教育中也要坚持素质教育的思想,要培养学生"做人"而不仅仅是"做事",并对此进行了非常完整系统地段论述。他坚持立足于我国高等教育发展的实际,以建设性的态度来发展高等教育,提出要勇于实践,大胆尝试,坚持试点,稳中求进的思路,为最终形成"建设实践型"高等教育发展道路作出了有益的探索。

(一)教育思想和观念的改革是先导

思想是高等教育发展的灵魂,这是周远清在多年教育实践和教育观察之后得出的最终结论。他认为,教育的科学发展依赖于正确的思想,"没有先进的高等教育思想,就不可能建立现代化的高等教育"[②]。他认为我国在长期高度计划经济

---

① 周远清. 我任会长 12 年[J]. 中国高教研究,2015(12):2.
② 周远清. 建设一支高水平的教育科研队伍[J]. 中国高教研究,2012(2):1-2.

体制下形成的教育体制,学校作为行政的附属机构,一直缺乏办学自主权,很难形成自己的教育思想、办学理念。再加上我国传统教育思想一直比较重视记忆而不重视创新,不仅造成我国所培养的人才缺乏创新,更重要的是不敢创新而习惯于守旧求稳。正是这种守旧求稳的思想导致我国在新时期的高等教育改革和发展中进展缓慢。他深有感触地发现,改革之所以艰难,很多时候是因为我们的思想观念不能跟上;而凡是改革进展比较快的时候则往往是因为思想的解放和思路的清晰。在多年的改革实践中他深切体会到:教育思想和观念决定着大学的人才培养模式,影响着大学的专业设置、教学内容和教学方法,直接关系到人才培养的质量。因此,"任何一个时期高等教育的改革,必须把确立一个合乎教育规律、反映时代特征的教育思想和观念放在重要位置,这样改革才不会迷失方向、误入歧途"①。

(二)体制改革是关键

制度是思想的延伸,也是思想的体现,它将人们对政治、经济以及社会的思考固化下来,并反过来给思想提供了新的载体。高等教育体制是关于高等教育事业的机构设置、隶属关系和职责、权益划分的体系与制度的总称。它主要反映高等学校与社会、政府三者之间的关系。周远清认为,我国高等教育的现代化发展,必须要构建一个合理的宏观管理体制。他说,高等教育体制在高等教育系统中处于枢纽的地位,它一方面直接制约高等教育各种功能的实现,另一方面又是高等教育与社会联系的关键,是高教系统反映、内化社会要求并适应社会要求的中枢。因此说体制改革是整个高等教育改革和发展的关键。高等教育体制改革必须综合考虑社会各要素的变化和要求,又要遵循自身规律。② 因为"原有的体制确实妨碍了整个高等教育的发展,也妨碍教学改革的进一步深化。特别是要建立一个符合中国国情的现代化高等教育,如果还是这样一种管理体制,那是很难的,或者说是不可能的"。③ 周远清在 1997 年 4 月论述的这段话实际上代表了我国当时对

---

① 周远清. 在第三期高校教学工作研讨班开幕式上的报告[R].周远清教育文存(二)[C].北京:高等教育出版社,2009:282.

② 陈浩. 跨世纪的课题:改革教育思想教育观念——国家教委副主任周远清访谈录[J].中国高等教育,1996(Z1):4-8.

③ 周远清. 在第三期高校教学工作研讨班开幕式上的报告[R].周远清教育文存(二)[C].北京:高等教育出版社,2009:282.

体制建设与高等教育现代化关系的根本认识,也说出了我国当时进行体制改革的决心和方式。

(三)教学改革是核心、培养人才是学校的首要任务

教学是学校工作的主旋律,高等教育的首要任务是培养人,这是周远清一直坚持的观点。他坚持认为,教育的本质属性是培养人的一种社会运动,培养高级人才的本质特征决定了其社会功能也主要是通过育人来实现的,育人功能是高等教育的基本功能。在现代高等学校的三种主要职能(人才培养、科学研究和社会服务)中,人才培养是最基本的、最主要的、起质的规定性作用的首位职能。[①] 他说,尽管不同类型的高校对三种职能发挥的程度有区别,但不论哪一种类型的高等学校,都必须把培养人才作为最基本的职能,都必须坚持以教学为中心,以培养人才、多出人才、出好人才为根本任务[②]。他说:"现代的大学跟传统的大学在办学理念上最大的区别是现代的大学要以学生为本,大学不能只看成传授知识的地方,学生读书的地方。大学的根本任务是开发人,培养人。"[③]正因为有这样的认识,多年以来他一直把"教学"工作作为抓手,不断呼吁教学工作要"升温""再升温",并在教育改革中始终不渝地坚持"教学改革是核心"的理念,强调要始终把教学摆在学校经常性的工作之上,认为"教务处是天下第一大处"[④],强调是否把培养人作为高等学校的首要任务是学校办学方向是否端正的大问题。[⑤] 他在长期的工作实践中,始终坚持"人最重要"的观念,坚持教育是培养人的事业。他认为,没有哪一种事业像教育一样关系到社会上每一个人的终身利益和幸福,关系到社会进步与发展。教育体现以人为本,就是要有服务学生的思想,把学生成长成才作为一切教育的出发点和归宿。[⑥]

---

① 周远清. 真正把教学改革放在核心位置上[J],教学与教材研究,1997(2):6-9.

② 陈浩. 跨世纪的课题:改革教育思想教育观念——国家教委副主任周远清访谈录[J]. 中国高等教育,1996(Z1):4-8.

③ 周远清. 落实科学发展观 提升高等教育发展理念[J],中国高等教育,2004(13、14):3-4.

④ 周远清. 在全国高等学校优秀教务处表彰会上的讲话[Z].周远清教育文存(一)[C].北京:高等教育出版社,2009:158-181.

⑤ 陈浩. 把什么样的高等教育带入21世纪?——国家教委副主任周远清访谈[J].中国高等教育,1996(1):4-9.

⑥ 周远清. 以科学发展观为指导 推进高等教育的协调发展[J].中国高教研究,2005(12):1-2.

（四）本科教育是基础

在多年的工作实践中，周远清深深地认识到，学校最本质的工作就是教学，而且在有本科的院校，本科教育应该是最重要的。周远清曾非常自豪于我国的本科教育，他说："我们的本科教学特别是重点院校的本科教学在世界上是个强项。过去我在国外接触过不少读研究生的，一旦有一个比较好的科研条件，他们上得很快。原因是什么？因为他们的素质比较好。我们大学本科的教学条件与国外名牌大学比差得很远，但是我们有自己的优势。我们的一些体育项目在世界上也是一流的，靠的就是发挥了自己的优势。我认为，重视本科教学，把培养人作为学校的根本目的，严格地进行管理，这是我们的优势。我们要保留和发扬自己的优势。"①他指出："在本科院校中，要明确本科教育是基础，摆正各层次教育的位置，处理好它们之间的关系……对于一所本科院校来说，不论其研究生教育规模有多大，本科教育始终是学校的基础，本科教育的质量是衡量这所学校办学水平高低的最重要标志。忽视本科阶段的教育是危险的。这是因为，本科教育阶段是青年学生世界观、人生观形成并逐步走向成熟的阶段；是良好学风和学习方法形成的重要阶段；是专业入门和打基础的阶段；是青年学生成长的黄金阶段。这个阶段的德、智、体基础打得是否扎实，对人才的整体素质乃至于全民族的素质都具有重要影响。本科教育质量不高，研究生的质量也难以提高，教师队伍的水平以及科研水平也提高不上去。"②周远清在教育实践中不断强调，在高等学校里，培养人才是根本的任务，教学工作是主旋律，提高质量是永恒的主题，本科教育是基础的思想。他认为在有研究生教育、本科教育、专科教育、成人教育、自学考试等层次、类型教育的院校里，本科教育是基础，研究生教育是提高，成人教育是活力。这个活力不能理解成是挣钱的活力，而是学校跟社会联系的活力。③

二、我国高等教育现代化发展的核心

对于高等教育发展的核心问题，周远清始终坚持"教学是高等教育的核心"

---

① 周远清. 加强文化素质教育 提高高等教育质量[J]，教学与教材研究，1996(1)：4-7.
② 周远清. 我国高等教育改革与发展的回顾与展望[J]，高等教育研究，2001(1)：1-8.
③ 陈浩. 人才培养：质量意识要升温——教育部副部长周远清访谈录[J]. 中国高等教育，1998(5)：2-7.

"提高质量是高等教育的核心任务,是建设高等教育强国的基本要求"。从 1992 年起,他分别发表文章《抓住"关键"和"核心"进一步深化高等教育改革》(1994 年 1 月)、《确保教学改革的核心地位》(1994 年 1 月)、《高校始终要抓好教学改革这个核心》(1995 年 10 月)、《真正把教学改革放在核心位置上》(1997 年 3 月)、《我的教学改革情结》(2015 年 9 月)等文章,并在多次讲话中谈到"教学改革"在高等教育现代化发展中的重要作用。

在谈论教学时,周远清强调最多的是"教学质量"。1992 年 11 月,他在我国"高等教育改革和发展的思路"的讲话中,明确提出"质量是高等教育的生命线","要把提高教育质量放在突出的位置,体制改革是关键,教学改革是核心,发展规模、提高质量和效益是根本"的观点。不完全统计,1992 年之后,周远清有关"质量"的文章,分别为《突出教学主旋律推动质量上台阶》(1993 年 8 月)、《加强文化素质教育,提高高等教育质量》(1995 年 11 月)、《质量意识要升温　教学改革要突破》(1998 年 3 月)、《人才培养:质量意识要升温》(1998 年 5 月)、《高等教育:质量意识要升温》(1998 年 5 月)、《把质量和水平更高、效益更好的高等教育带入 21 世纪》(1999 年 11 月)、《新世纪要把教育质量提到战略高度来认识》(2002 年 2 月)、《深化教学改革提高教学质量》(2005 年 11 月)、《高等教育要尽快进入以提高质量为中心的新的发展阶段》(2005 年 7 月)、《深化高校教学改革,提高高等教育质量》(2009)、《提高质量是教育改革发展的关键》(2011 年)、《念好四本"经"——学习贯彻"全面提高高等教育质量工作会议"精神随想》(2012 年 5 月)等 12 篇。在这些文章的论述中,周远清不断强调"教学质量"的核心地位,将其看作是高等教育改革发展的"生命"和"永恒主题"。

另外,在关于高等教育如何育人的论述中,周远清始终坚持"素质"教育的观点,认为素质教育是中国特色的高等教育理念,是"知识、能力、素质"三位一体的现代化教育观念。他曾分别撰文《加强文化素质教育,提高高等教育质量》(1995 年 11 月)、《为全面推进素质教育提供丰富的文化精品》(1999 年 10 月)、《从教育观念的转变谈素质教育》(1999 年 11 月)、《素质·素质教育·文化素质教育——关于高等教育思想观念改革的再思考》(2000 年)、《文化素质教育要在"素质"、"思想"上下功夫》(2001 年)、《在更高水平上推进文化素质教育》(2002 年)、《写在高等学校开展文化素质教育十年之际》(2005 年 1 月)、《从"三注""三提高"到"三结合"——由大学生文化素质教育看高等学校素质教育的深化》(2005 年)、《高等学校文化素质教育工作的回顾与思考》(2005 年)、《高校文化素质教育深化发展》(2005 年 11 月)、《在华中科技大学深化文化素质教育全面推进素质教育工作会议上的讲话》(2006 年 4 月)、《素质教育是具有中国特色的教育理念》(2008 年)、《在更高层次上推进人文素质教育与科学素质教育的融合》(2008 年)、《素质教育是体现中国教育方针性的教育思想》(2011 年)、《素质教育是实现文化育人的根本途径》(2011 年 12 月)、《大学文化素质教育,切中时弊涉及根本》(2013 年 1 月)、《推进素质教育,创新教育方法》(2013 年 10 月)、《大学素质教育:源头·基础·根本》(2014 年 10 月)、《数学文化课程与大学素质教育》(2014 年 12 月)、《我的素质教育情怀》(2015 年 4 月)等,这些文章对素质教育的思考日趋完善,为我国高等教育的育人思想提供了重要的支撑。

(一)质量是高等教育的生命线

质量是高等教育的生命线,这是周远清一直坚持的重要论断。他指出,对于高等学校来说,教学工作是主旋律,提高教学质量是永恒主题,[1]"教学是核心,质量是生命"[2]。大学有科学研究的质量,有管理的水平与质量,等等,但根本的是人才培养的质量、教学的质量。人才培养的质量决定了学校对社会的贡献、学校在社会的地位、学校的生命力,所以质量是学校的生命线。[3] 他认为,对我国高等学校来说,如何尽快地、全面地提高人才培养质量,是关系社会主义现代化建设能否实现和进程快慢的大问题,是关系 21 世纪中国的国际地位和竞争能力的大问题,是关系我国高等教育在 21 世纪能否立于世界之林,占有应有的重要地位的大问题。这是比规模多发展一点还是少发展一点更为紧迫、更为关键的一个问题,更需要我们有紧迫感、危机感。因此,提高人才培养质量应该是面向 21 世纪我国高等教育发展战略中的重中之重,难中之难,急中之急。[4] 我们必须牢固树立"质量就是生命"的观念,理直气壮地、始终如一地高举质量的旗帜。[5] 因此,无论在

① 孙纬君,陈浩. 突出教学主旋律 推动质量上台阶——国家教委高教司周远清司长访谈录[J].中国高等教育,1993(7,8):5-7.

② 王静修,马陆亭. 给教学工作予永恒的支持——学习周远清教育思想的体会[J].中国高教研究,2012(12):13.

③ 周远清. 念好四本"经"——学习贯彻"全面提高高等教育质量工作会议"精神随想[J].中国高教研究,2012(5):1.

④ 周远清. 在第一次全国普通高等学校教学工作会议上的讲话[R],周远清教育文存(三)[C].北京:高等教育出版社,2009:158.

⑤ 周远清. 加强文化素质教育 提高高等教育质量[J],教学与教材研究,1996(1):5.

其负责的大改革年代,还是在我国高等教育规模飞速扩张的大发展时期,他都不忘提醒大家要注意增强"质量"意识。他曾分别从高等教育的属性和时代发展的角度对提高高等教育质量给予了充分说明,认为"教育质量"是一个动态、发展的观念,具有社会和时代的特征,我国的高等教育质量建设必须根据时代的变化而进行相应地调整。① 他认为现代社会已经进入一个非常重视"质量"的时代,当今世界上国家之间的竞争也主要取决于其人才培养的质量,而各个高校能否最终很好地生存关键也在于其培养人才的质量。"如果我们的教学质量大滑坡的话,那么我们这次改革就是失败的"②,"学校改革如果最后人才培养的质量没有提高,这场改革很难说是成功的"③。他的这个思想可以说抓住了高等教育现代化发展的最本质特征,对当今仍有重要指导意义。

（二）素质教育思想是中国对世界教育思想的特有贡献

高等教育要首先教人"做人",重视培养人的素质,这是周远清一直极力倡导和推动的。他提出人才培养要坚持"知识、能力、素质"三个要素相结合,认为素质教育思想是具有中国特色的高等教育理念,④在中国"一呼而起,久盛不衰"。在文本中他多次系统阐述了素质教育的内涵、方式及意义,指出"素质"是在人的先天生理基础上、经过后天教育和社会环境的影响,由知识内化而形成的相对稳定的心理品质,但也不是一成不变的。它是可以培养、造就和提高的,因而它又会在外界的影响和冲击下,发生变化,有时可能是质的变化。从这一意义而言,人才的素质是稳定性和可变性的统一。⑤ 他特别强调了教育在改变一个人素质方面的积极意义,指出"素质教育"就是一种更加注重人才人文精神的养成和提高,重视人才人格的不断健全和完善,即更加重视使学生学会"做人"的教育理念。他

①　周远清. 在第一次全国普通高等学校教学工作会议上的讲话[R],周远清教育文存(三)[C].北京:高等教育出版社,2009:158.

②　周远清. 在全国高等农林专科课程建设委员会成立暨第一次全体会议上的讲话[Z].周远清教育文存(一)[C].北京:高等教育出版社,2009:234.

③　周远清. 在国务院各部门教育司局长第11次联席会议上的讲话[Z].周远清教育文存(一)[C].北京:高等教育出版社,2009:247-263.

④　王占军. 深化高校教学改革,提高高等教育质量——访教育部原副部长、中国高等教育学会会长周远清[J].大学·学术版,2009(11):5-9.

⑤　周远清. 素质·素质教育·文化素质教育——关于高等教育思想观念改革的再思考[J].中国大学教学,2000(3):4.

认为,这是具有鲜明时代特征的新型人才观。他特别指出,高等教育是培养专门人才的专业教育,在高等教育领域倡导素质教育的思想,不是以一种教育代替另一种教育,也不是以素质教育取代专业教育,或者说不能将素质教育与专业教育对立起来。因此,从素质教育的思想观念出发,高等教育应是更加注重人才素质提高的专业教育。就高等教育而言,重视素质教育就应将素质教育的思想渗透到专业教育之中,贯穿于人才培养的全过程。① 他提出,素质教育包括思想道德素质、文化素质、业务素质和身体心理素质四方面的内容,并具体认为思想道德素质是根本,是灵魂,文化素质是基础,业务素质是本领,身体心理素质是本钱。② 他提出以加强文化素质教育作为突破口和切入点,总结和论述通过"三注""三结合"以及"三提高"的重要手段来加强和完善我国高等教育中的素质教育,这些思想将我国对高等教育如何培养人的认识提高到了一个新的高度。

三、我国高等教育现代化发展的本质

对于高等教育发展的本质问题,周远清进行了非常多的思考和论述。其中最能代表其思想的观点是他对"教育和文化"之间关系的论证。他认为,教育具有文化的属性,文化通过教育来传承、实践和创新,教育就是文化。根据周远清在文本中对文化和教育的集中论述,我们可以很容易地得出这样一个结论:即我国高等教育现代化发展的本质是"文化的教育"。对此我们可以从周远清论述教育同文化的关系中窥见一斑。他的这个思想最早在其论述文化素质教育的文章中提出,后来逐渐完善,其中最为经典的一次论述是 2012 年 10 月他发表在《中国高教研究》上的《文化的教育,教育的文化》一文所做的分析。在该文中,他分别从宏观、中观和微观三个层次论证了教育的文化属性,提出了教育就是文化的观点。

(一)从文化的最高层次来分析:大学是传承、实践和创新文化的机构

在该文中,周远清从中、英两种语言对教育和文化的词根来源上分析了教育

---

① 周远清. 素质·素质教育·文化素质教育——关于高等教育思想观念改革的再思考[J]. 中国大学教学,2000(3):5.

② 周远清. 从"三注"到"三提高"——关于高校人才培养中教育思想观念的探讨[R]. 周远清教育文存(三)[C]. 北京:高等教育出版社,2009:380.

与文化的同根性,认为教育就是文化。他引用美国文化人类学家 L·A·怀特的话指出,文化的重大特征之一在于,它是通过社会机制而不是通过生物学方法传递的,是以社会遗传方式进行的超生物、超肉体的传递。它的传承是通过教育进行和实现的。大学在承载和完成培养人才、科学研究和为社会服务这些重要功能的背后,同时完成着传承、实践和创造文化的功能。从历史上看,大学从其诞生以来,聚集大量文化精英,通过知识传播、创造,以及与社会的互动而对社会文化有着巨大影响,大学具有与生俱来的、更为独有的、影响深远的传承和创新文化的社会功能。从这一意义出发,大学就是实践文化、传承文化、创造文化的机构,大学承担了一个国家、一个民族的文化传承和文化创新。

(二)从文化的中观层次来分析:高等教育要与一个国家的文化模式相适应

周远清说,高等教育要与一个国家的文化模式相适应,有两方面含义:一是高等教育要与一个国家的文化模式相适应,走出自己的发展道路;二是提高高等教育国际化水平,交流世界优秀文化,并使之与中国文化融合起来。一个国家的教育离不开这个国家的历史、传统和民族背景,离不开这个国家的政治、经济和社会制度,更离不开这个国家的文化传统和文化形态。一个国家的教育是要与这个国家的经济、社会、文化相适应的,特别要与文化相适应。可以说,有什么样的文化形态、文化传统,相应的,就有什么样的高等教育。世界上的教育、特别是高等教育没有共同的发展模式,无法共轨。世界高等教育是由多样的各国高等教育组成的,正是由于各国高等教育的独特性,才能汇聚成河,才能对世界文明有所贡献。我们中国办高等教育,要发扬中国深厚悠久的优秀文化优势。另外,周远清指出,教育具有特性的同时,也具有共性。目前,我国经济社会已经进入了世界经济社会发展的大循环中,经济全球化发展必然要提高教育国际化水平。这就要求我们花大力气去研究世界文化的发展,学习、借鉴、引进世界优秀的文化,并使之与中国的文化相融合,建设和谐文化。这是教育国际化的重要内容,也是发展和研究教育文化的重要内容。

(三)从文化微观层次来分析:教育中有文化

关于这一层面,周远清主要从加强文化素质教育的角度进行论述,提出要努力提高"两个自觉",即提高大学文化自觉和素质教育自觉;做到"三个提高",即提高学校的文化品位、教师的文化素养和学生的文化素质;同时还要从教育教学过程中挖掘文化,从专业学科教学中发展文化,推进教学文化建设。周远清认为,一个大学的办学理念始终要围绕提高学校的文化品位,在文化上下功夫。而文化素质教育的精髓就在"文化"二字,魅力和特点是也在"文化"二字。大学校园所具有的独特的品位与格调也正是源于文化,源于高雅、厚重的文化。素质教育就是融文化,特别是优秀的传统文化于教育之中,是以优秀的文化培育、塑造人才的教育。因而,要深化对素质教育的认识,提高素质教育的自觉。另外,周远清认为从微观的文化层次上来看教育,尤其要注意从教育教学过程中挖掘和发展文化。他指出,教育教学所传承的文化内容反映着教育的内涵、层次和水平。教育教学所传承的文化内容,大观到世界文明和一个国家的文化,中观到一个学校的办学理念、办学思想,小观到一门课程的教学文化、一节课的课堂文化,这些都对提高学校的品位、教育的层次和水平非常重要。

第二节　高等教育现代化发展的制度构建

在高等教育发展中,能否有一个适宜的外部制度环境以及合理的内部运行机制,是其能否顺利发展的保障。从选定的文本中,可以看出关于这方面的论述也出现得非常频繁。周远清认为,体制改革是一项关键性的改革,是我国高等教育整体改革的前提。他还非常关心高等学校内部运行机制的改革,并以教学基本建设和人才培养模式为重点论述了高等教育微观方面的一些体制建设。

一、关于高等教育宏观体制的思考

周远清负责我国高等教育工作时恰逢国家经济体制由"计划"向"市场"的重大变革时期,其间,为适应国家经济环境的变化,教育体制也必须进行重要的调整。在此过程中,周远清从实际出发,也进行了非常深入的思考,他始终认为在高等教育现代化的发展中,体制改革是最为关键的,并据此提出了许多重要的观点。

(一)理顺政府、学校和社会之间的关系

周远清认为,高等教育体制改革,最重要的是要理顺政府、社会和学校之间的

关系,建立既要适应社会政治、经济、科技文化等发展的需要,又要符合高等教育自身发展规律的新体制。改革以后,政府应主要负责统筹规划、政策指导、组织协调、提供服务和检查监督,运用立法、经济、评估以及必要的行政手段对学校进行宏观管理。① 而社会各个部门则要思考如何来支持学校,参与学校的建设,特别是要在社会上建立毕业生公平竞争,择优录用的一种机制,要建立社会对学校办学评价的体系②。他特别强调,学校依法自主办学,并不等于自由办学,是应该依法办学,依照教育规律办学。这至少有两个条件,首先要法律比较健全,要有一定的法律来保护和规范学校自主办学的权利。其次各个学校还要有自主办学的能力,或者是有自我发展、自我约束的机制。他严厉批评了当时那种把改革简单等同于"放权"的观点,认为"学校现在是自我发展机制有余,自我约束机制不足③"。他指出,并不是所有的学校都有自主办学的能力,都能遵循高等教育办学的规律。比如一放权马上就有些刚开办的学校或者一些小学校乱设专业、乱招生,急剧扩大招生规模、增加招生人数,导致国家必须出来进行规范。这样"一放就乱,一乱就收",再收反而会更紧的局面,实际破坏了学校自主办学的顺利实施。因此,自主办学不能一蹴而就,需要一个过程。应该先找一批学校来试点,特别是办学条件比较好,有自主办学能力的学校,经过探索使学校真正成为独立办学的法人实体。④

(二)加强国家立法

市场经济以后,国家应该主要通过经济和法律的手段从宏观上来指导学校,而当时最重要的就是加强立法工作。周远清认为,要通过法律的手段明确划分国家同学校的权力,大家各自依法行事,走法制化、科学化的高等教育发展道路,而这实际也是高等教育在现代化过程中的必然之路。针对当时我国法制体系非常不健全的现实,周远清指出,加快高等教育的立法工作,积极开展教育研究的工作,并且把两者紧密结合起来,使我们的高等教育逐步走上科学化、民主化、法制

---

① 周远清. 当前高等教育改革与发展的情况[R].周远清教育文存(一)[C].北京:高等教育出版社,2009:280-299.

② 周远清. 关于当前高等教育改革和发展的一些问题[R].周远清教育文存(一)[C].北京:高等教育出版社,2009:96.

③ 周远清. 当前高等教育改革与发展的情况[R].周远清教育文存(一)[C].北京:高等教育出版社,2009:289.

④ 周远清. 在国家教委直属高校工作咨询委员会第七次全体会议上的讲话[Z].周远清教育文存(二)[C].北京:高等教育出版社,2009:184.

化的轨道是非常迫切的一件事情。他说:"有法可依,依法治教,实际上也是体制改革的重要问题。当然,立法工作也是推动教育教学改革,提高教学质量的重要措施和手段。"①他主张高等教育必须依法管理、依法治教,尤其是在我国高等教育体制变革的非常时期,更要依靠法律来保障改革工作的顺利推进。他分析说,我国传统上不注重法制建设,长期以来以行政手段直接干涉学校的办学,造成我国高等教育"包得过多、统得过死",缺乏活力的弊端。进入市场经济以后,要改变国家直接办学的局面,必须依靠法律。市场经济是法治经济,高等教育要实现国家宏观管理,学校面向社会自主办学的新体制,必须加强立法工作,明确区分"举办权"和"办学权"。要"从法律上来规范高等教育机构的举办者、管理者、办学者、教育者、受教育者的权限和义务。自主办学不是自由办学,而是依法办学,依照教育自身的规律办学。学校的办学自主权需要法律来保护,同时学校要依照有关法律来办学,形成自我发展、自我约束的机制②。"周远清还认为,只有通过法律保障才能使改革的成果得以巩固,才能使高等教育发展不会朝令夕改,走上稳定正确的轨道。为此,周远清积极推动和组织有关国家教育立法的工作,并在其负责高等教育时期,出台了国家第一部《高等教育法》。

(三)实施高等教育评估

"建立一个符合中国国情的对学校的评价系统是我们政府转变职能,进行宏观控制,提高高等教育质量非常重要的一件事情。"③因此,在国家开始进行高等教育体制调整不久,周远清就带领大家开始探索如何对学校进行评价的事情,并经过实践总结经验,初步提出了我国宏观评价学校的一些具体构想。

关于评估的指导思想,周远清认为,评估应当是有利于高等教育的发展,而不是阻碍。评估要有利于大学整体质量的提高,有利于高等教育的整体发展。应当高度重视评估的过程。一个评估对象一旦进入了评估的过程,就可以找出自身的优势和劣势,从中找出改进学校工作的方法。要达到利用评估促进学校发展的目

---

① 周远清.抓住"关键"和"核心"进一步深化高等教育改革[R].周远清教育文存(一)[C].北京:高等教育出版社,2009:136.

② 周远清.在山东省高等教育改革工作会议上的讲话[Z].周远清教育文存(四)[C].北京:高等教育出版社,2009:59.

③ 周远清.在全国高等学校设置评议委员会第二届第二次全体会议上的讲话[Z].周远清教育文存(二)[C].北京:高等教育出版社,2009:174.

的,不能为了评估而评估。他说,教学评估要遵循以评促建(促进学校的教学基本建设)、以评促改(促进改革)、以评促管(促进管理水平的提高)的原则。① 他一直强调评价要"评建结合,以评促建,重在建设,引导学校把主要精力放到加强学校内部的建设、改革和管理上;在评价的鉴定性功能和诊断性功能中,更重视评价的诊断性功能作用,不对各学校的评价结果进行排队,而是分别指出各学校的优点和不足,以利于学校今后的改革和建设"②。周远清认为,评估本身不是目的,而是一种手段,评估的结果要看是否有利于高等教育事业的发展,是否有利于高等教育的改革,是否有利于高等教育质量的提高。③ 他指出,评估的准备过程是最好的教育思想大讨论,这个讨论搞得好坏对学校今后的长远建设将起着重要作用。应当以评估为工具,通过评估的过程来集思广益,动员所有人的积极性,解放思想,明确办学方向,找准学校的目标、定位和问题,以促进学校的发展,也就是说通过评估来促进高校自身可持续发展。④

高等教育多样化是一个国家高等教育成熟、进步的标志,引导我国高等教育走向多样化也是我们改革的方向。"评估工作也应当是积极适应和推动高校发展的多样性。我们不仅学校要办出特色,培养的学生也要有特色。科学的评估不要用一套指标体系,将所有的学校都涵盖在内,也就是说,评估体系中不能用同一套或几个简单指标对所有大学加以评估,要用不同的指标体系,评估不同类型、不同层次的大学,强调不同大学之间的可比性。"⑤周远清认为,评估必须符合中国的国情,评价的指标体系必须要有很好的导向性,要能反映教学工作的一般规律,符合实际情况。⑥ 他说,"我国高等学校本科教学评价工作至少有如下几个特点:一是以整体性的评价为主,把一个学校的教学工作全局作为评价对象,评价过程和评价结论也侧重于对学校教学工作整体的和综合的分析,便于学校从全局和整体上改进工作。二是评价方案力求符合教育规律,体现高等教育改革和建设的方

① 周远清. 建立符合中国国情的评估体系[J]. 中国大学教学,2004(7):4-5.
② 周远清. 在第一次全国普通高等学校教学工作会议上的讲话[R],周远清教育文存(三)[C]. 北京:高等教育出版社,2009:146.
③ 周远清. 建立具有中国特色大高等教育评价体系[J]. 评价与管理,2004(4):3.
④ 周远清. 在全国高等学校设置评议委员会第二届第二次全体会议上的讲话[Z].周远清教育文存(二)[C]. 北京:高等教育出版社,2009:174.
⑤ 周远清. 建立符合中国国情的评估体系[J]. 中国大学教学,2004(7):4-5.
⑥ 周远清. 在全国高等农林专科课程建设委员会成立暨第一次全体会议上的讲话[Z].周远清教育文存(一)[C]. 北京:高等教育出版社,2009:234.

向,对高等学校的教学工作有明确的导向作用。三是重视学校在评价中的主体作用,评价工作的基础是学校的自我评价,评价的重要目的是要帮助学校建立起教学质量自我监控体系。评价工作也不是用一个硬性标准去衡量所有的学校,而主要是从三方面进行考察:学校所自主确定的目标对国家和社会需求的符合程度;学校所实施的教学过程对自己所定的目标要求的符合程度;所培养学生的质量对学校自己所定的目标要求的符合程度。①

　　以上周远清对立法和评估工作的论述是其多年实践的结晶,除了这些,在实际工作中周远清还探讨过其他宏观管理高校的方法。比如,为了加强高校对教学工作的重视,他曾探讨制定一套对高等学校工作评价的指标体系,加强对学校的宏观控制,控制整个学校的教学质量,教学工作及条件。他通过研究美国、日本的经验,提出通过"题库考试"来测试各高校基础课教学情况的办法并进行了试点。他还设想建立一个教学工作状态数据的统计制度,通过统计各个学校的教学数据,比如,教学投入占事业费的投入比例,高级职称的教师上讲台情况,年轻教师上讲台情况,工科院校计算机台数,上机时数以及得奖情况等,用每年公布的形式来刺激高校对教学工作的重视。另外,他充分利用政府奖励的导向作用,为了提高教学的地位,强化这个声音,对做得好的高校教务处进行了表彰。② 并设立了教学方面国家级的奖项,如教学优秀成果奖等来提高教学工作的地位。他还充分利用国家行政部门召开会议的政策导向作用,通过表彰优秀教育处长和召开"100个教务处长会议"等形式来引起大家对教学工作的关注,等等。这些都体现了他在新形势下对我国宏观管理工作的探索,至今仍有借鉴意义。

二、关于高等教育中、微观体制的思考

　　在高等学校内部管理体制以及高等学校的发展方面,周远清也有许多精辟的论述,如在高校办学自主和综合化发展方面都进行过相当深入的思考。但经过梳理,还是可以发现在这个层次,他最为关键的论述还是其对"教务处"重要地位的分析。1994 年 4 月 12 日"在全国高等学校优秀教务处表彰会上的讲话"中,他曾

---

　　① 周远清. 在第一次全国普通高等学校教学工作会议上的讲话[R],周远清教育文存(三)[C].北京:高等教育出版社,2009:146.
　　② 周远清. 确保教学改革的核心地位[J].教学改革与研究,1994(1):3-6.

非常形象地将教务处比喻为"天下第一大处",提出了"教务处是学校核心处"的观点,认为只有抓好教务处的工作才能把高校各项工作做好。后来他又在多次讲话中完善和补充了这个观点,给我国高等教育加强教学工作提供了微观制度方面的论证支持。

（一）要建立适应市场经济的高校内部管理体制

学校内部管理制度是国家制度的延伸,由于长期以来我国高等学校属于行政机构的附属单位,其组织结构及运行机制也大多模仿行政体制而设,既同我国新实施的市场经济体制不符,也独特于世界高等教育的主流,因此必须进行改革。从文本中可以看出,同以往的改革不同,当今的改革,国家基本不再通过行政手段来强制或干涉学校的具体运行,而是通过调整国家宏观方面的管理体制,主要通过立法给学校"放权",希望学校能依法自主办学,各自探讨适宜时代的"现代大学制度"。对于"放权"后大学一时的无所适从,周远清认为"要把竞争机制引入学校,只能说部分竞争机制引入学校,不能简单地把市场经济的东西低层次地引入学校,学校更多地是强调奉献"①。他说,"学校可以选择实行自己的教育管理制度。学分制也好,淘汰制也好,这是学校的办学自主权。但不要一刀切,搞花架子……各个学校要根据自己的校情去探索符合我国国情和校情的教学管理制度,部分地引进竞争机制"。② 正是基于这样的认识,周远清积极指导各高校充分利用国家调整高等教育体制的契机,尊重高等教育规律,依法主动面向市场经济进行精简机构,提高教师待遇及后勤社会化等改革,逐步使各高校成为面向社会依法自主办学和有效自我约束的法人实体。

（二）世界一流大学大都是综合大学

新中国成立后我国的大学调整,使得长期以来我国大学的格局都以单科性见长,这不仅使大学内部的管理体制比较落后,也严重影响了我国的人才培养质量。针对世界知识经济的迅猛发展,以及当代科学技术不断交叉发展和社会对复合型人才的大力需要,必须对原来的大学体制进行调整,建立综合化的、多科性的复合

---

① 周远清. 转变观念 积极探索 发展高等职业教育[J]. 中国职业技术教育,1996(6):3-4.

② 周远清. 当前高等教育改革与发展的情况[R]. 周远清教育文存(一)[C]. 北京:高等教育出版社,2009:296.

型大学。周远清认为建立综合大学是世界高等教育发展之趋势所致,他经过观察分析后发现,世界上很多有名的学校,都是文、理、工、农、医都有的学校。他说,"中国历史上形成了一个个科类单一的学校,这种状况如果不改变的话,我们很难在世界上有地位"。① 因此,他在负责我国高等教育时期,曾积极主导了我国大学的综合化合并,组建出一系列新的综合大学,为我国高等教育冲击世界一流打下了前提基础。当时建设综合性大学有两种办法。一是每所学校都发展成文理工农医。对于这个办法,周远清认为是很难的。他说:"要在原有的基础上,把每个学校都发展成为文、理、工科都有的学校,对我国的高等教育来说就又是一个灾难。"②因此他鼓励不同学校采取联合,合并的办法合作办学,认为这样"既有利于提高办学效益,充分利用资源,更重要的是改善了学科氛围"③。他反对一味为增加学校规模而刮所谓的"合并风",搞"巨无霸"。认为"学校其实并不是越大越好,学校太大了我们的管理水平就不一定行。合并主要是为了改变我国以前单科性学校过多,人才结构单一的局面,学校要办出特色,单科性学校也还是需要的,关键是要在全国形成一个综合性、多科性和单科性合理分布的高等教育新格局"④。

(三) 做好教学管理,教务处是天下第一大处

人才培养是学校的根本任务,教学工作是学校工作的主旋律。周远清认为,教务处是"天下第一大处"⑤,教务处工作是学校管理的中心工作,要经常宣传"教务处是天下第一大处"这个观点。他说,教学工作是主旋律,学校制订和落实有关政策,都要把教学工作的好坏作为重要指标,教务处都应参与。如职称评定,教务处要有发言权。教务处还应参与制订学校的发展规划。教务处工作搞得好,对于

① 周远清. 当前高等教育的形势和任务[R]. 周远清教育文存[四]. 北京:高等教育出版社,2009:230.

② 周远清. 当前高等教育改革与发展的情况[R]. 周远清教育文存(一)[C]. 北京:高等教育出版社,2009:290.

③ 陈浩. 把什么样的高等教育带入21世纪?——国家教委副主任周远清访谈[J]. 中国高等教育,1996(1):5.

④ 周远清. 在河北省高等教育学会成立20周年庆祝大会暨河北省首届大学校长论坛上的讲话[Z]. 周远清教育文集[三]. 北京:高等教育出版社,2007:156-175.

⑤ 周远清. 在全国普通高等学校教务处处长培训班结业典礼上的讲话[Z]. 周远清教育文存(三)[C]. 北京:高等教育出版社,2009:272-281.

学校的发展至关重要。[①] "教务处是学校的核心处,我想不管怎么提教务处在学校的地位,别人也不好反对"[②]。"教务处是天下第一大处,这是高等学校的根本任务决定的。许多重要大学选择教务处长是有很多条件的。教务处长当得好不好,对学校影响很大。教务处长们出来交流,有没有思路,有没有新意,对学校声誉影响也很大。从这个意义上讲,大家也是学校的一个门面。因为教学管理最能够反映学校的办学思路、办学思想和办学水平。"周远清认为,教务处非常重要,"教学管理制度的建设也很重要……教学改革,最主要的就是两个方面的改革,即管理的改革和教学内容的改革。各个学校要有计划地根据学校自己的条件来推动教学改革,我们不提倡一刀切、一阵风;也不提倡搞虚架子、花架子,而是扎扎实实地进行教学的基本建设,积极稳妥地进行教学改革,别人的经验一定要符合自己学校的情况"[③]。周远清指出,质量就是教务处的灵魂,围绕抓好教学质量,提高办学质量和学生培养质量,主要应该做好以下三方面工作:第一,抓好基本建设。一个学校不是什么工作都要改革,有一系列非常重要的建设工作,比如基础课程、教学基地、实验室、师资队伍、学风建设等,要扎扎实实抓好,使教学工作具有较好的基本条件。第二,抓好学籍、成绩、教学计划、实施、过程监控、信息反馈等日常教学管理工作,逐渐做到严格、规范、科学,以建立良好的教学秩序,使教学质量得到基本保证。第三,要有计划、有重点地抓好教学改革工作,每年选择一二项作为突破口,扎扎实实取得进展,不断积累,求得突破,保证教学质量不断提高。[④] 周远清强调,要始终围绕提高教育质量这一永恒主题开展工作,要形成和坚持好的"行"风。这个"行"风就是认认真真、扎扎实实、勤勤恳恳的工作作风。

① 周远清.在教育部直属高校专业设置管理工作会议上的讲话[Z].周远清教育文存(四)[C].北京:高等教育出版社,2009:49.

② 周远清.在全国高等学校优秀教务处表彰会上的讲话[Z].周远清教育文存(一)[C].北京:高等教育出版社,2009:180.

③ 周远清.在全国高等学校理科培养应用性人才经验交流会上的讲话[Z].周远清教育文存(一)[C].北京:高等教育出版社,2009:193.

④ 周远清.在教育部直属高校专业设置管理工作会议上的讲话[Z].周远清教育文存(四)[C].北京:高等教育出版社,2009:50.

第三节　高等教育现代化发展的道路探索

有了正确的思想和良好的制度保障,道路问题就成为发展的最关键因素。对于这方面的和实践思考,也是周远清一直关注的重点。在收集到的文本中,"道路"一词共出现 413 次,"路子"一词 236 次,两词相加 649 次,属于非常高频的词汇。

通过对文本的分析发现,周远清最早对我国高等教育发展道路进行论述的文本为 1992 年 11 月,在筹备第四次全国高教工作会议时以"高等教育改革和发展的思路"为题所宣讲的提纲。在该文本中,他提出要"探索我国高等教育发展的新路子,使我国高等教育有一个较大发展",并明确指出要"坚持走内涵发展为主的道路""要走一条健康协调发展的路子"。这次宣讲还第一次提出了"高等教育的发展必须是规模、质量、效益、结构协调发展"。他认为,"这既是几年来我们的经验教训,又是教育发展自身的规律。由于高等教育是促进国家各项事业发展的事业,既与国家近期利益有关,又涉及国家长远利益,同时也要考虑教育事业本身为下世纪发展打下基础,所以必须速度、质量、效益、结构、协调发展才是健康发展的道路"。这次宣讲还进一步提出,要进行"具有中国特色的社会主义教育"的研究,并提出研究的主要内容为:以马克思主义作为教育的指导思想,以具有中国特色的社会主义理论,邓小平同志提出的三个面向作为指导思想;教育方针为必须为社会主义现代化服务,必须与生产劳动相结合,培养德智体全面发展的社会主义建设者和接班人;教育体制为国家统筹规划宏观管理,学校面向社会自主办学;发展的道路为破除办大学完全由国家包办的单一格局,形成一种发挥社会各方面积极性的多种形式办学的新格局。办学的道路是为社会主义建设服务,主动适应和促进我国的政治、经济、科技、文化的发展;办学的途径是必须与生产劳动相结合,走教学、科研、生产三结合的培养人才的道路。这次宣讲所提的方针和方法就是我国当代高等教育发展的总纲领,正是在这样的思想指导下,我国顺利完成了高等教育由计划经济体制向市场经济体制的"大改革",并为 1999 年后我国开始进行的"大扩招"打下了坚实的体制和思想基础。这次的思路可以简单概括为"中国特色、科学发展"。

周远清对我国高等教育发展道路的另外一次比较集中的论述出现在 1999 和

2000 年的世纪之交。1999 年 6 月 28 日,在高等学校合并工作座谈会上的讲话中,周远清首次提出我国高等教育在 21 世纪的发展中要强化国际意识、素质意识和改革意识。8 月,他又专门在《教学与教材研究》发表文章《强化"三个意识",建设高等教育强国》,首次提出我国高等教育要在 21 世纪立于世界之林,成为高等教育强国的观点,之后他不断完善这个论述,进一步丰富补充了关于我国高等教育现代化发展道路的具体思想。如他在 2004 年之后又在"素质教育"的基础上,提出了"以人为本";2010 年在《中国留学论坛发表的讲话》中正式提出"国际视野、中国道路"的观点;同年他还在《中国高教研究》撰文《为全面建设小康社会作出新的更大贡献》,提出"开放是前提,改革是动力"的观点。

周远清一直坚持我国高等教育的发展必须以质量建设为中心,为此他不仅多次论述"质量是高等教育的生命线",大力提倡素质教育,并且在我国高等教育进入以扩招为中心的"大发展"阶段后,仍不断呼吁要加强人才培养质量。他反对将精英教育和大众教育对立起来的观点,认为我国高等教育要尽快进入以提高质量为中心的新的发展阶段,这个思想他以专文的形式发表于《中国大学教学》2005 年第 7 期上。后来他系统思考了我国高等教育当代的发展过程,明确提出了高等教育现代化要经过"三个阶段"的理论,并于 2007 年 9 月 16 日,以"大改革、大发展、大提高——中国高等教育 30 年的回顾与展望"为题的讲话中完整地提出(该文后来发表于《中国高教研究》2008 年第 1 期)。2010 年和 2011 年,周远清分别撰文《中国高等教育走的路子》和《走出做强中国高等教育的新路子》,对这些思路进行了进一步规划和整理。如今,"规模、结构、质量、效益"协调发展、"三个意识""三个阶段""国际视野、中国道路"和"建设高等教育强国"等思想仍然有力地指导着我国当前的高等教育现代化发展。

一、高等教育现代化的发展定位

对于高等教育现代化发展定位的论述,周远清一直是非常明确的,他始终坚持我国的高等教育发展必须坚持社会主义方向,并适应经济和社会发展的需要。认为高等教育一定要同国内外的发展变化紧密结合,主动进入国际、国内"两个循环",并最早提出我国高等教育要"建设高等教育强国"的观点。1999 年至 2014 年,周远清公开发表过的讲话、报告和文章总共有 212 篇,其中有 75 篇提到"高等教育强国",词频共出现 538 次,涉及约 31.6 万字,占到全部文本的 35.38%。其中有 15 篇直接以"建设高等教育强国"为标题,所论及的范围几乎覆盖了"高等教育强国"的各个方面。他还亲自筹措 600 万元资金组织了"建设高等教育强国"的大型研究课题,这对我国高等教育强国的研究和实践都起到了巨大的推动作用。

(一)培养社会主义人才

关于高等教育的发展方向,周远清主张要全面地认识。他认为,首先,学校应坚持正确的政治方向;其次,学校要主动适应社会经济发展的需要,这也是办学方向问题,不能闭门办学,要开门办学;第三,学校是文化高度集中的地方,应该是我们国家精神文明的发祥地。① 仔细分析文本资料,周远清关于高等教育办学方向的论述主要涉及两个问题,一是政治方向,二是业务方向。首先,周远清坚持教育是有阶级性的观点,认为我国的高等教育必须为社会主义国家服务,要始终坚持办学的社会主义方向。由于坚持教育的阶级性和民族性,周远清认为高等教育在培养人的过程中也必须坚定其政治立场,"高等学校要把坚定的、正确的政治方向放在第一位。要主动适应国家经济社会的发展,要成为精神文明的坚强阵地"②。其次,周远清始终认为,高等教育的首要任务是培养人,因此其一直将是否重视人才培养作为评价一个学校办学方向正确与否的标志。可以说,关于这两个方面的论述贯穿了其整个教育思想的始终,而这些思想也作为我国高等教育现代化办学的主要方针被大部分国人所接受。

(二)适应社会和经济发展需要

20 世纪 80 年代,我国抛开了"一切以政治挂帅"的思维,开始探讨教育的多方面属性,教育同经济和社会发展之间的关系开始凸显。为此,周远清提出了"适应"的观点。他认为,"高等教育是一个复杂的社会系统,它与经济社会的发展有密切的联系,既要适应经济社会的发展,不断促进经济社会的发展,又要遵循教育本身的规律性"③。他提出教育的发展要处理好两个关系:一是与社会的关系,二

---

① 周远清. 在"邮电高校教学质量研讨会"上的讲话[Z].周远清教育文存(一)[C].北京:高等教育出版社,2009:115–134.

② 周远清. 研究具有中国特色社会主义高等教育理论,指导高等教育的深化改革[R].周远清教育文存(一)[C].北京:高等教育出版社,2009:108.

③ 周远清. 加强教育科学研究 积极推进教育创新[J].北京大学教育评论,2003(1):3–5.

是与人的发展的关系。在教育与社会的关系中,他主张教育要主动适应社会和经济发展的需要,促进生产力的发展,同时社会要支持教育事业。他认为,当代科学技术的迅猛发展不仅促进了社会生产力的快速发展,还进而导致生产关系和社会组织结构处于不断地调整之中。为此,作为研究和发展学术、培养高级专门人才的场所的大学理应走出"象牙之塔,建立起一种主动适应科学技术和经济、社会发展的机制,树立一种与时代发展息息相关,同呼吸、共命运的责任感,既为经济和社会的发展作出贡献,也为大学自身的生存和发展赢得更大的空间。① 他特别针对我国长期计划经济体制形成的学校专业与行业岗位需求对口的观念,强调实行市场经济以后,必须变"对口"的观念为"适应"的观念。② 他强调学校必须主动面向市场,增强直接服务社会的能力。国家应给予学校足够的办学自主权,使其可以根据社会的需求及时做出灵活的调整,紧密结合学校与社会的关系,提高高等教育服务社会的自觉性和实际能力。为此,他认为高等教育要积极了解国内外社会的发展变化,主动进入"两个循环"以求更大的发展。第一个循环是世界经济和社会发展的大循环,第二个循环是国家经济、社会的大循环。他认为,我们高等学校过去办学的过程在一定的程度上有封闭的状态。改革开放以后,学校与社会的联系变得密切起来。我们应该研究学校如何走出以前那种封闭系统,面向社会,主动办学。而且还要想办法吸收社会参与办学,这是高等教育,也是世界高等教育发展趋向。因此,我国的高等教育应该更加积极主动地走向社会,想社会之所想,急社会之所急,以为其培养更多适宜性人才及提供更多有用的科技咨询或技术服务作为自己的发展诉求。③

(三)建设高等教育强国

在我国高等教育的现代化进程中,周远清一直注重运用目标激励来鼓舞和推动实践的发展。他曾经先后组织和推动了"建设有中国特色的社会主义高等教育""把一个什么样的高等教育带入 21 世纪"和"全面进入小康社会我国要建设

① 周远清. 把握时代发展脉搏　建设高等教育强国——世纪之交对中国高等教育改革与发展的思考[R].周远清教育文存(四)[C].北京:高等教育出版社,2009:271.

② 陈浩. 跨世纪的课题:改革教育思想教育观念——国家教委副主任周远清访谈录[J].中国高等教育,1996(Z1):5.

③ 周远清. 高等教育改革和发展的思路[R],周远清教育文存(一)[C].北京:高等教育出版社,2009:78.

一个什么样的高等教育"的研究和实践,并不断结合我国高等教育的发展现代提出适时的建设任务和目标,用以凝聚人心、形成共识、达到统摄全局的作用。对于我国已经成为世界上高等教育规模最大的国家之后,应该确立一个什么样的目标?周远清经过认真思考,适时提出了"建设高等教育强国"的目标,并对其进行了初步设想和论述。这个思想提出后逐步得到了高教界地广泛认同,并经原国务委员陈至立同志肯定后上升为国家的战略决策。他为此筹巨资组织了"建设高等教育强国"的全国性的课题研究,认为建设高等教育强国不是心血来潮、权宜之计,而是我国经济、社会、文化发展的迫切需要①。在世界高等教育发展历史上,新观念、新探索和新趋势都萌芽于当时世界上的高等教育强国。高等教育强国是一个具有先进教育思想、教育理念的高等教育,高等教育强国不仅出拔尖的优秀人才,杰出的甚至是原创性的科研成果,为国家经济社会做出重大贡献,也应该为国家高等教育甚至世界高等教育产生具有影响力的办学思想、办学理念。② 他指出,提出建设高等教育强国是我国经济社会发展的要求,是历史发展的必然,是高等教育发展的必然,这使我国的高等教育又站到了一个历史发展的新平台上,站到了一个历史的新起点上。从高等教育的大国向高等教育强国迈进,是一个需要各方面长期持续努力的艰巨任务,有很多事情要做。用"强"字来统一高教战线的认识、凝聚人心和力量,很有必要,也是及时的。我们应该很好研究国际上发达国家走过的历史进程,很好分析国内经济、社会、文化发展的状况,特别是多年来高等教育的发展情况,提出规划,抓住重点,找到突破口和切入点,加大投入,组织队伍,千军万马投入到建设高等教育强国的潮流中来。③

二、高等教育现代化的发展方式

对于高等教育现代化的发展方式问题,周远清一向主张要加强科学研究,遵循教育规律。他认为高等教育是一门非常复杂的科学,必须加强对其认识,按规律办事。他提出"开放是前提、改革是动力","规模、结构、质量、效益"协调发展的观点,并在深刻总结我国高等教育发展经验的基础上得出"产学研结合是我国

---

① 周远清. 建设高等教育强国是历史发展的必然[J]. 中国高教研究,2009(11):3-5.

② 周远清. 高等教育改革发展的强音:建设高等教育强国[J]. 中国高等教育,2008(3,4):27-28.

③ 周远清. 建设高等教育强国是历史发展的必然[J]. 中国高教研究,2009(11):4.

高等教育的一大特色"的基本观点。尤其是他 1992 年 8 月在《筹备第四次全国高教工作会议的思考》中提出的"规模、结构、质量、效益"协调发展的观点对我国高等教育的发展产生了非常深刻的影响。可以说,当时能完整地提出规模、结构、质量、效益协调发展的思路,在我国高等教育改革发展的历史上还是第一次,这个思想后来经过不断地完善补充,至今仍是我国高等教育现代化发展的重要思想支撑。

另外,周远清认为,"产学研"合作是我国高等教育的一大特色。在文本中,他曾 163 次提到"产学研"结合的问题,并从党一直坚持的"教育与生产劳动相结合"的指导方针对其进行了深刻论述。他主张我国高等教育必须与经济建设相联系,主动进入到经济社会发展的大循环中。可以说,尽管产学研结合的观点不是周远清首先提出的,但他对这个思想的重视、发展以及积极推动都曾发挥过重要的作用。尤其他认为产学研结合是我国高等教育的传统优势,应该积极推动高等教育的实践教学这一观点,对我国当前的高等教育发展仍有重要的指导意义。

(一)加强研究,遵循教育规律

"正确决策是各项工作成功的重要前提。"[①]周远清分析了我国历史上高等教育发展的成败得失,认为高等教育要发展,必须重视决策的作用。他认为,教育是一个复杂的系统,也是一门决策性很强的科学,由于其运作周期较长而很难马上反映出一个决策的坏。但教育的重要性又决定了其决不能出错,因为一旦决策失败不仅会误人子弟还会祸国殃民,所以必须提高决策者的水平,加强对高等教育的研究,大力推进决策的科学化、民主化和法制化。周远清指出:"教育有其自身规律……违背了它的规律总要受到惩罚。"[②]因此一定要加强对高等教育规律的研究,"教育科学研究,包括理论研究、历史研究、比较研究、调查研究、方案研究、实证研究、政策研究等等。加强研究决不会延缓教育创新,不会捆住创新的手脚,相反,研究得越深入、越全面,将会使我们创新的决心更坚定,创新的实践更顺利,创新的成效更显著,创新的成果更辉煌"[③]。周远清指出:"高等教育科学研究的

①　胡锦涛. 中国共产党第十六次全国代表大会报告,2002 年 9 月.

②　周远清. 研究具有中国特色社会主义高等教育理论,指导高等教育的深化改革[R]. 周远清教育文存(一)[C]. 北京:高等教育出版社,2009:109.

③　加强教育科学研究促进高等教育创新建设高等教育强国——在庆祝中国高等教育学会成立 20 周年大会暨 2003 年高等教育国际论坛上的讲话[J]. 中国高教研究 2003(10):6-9.

水平,在一定意义上反映了一个国家高等教育建设的水平。"①"当前我国高等教育的发展日益复杂,只有科学认识才能正确决策,尤其是校领导,一定不能只满足于处理具体事务,要花大力气进行教育科学研究,及时更新教育理论和教育思想,成为教育家。"②他认为对过去及时进行总结和研究对今后的决策和发展很重要。他主张广泛发动群众,加强高等教育研究的民主化、科学化;加强高等教育学科的建设,既不能将一些其他学科的学术语简单地引入到教育改革和研究中,更不能把外国的经验与外国的理论很少分析地加以借鉴,要结合高等教育的学科特点将当前的高等教育实践作为研究重点。③ 周远清曾说:"有一种思潮,妨碍我们建立具有中国特色的教育理念,就是看不起我们的教育改革和发展实践,或者说不愿看,不想看到我们自己的成绩和经验,认为前人做的外国人做的都是好的。我想我们也该冷静下来,认真地回忆一下,调查一下,这么大的国家,原来基础这么薄弱,新中国成立后又遇到种种困难,经过几十年的努力,已经建成一个高等教育的大国。改革开放以来又历经大改革、大发展,现在有条件喊出了建设高等教育强国的口号,难道不值得我们去研究去总结去探索吗?"④正是因为有这样的思想,周远清始终将高等教育的科学研究作为发展高等教育的首要任务,并亲自组织和领导了多次全国性的高等教育研究,取得了一系列重要的理论成果,也对我国高等教育的现代化建设起到了极大地促进作用。

(二)开放是前提,改革是动力

中国这些年的经济成就得益于改革开放,而高等教育之所以能有如此大的发展也归功于改革开放。对此,周远清深信不疑,并且始终把开放和改革作为我国高等教育走向现代化的主要抓手,不遗余力地践行和倡导着。他说,中国30年高等教育大发展的经验,总结起来就是"开放是前提,改革是关键,质量是中心,理念

---

① 周远清.把高等教育科学研究做强[J].中国高教研究,2008(3):1-3.

② 周远清.在天津普通高等学校院校长教学改革研讨会上的讲话[Z].周远清教育文存(二)[C].北京:高等教育出版社,2009:446.

③ 马海泉,吕东伟.加速构建中国特色高等教育理论体系——访中国高等教育学会会长周远清[J].中国高等教育,2006(9):8-10.

④ 周远清.从改革、做大到改革、做强——再论把一个什么样的高等教育带入全面小康社会[J].中国高等教育,2009(21):12-14.

是先导"①。周远清认为,开放扩大了我们的视野,促进了科学技术、教育的交流,特别是文化的交流。我们借鉴了世界各国的文化,也使中国的文化融于世界文化之中;同时,开放也将有力地促进我国社会主义和谐文化的建设,改变我们过去封闭式办学的格局,使我们的高等学校逐渐变成了开放型的学校。开放打破了我国高等教育的封闭状态,使之成为一个开放的高等教育。② 另外,改革是我国高等教育事业发展的动力。他说,回顾多年来我国高等教育发展的历程,改革是关键。他指出,改革是社会发展的直接动力,也是高等教育发展的直接动力。改革的内容各个时期会有所侧重、有所不同,但不改革则是没有出路的。在多年的工作实践中,周远清感到改革是很难的,因此他强烈呼吁在 21 世纪的高等教育发展中要加强"改革意识"。他说,综观世界科学技术和经济社会的发展,21 世纪将是一个更加注重改革的世纪。只有改革才能进步,才能创新。缺乏改革意识的国家,在21 世纪是很难有所作为的。他指出,"改革"就是要改掉那些与世界和我国科学技术、经济、社会发展不相适应的东西,使之适应起来。同时,也要保留和发扬我国近一个世纪以来高等教育发展进程中形成的好传统、好思想;要学习和借鉴世界上成熟的、符合我国实际的好经验、好思想和好做法,在这个基础选上进行创新。要强化整个高等教育的创新意识,走出符合中国国情、具有中国特色的路子来,这是 21 世纪我国高等教育改革的重要任务。③ 周远清强调,对高等教育来说,改革是永恒的,不改革就会停滞,甚至倒退。科学技术在不断发展,社会在不断变化,高等教育必须不断改革以适应形势发展的需要。面对新世纪的到来,世界各国高等教育都针对自己的实际提出改革的任务。尽管各国改革的目标不同,内容不同,但都面临着改革的任务,都在极力推进改革,缺乏改革意识的国家在 21 世纪是很难有所作为的。高等教育要主动走进社会,在结构体系、人才培养模式、教学内容、方法上都要进行改革。④

① 周远清.开放是前提 改革是关键——30 年中国高等教育改革开放的经验[J].中国高教研究,2008(11):1-2.
② 周远清.在中国高等教育学会创新创业教育分会成立大会上的讲话[J].创业创新教育,2010(1):1-3.
③ 周远清.建设高等教育强国——开创高等教育新世纪[J].北京高等教育,1999(11):3-5.
④ 思华.建设高等教育强国——教育部副部长周远清访谈[J].中国高等教育,1999(17):2-5.

（三）"规模、结构、质量、效益"协调发展

周远清认为,高等教育有它自身的规律,简单地把经济规律套在高等教育上来是不符合教育规律的。他说,"高等教育发展最怕折腾"①,从我国高等教育这些年的发展历程来看,如果不折腾、循序渐进地发展,过几年回过头来看,就会取得比较大的发展。② 为此他较早地提出了高等教育要"规模、结构、质量、效益"协调发展的观点,认为,高等教育发展的规模必须与经济和社会发展相适应,与提高质量相适应。他说:"发展观是高等教育中非常重要的一件事,如果离开了结构、质量、效益去谈发展,这是不成熟的或者是盲目的发展观。"③历史的原因使我国高等教育现代化发展过程中,长期存在着"重什么轻什么"的矛盾,如重理轻文,重智轻德,重教轻学,重速度轻质量,重科研轻教学,重业务轻素质,重物质文明轻精神文明,等等。这些矛盾表现在工作上就是急于求成,急功近利,只注重短期行为而较少关注长远利益。他认为这些思想和思维方式的存在使我们在高等教育发展进程中,往往造成失误或错失良机,有的甚至造成很大的损失,因此建议我国高等教育在发展过程中必须确立与实现社会主义现代化建设战略步骤相适应的发展目标,坚持走科学、协调的发展道路,具体就是要坚持适度规模、优化结构、提高质量、增加效益的发展战略方针。这里"适度规模"主要是指各类专门人才的拥有量适应和基本满足各个时期社会主义现代化建设的需要;"优化结构"主要是指高教结构要保持动态的合理状态,要与各个时期社会主义现代化建设相适应,并有利于提高质量和效益;"提高质量"主要是指培养人才的质量、科学研究水平与质量要不断提高,与社会主义现代化建设需要和国际高等教育及科技文化的发展相适应;"增加效益"主要是指投资效益、学校规模效益、生师比等效益的提高,并与规模发展、结构优化、质量提高相协调。④ 正是因为坚持这样的一个发展思路,才使得我国高等教育在 1990 年代经历了那样大的体制调整,而没有出现

---

① 周远清. 在中国石油高等教育教学指导委员会 1997 年工作会议上的讲话[Z].周远清教育文存(二)[C].北京:高等教育出版社,2009:547.

② 周远清. 努力工作 开创高等教育改革发展的新局面——在高教口部分业务司局 1998 年工作交流会上的讲话[R].周远清教育文存(三)[C].北京:高等教育出版社,2009:83.

③ 周远清. 在全国普通高等学校教务处处长培训班结业典礼上的讲话[Z].周远清教育文存(三)[C].北京:高等教育出版社,2009:274.

④ 陈浩. 跨世纪的课题:改革教育思想教育观念——国家教委副主任周远清访谈录[J].中国高等教育,1996(Z1):5.

风波一直稳步发展,并为之后的扩招"大发展"打下了坚实基础。

(四)产学研合作是我国高等教育的根本特色

在明确育人是学校的第一原则以外,周远清从来也不反对教学、科研与社会服务三种功能的合作,他认为这三者其实并不矛盾,应该相辅相成。他主张高教领域里的产学研合作,甚至认为必须这样,而且这也是我们国家的一个特色和优势。① 他主张高校要主动适应社会经济的发展,进入经济社会发展的大循环,在保证人才培养这一最基本职能得以充分实现的前提下,充分利用和发挥学校的人才、科研力量和科研成果的优势,积极开展直接的社会服务;同时,应当注意防止和避免单纯为了经济利益,去搞一些可能影响学校其他职能正常发挥的创收活动。② 他认为,中国的高等教育在未来世纪应该大发展,而未来的社会经济发展与教育、高等教育依赖性更加密切。高等教育已经从经济发展的边缘走到经济发展的中心区,确实要走出"象牙之塔"。周远清认为,"产学研"合作的理念最早源于我国坚持的"教育与生产劳动相结合"思想,这是马克思主义教育学的一个基本原则,是党的教育方针的重要组成部分。他主张我国高等学校要进入到我国经济社会发展的大循环中去,高等教育要与经济建设相联系。③ 提倡高校要积极推进产学研结合,服务企业技术创新和高校人才培养,并服务经济和社会发展。他建议,高等学校要积极参与以企业为主体的技术创新体系建设,主动探索建立新型的产学研合作机制,大力推进高等学校与企业、科研院所的合作,为企业技术创新提供坚实的人才、知识、技术和文化支撑。国家要制定和完善支持大学生、研究生实习的有关政策法规,构建校企合作的大学生实习、实训基地和研究生培养基地。要发挥政府的宏观引导作用,鼓励企业积极接受大学生和研究生进行实践活动。为大学生、研究生的实习和社会实践提供保障。鼓励和支持大学科技园建设,大力促进大学科技成果向现实生产力转化。学校要面向重大社会现实问题,主动服务经济社会发展。国家要通过政策引导、计划支持等方式,加强高校科研

---

① 周远清. 对高等教育两个理念的再认识——在宁波"大学校长与企业家论坛"高峰会上的讲话[J]. 高等工程教育研究,2007(6):1-2.

② 周远清. 坚持方向,办出特色,深化改革,提高质量[J]. 高等工程教育研究,1992(1):5-10.

③ 周远清. 在国务院各部门教育司局长第11次联席会议上的讲话(1995年4月14日)[Z]. 周远清教育文存(一)[C]. 北京:高等教育出版社,2009:248.

创新能力建设,推动地方高校融入区域创新体系,充分发挥高校在区域创新体系中的引领和支撑作用,促进高等学校以多种方式服务于国家、区域和地方经济社会发展。①

三、高等教育现代化的发展特色

关于高等教育现代化的发展特色,周远清最重要的思想即为"国际视野、中国道路"和发展的"三个阶段"理论。他特别强调,我国高等教育发展决不能一味地同国际"接轨",因为世界上没有"共轨",每个国家都有自己特殊的国情和文化。我国高等教育只能在自己文化土壤中,合理吸引世界先进教育思想,走自己特色的发展道路。在文本中,"中国特色"一词总共出现了791次,其中最早出现在1985年7月,周远清做清华大学副教务长时以"清华大学教学改革的理论与实践"为题在商业高教学会成立大会上的发言。他说:"如何总结新中国成立以来我国在教改方面正反两个方面的经验,深入地进行研究,积极地进行教改,以逐渐形成具有中国特色的、体现我国教育悠久传统的教育学,是这次教改中的一个很重要的问题。"②到国家教委工作后,他也坚持认为我国高等教育必须走自己的发展路子,并在各种表述中都坚持了这一思想。如他在1992年11月作的《高等教育改革和发展的思路》宣讲中,提出要建立"中国特色的高等教育体制",以及在1993年8月作的一次题为"研究具有中国特色社会主义高等教育理论,指导高等教育的深化改革"的讲话,等等。当然,在这方面他最为系统的论述还在其充分考虑了教育的文化属性之后所提出的。1995年4月14日,他在国务院各部门教育司局长第11次联席会议上的讲话中,就已经提出了中国特色要同我国传统优秀文化相结合的重要观点。1999年6月28日,他《在高等学校合并工作座谈会上的讲话》中又补充了"国际意识"的观点,之后不断完善。最终将其总结为"国际视野,中国道路",并在2010年出席"中国留学论坛"发表讲话时正式提出。另外,周远清认为我国高等教育在发展过程中,决不能一味地进行规模扩张,对精英教育和大众教育要有科学、清醒的认识。应该将"精英教育"和"大众教育"相结

---

① 周远清,张德祥. 高等教育发展战略研究[J]. 教育研究,2010(7):26-30.

② 周远清. 把握时代发展脉搏 建设高等教育强国——世纪之交对中国高等教育改革与发展的思考[R]. 周远清教育文存(四)[C]. 北京:高等教育出版社,2009:272.

合,而不是相对立。他认为我们需要经过"大改革""大发展"这样的基础阶段,但最终必须进入"大提高"这个以"质量建设"为中心的发展阶段,我国高等教育工作者要在加快高等教育发展速度的同时,及时将工作重心转移到内涵式发展、提高育人质量的轨道上来,这也应该是我国高等教育现代化发展的一个基本特色。

(一)国际视野、中国道路

作为一个在高等教育界工作多年,并且一直心系国家高等教育发展的思想者,周远清一直对"中国高等教育到底应该走一条什么样的道路"进行着积极思考,并形成了"国际视野、中国道路"的思路。他在 20 世纪 90 年代初期就曾提出,要把中国的高等教育放在世界科学技术社会的发展和世界高等教育的发展中来考虑。他说,"高等教育有国际化的趋势……我们中国的高等教育要充分吸收世界各个国家高等教育改革发展中的成功经验"[1]。"在吸收世界各国优秀成果的同时,也有个怎么使我们建设中国特色社会主义高等教育这样一个课题。现在我最担心的一件事情就是哪个国家先进,大家就去学习它(指教育)并且是一窝蜂地去学习,但是各个国家历史情况不一样,民族风俗也不一样,应该建设各个国家自己的独特的、符合自己国家情况、历史文化传统的教育制度。纵观世界各国的教育制度,各个国家不完全一样"[2]。以上论述可说是他构思"国际视野、中国道路"发展模式的滥觞,在 20 世纪 90 年代中期他还提出了把"一个什么样的高等教育带向 21 世纪"的著名问题。之后他不断指出,一个国家的教育离不开这个国家的历史背景,文化背景、民族背景,离不开这个国家的社会制度,意识形态,更离不开教育的传统,文化的传统,经济社会发展的状况,所以,任何国家都有自己发展教育的道路。中国教育体制离不开经济、社会、文化的发展,所以,我们的教育既是国际化的,又是中国化的,既要有国际视野,又要有自己特色的教育体系,这就是"国际视野,中国道路"。他说:"从教育国际化的内涵看,国际化的前提是我们必须有自己特色的教育体系,因为我们的教育首先必须是中国化的,然后才能是国际化的……各国的培养方式各具特色,需要结合自己的国情和文化来形成自己的方式。中国需要研究建立的就是中国特色的高等教育体系,中国特色的高等教

① 周远清.在国务院各部门教育司局长第 11 次联席会议上的讲话(1995 年 4 月 14 日)[Z].周远清教育文存(一)[C].北京:高等教育出版社,2009:250.

② 周远清.出席 2010 年中国留学论坛发表讲话(2010 年 3 月 12 日)[Z].http://edu.sina.com.cn/l/2010-03-12/1553186194.shtml[EB/OL].2014-8-12.

育思想理论体系"①。

（二）大改革、大发展、大提高

对于我国高等教育现代化的发展历程，周远清深知在人们的思想里"发展"容易而"提高"困难，所以在大家仍如火如荼地进行大发展的时候，他就冷静地提出我国高等教育应该尽快转型、要进入质量大提高的阶段，从而提出了我国当代高等教育现代化发展的"三阶段"理论。他将改革开放以来我国高等教育的历史进程大致分成了三个阶段：第一阶段是体制改革阶段。我国高等教育主要进行了由计划经济体制改变为市场经济体制的改革，这个阶段为我国后来的高等教育大发展打下了坚实基础。第二阶段，是发展阶段。我国高校进入了规模的急剧扩张阶段，这是一个大发展阶段。第三阶段，以提高质量为中心，是提高质量阶段。这个阶段首先要强化质量意识，因为改革最后成功与否决定于我们的教育质量。对于这三个阶段的大致时段，周远清认为：第一个阶段大概可从 1985 年到 1998 年、1999 年；第二个阶段从 1998 年、1999 年到 2000 年、2001 年；第三个阶段从 2000 年、2001 年至今。他认为这当然也是有交叉的，不是截然分开的。比如提高质量的阶段，不是说它没有发展，它还是要发展，要改革。但这个阶段第一条就是要提高质量，最核心的是要提高教学质量。② 他指出，大改革大发展以后应该进入大提高的阶段。所谓"大提高"，就是说不是一般地提高而应该像大改革大发展那样动员全社会，使所有高校来一个大提高；这里也不是一般的号召、一般的措施，而应该用强有力的措施来一个大提高。③ 由于从 1992 年以后到跨世纪的过程进行了这么大、这么长时间的改革，取得了很大的成就，但是也带来了很多问题，并且有些矛盾逐渐凸显出来，因此，必然要进入"以提高质量为中心"的第三个阶段，并且这个阶段会比较长，直至 2020 年以前我国高等教育总的发展都应该是以提高质量为中心。他说，以提高质量为中心的阶段并不是说不要改革，也不等于不发展，但是它的重心是在提高质量上。这样我们才能使大改革、大发展的成果

---

① 周远清. 加快建设中国特色高等教育思想体系[J]. 高等理科教育,2011(1):1-5.

② 袁振国. 教育部师范司副司长袁振国对周远清部长的访谈录[Z]. 周远清教育文集
(三)[C]. 北京:高等教育出版社,2007:202-207.

③ 周远清. 大改革、大发展、大提高——中国高等教育 30 年的回顾与展望[J]. 中国高教
研究,2008(1):1-3.

得到巩固,我们才能建立一个规模比较大、质量也比较高的先进的高等教育体系。①

(三)不要把精英教育与大众化教育对立起来

"大众教育"是高等教育伴随知识经济的快速发展,以及政治民主化进程的加快而接受更多的学生进入大学学习后出现的一种状态描述。美国的马丁·特罗最早注意并描述了这个状态。他将高等教育根据入学人数的多少分为三个阶段,其中进入大学人数占学龄(18~21周岁)人口比例,低于15%的为"精英教育"阶段,处于15%~50%之间的为"大众教育"阶段,超过50%的为"普及教育"阶段。三个阶段本是对高等教育发展状况的一种客观描述,但由于人数的多少也确实给高等教育带来了许多不同于以往的变化,因此他也客观总结了不同教育阶段高等教育可能呈现的一些特征,用以警示人们注意不能总用老眼光看待大学,尤其是国家和民众应该与时俱进,及时调整对大学的政策或预期。他的这个理论提出后,很快便风靡于世界,产生一系列关于"大众教育"的研究成果,有学者甚至将高等教育入学人数同国家经济发展指标强行挂钩,提出了按经济发展阶段来适配高等教育发展阶段的主张。有些学者甚至以美国的发展过程为普遍经验,把"大众教育"和"普及教育"看成高等教育现代化过程中的必然发展目标,进而提出发展中国家的追赶策略,出现了大众"化"的冲动和趋向。

周远清始终认为,高等教育的发展一定要符合实际,遵循教育自身的规律。对于高等教育的"大众化"问题,他一直主张要量力而行,综合考虑各类教育的关系,不能盲目发展。② 从许多论述中可以看出,周远清对大众教育的认识是相当冷静和客观的,他首先没有盲目地将其认定为是一个对精英教育阶段的超越或更高级阶段,其次对其发展也总是抱着科学和客观的思维。因此在我国高等教育经过大发展已经实际进入"大众化"阶段以后,他提醒说:"不要把精英教育与大众化教育对立起来。有一个通俗说法,中国高等教育由精英教育走向了大众化教育。这种说法有否定、忽视精英教育的嫌疑。人们经常讲,我国从高度计划经济走向社会主义市场经济,要从应试教育走向素质教育,都是否定前者肯定后者。

---

① 周远清. 高等教育要尽快进入以提高质量为中心的新的发展阶段[J]. 中国大学教学,2005(7):4-5.

② 周远清. 在中国地质教育协会第二届理事会暨学术讨论会上的报告[R]. 周远清教育文存(二)[C]. 北京:高等教育出版社,2009:515.

另外,也有说法,大众化教育中也还有精英教育,把精英教育放到了'也还有'的地位,这是不妥的。实际上,发达国家是高度重视精英教育的,大众化教育与精英教育,在建设高等教育强国中都赋有重要使命。甚至有的校长说,现在大众化教育了,质量有不同标准,所以质量不是什么问题了。我认为,大众化教育主要是办学模式的多样化,各类不同办学模式的大学都有提高质量的问题。"①他指出:"我们要建设若干所世界一流大学和一批高水平的大学,既要发展精英教育又要发展大众化教育,精英教育起着领军和带头示范作用。发达国家在实现现代化过程中,在建设高等教育强国过程中,都把建设一批高水平大学作为重要的举措,并且都得益于一批高水平大学在拔尖人才的培养和科技、文化方面的重要成果。当今,世界高等教育的强国都有一批世界公认的一流大学,它们是国家的软实力和国际竞争力的重要方面,对于一个高等教育大国来说,它又是领头军,它是思想库、人才库、科研成果库,它对其他大学起着领军和带动、示范作用。"②

第四节　高等教育现代化发展的资源准备

任何发展都必须建立在一定的客观物质的基础之上,高等教育的现代化也同样如此。高等教育现代化的基础资源,可以进一步区分为"人"和"物质条件"两大部分。在这方面,周远清也曾提出过许多重要观点,这些思想观点不仅反映了当时的时代特征,还对我们今天的发展有重要借鉴意义。

一、人是高等教育现代化的主体

没有人的现代化,就没有高等教育的现代化。周远清对我国高等教育发展中"人"的重要作用认识也相当深刻,文本中他着重从学生、教师和校长的角度论述了其基本观点。

---

① 周远清. 高等教育改革发展的强音:建设高等教育强国[J]. 中国高等教育,2008(3,4):27.

② 周远清. 高等教育改革发展的强音:建设高等教育强国[J]. 中国高等教育,2008(3,4):28.

（一）一切以学生为本

周远清始终认为,培养人才是高校首要和基本的任务,如果一个学校不以培养人的教学工作为中心工作的话,就会同科研院所或工厂没什么区别,也就不能称其为学校了。在长期的工作实践中,他一直坚持"人最重要"的思想观念,比如他对大学育人为本的不断论述,对加强师资队伍建设的着重分析以及对培养学生"做人"的素质教育观念的深刻阐释等,无不体现其"以人为本"的宝贵思想。他说:"以人为本的办教育的理念,反映到高等学校中就是人才强校,以学生为本,高度重视人的作用,重视人的全面发展。办好一个大学,关键是人才,也离不开校长的敬业精神,办学理念,教师的师德和学术水平。现在要防止只比校园建设比学生人数,防止我们的校长官员化,忘记了或淡化了自己在办学,也在搞所谓的政绩。现代的大学跟传统的大学在办学理念上最大的区别是现代的大学要以学生为本,大学不能只看成传授知识的地方,学生读书的地方。大学的根本任务是开发人,培养人,学生是主体,学校要以学生为本,这是一种观念的转变,思想的更新……要看到在高等学校做到以人为本是一个大工程,是一个大改革,需要从各方面下大功夫。"[①]

周远清在 2005 年高等教育国际论坛开幕式上做题为"以科学发展观为指导,推进高等教育的协调发展"的讲话中将高等教育中"以人为本"的思想做了非常具体的阐释,他论述说,以人为本是科学发展观的本质和核心。教育是培养人的事业,没有哪一种事业像教育一样关系社会上每一个人的终身利益和幸福,关系社会的进步与发展。教育体现以人为本,一是要服务人,二是要依靠人。服务人,就是要有服务学生的思想。学生成长成才,是一切教育的出发点和归宿,如果不是为了学生,就没有任何教育可言。所以有这样一个口号:"一切为了学生,为了一切学生,为了学生的一切。"依靠人,就是办好教育,要充分依靠广大师生员工。应该说,过去在依靠教师、干部、职工方面,比较重视,工作也不断加强,但是,在是不是要依靠学生、怎样依靠学生这一方面,可能还没有得到充分重视,还需要真正树立起依靠学生的思想。长期的教育实践经验和教育科学理论都告诉我们,教育活动是教师和学生共同的双边活动,人才成长最终要通过学生的自身努力才能达到,并最终体现在学生身上。我们要实现人才培养的目标、达到提高教育质量的

---

① 周远清. 落实科学发展观 提升高等教育发展理念[J],中国高等教育,2004(13、14):4.

目的,就一刻也离不开学生学习的自觉性、主动性、积极性,离不开学生学习素质的提高和学习能力的加强。因此,现代教育思想越来越注重提高学生的学习自觉性、主动性、积极性,把提高学习能力视为步入终身学习的学习型社会的关键。所以,为了真正做到以人为本,做到不仅依靠教师、职工,而且依靠学生,我们迫切需要大力转变教育思想观念,树立起重视学习、重视学生、重视人才的思想。①

（二）大学发展的好坏,校长、领导班子是关键

"火车跑得快,全靠车头带"。周远清认为,造就一批杰出的教育家和大学校长,是时代的呼唤,是高等教育改革与发展的客观需要,更是党和国家对教育工作者提出的殷切期望。他说:"校长是大学的灵魂人物,是办好一所大学的前提条件。建设一支高素质的大学领导干部队伍,是推进我国高等教育健康持续发展的重要保障,是建设世界一流大学和高水平大学的重要组成部分。作为新时期的大学领导者,应该具有高度的社会责任感、独特的教育思想和教育理念;应该全面地把握高等教育的发展规律和高等学校的办学规律;应该具有战略家的胆识、气魄和勇气,要坚持创新,坚定地走在时代前列。"②

周远清认为,在高校领导班子中,作为班长的校长、书记是最主要的。因为要有世界一流的大学就必须先有世界一流的校长,没有现代化的高校校长就不可能有现代化的高等教育。他始终强调,高等学校的校长首先必须得懂教育,成为一个教育家。只有这样才可能真正按照教育规律办学,带领学校走上健康正确的发展道路。他曾不断借用江泽民的原话指出,"高等学校的党委书记、校长,要努力使自己成为社会主义的政治家、教育家"。③ 他认为,这是一个方向问题,因为高等学校肩负着为国家培养社会主义建设者和接班人的重任。他说:"现在我们的校长希望自己成为一个科学家,这个热情是很高的,也是对的,可以理解的。但是作为一个校长不能仅仅是这样。因为你的思想、你的思路将影响上万学生的培

---

① 周远清.以科学发展观为指导 推进高等教育的协调发展[J].中国高教研究,2005(12):2.

② 周远清.在中国人民大学纪念吴玉章逝世40周年座谈会上的讲话[R].周远清教育文集(三)[C].北京:高等教育出版社,2007:336.

③ 周远清.在全国中医药教育工作座谈会上的讲话[Z].周远清教育文存(二)[C].北京:高等教育出版社,2009:246.

养,并且不是一年而是多年。你工作的好坏对 21 世纪中国人才有很重要的影响。"①

　　到底应该怎么做一个大学校长呢? 周远清指出:一,大学校长应该重视教学工作,积极落实教学改革的核心地位,加强对教学工作的领导。"如果一个学校的校长不把培养人作为自己工作的主要任务,不认真抓教学工作和教学改革,在自己任期内教育质量没有提高,没有明确的教育思想或思路,很难说是个称职的校长。"②二,大学校长应该重视教育思想的研究工作。"没有先进的教育思想教育观念,也就是没有先进的教育科学研究,就不可能有先进的高等教育。不重视高等教育研究的校长,不是一个成熟的校长。"③"作为大学校长,如果只是埋头苦干,成天为一些实际问题疲于奔命,而冷淡教育思想、教育观念问题,那就很难称职。"④三,大学校长应该重视学校的学风及校园文化建设。他说:"一个校长、书记在位期间,应该使本校的学风有所提高,这就是你的贡献。"⑤"只有学校特别是一代又一代的校长重视校园文化建设,这个大学的校园才会不断地为各个时期办学中的文化所充实。"⑥四,大学校长应该重视班子团结和建设工作。"影响学校发展的因素很多,班子是一个很重要的条件,特别是班子的素质、班子的团结,尤其是党政第一把手至关重要。"⑦五,大学校长应该重视后备干部的选拔工作。周远清认为,在当今错综复杂的社会变革时代,后备干部的培养,特别是接班的校长和书记党政一把手的培养是一个很大的问题。他说:"衡量一届班子的工作,应该把在任期间能不能选好、培养好接班人作为班子政绩很重要的方面,这样才能使学校的工作有后劲,这是长远起作用的因素。"

　　① 周远清.在第三期高校教学工作研讨班开幕式上的报告[R].周远清教育文存(二)[C].北京:高等教育出版社,2009:289.

　　② 周远清.在第一次全国普通高等学校教学工作会议上的讲话[R],周远清教育文存(三)[C].北京:高等教育出版社,2009:168.

　　③ 周远清.建设高等教育强国是历史发展的必然[J].中国高教研究,2009(11):3-5.

　　④ 陈浩.跨世纪的课题:改革教育思想教育观念——国家教委副主任周远清访谈录[J].中国高等教育,1996(Z1):6.

　　⑤ 周远清.在河北省高等教育学会成立 20 周年庆祝大会暨河北省首届大学校长论坛上的讲话[Z].周远清教育文集[三].北京:高等教育出版社,2007:169.

　　⑥ 周远清.弘扬中华文化是我国大学的历史使命[J].高等教育研究,2008(4):1-3.

　　⑦ 周远清.在国家教委直属高校工作咨询委员会第七次全体会议上的讲话[Z].周远清教育文存(二)[C].北京:高等教育出版社,2009:194.

（三）教师是提高高等教育教学质量的关键

"办第一流大学要靠一流的教师（屈伯川）"。① 周远清认为,当前我们依然缺乏世界一流水平的顶尖教师,众多教师的素质、教学水平依然有待提高,依然缺乏鼓励教师醉心于教书育人的氛围和环境,依然缺乏能充分调动广大教师积极性、主动性和创造性的体制机制。这与建设高等教育强国的要求相去甚远。② 因此,我们应该"把加强教师队伍建设作为教育事业发展最重要的基础工作来抓,充分信任、紧紧依靠广大教师,提升教师素质,提高教师地位,改善教师待遇,关心教师健康,形成更加浓厚的尊师重教社会风尚,使教师成为最受社会尊重的职业"③。

周远清认为,教育者首先应受教育,教学者仍要再学习。他说,教育改革发展到今天,教师思想观念的转变、知识的更新,乃至教师的继续教育已经成为教学改革的重要方面。专业知识的更新在科学技术迅猛发展特别是信息时代到来的今天,显得至关重要。不经常接受新知识、新信息,就无法适应教学改革的需要,甚至可能在教学中寸步难行。现在的学生可以通过网络和其他途径获取各方面的最新信息和知识,而且有的学生在这方面比教师掌握得更好,这无疑是对教师的一种挑战。④ 他指出,高等学校教师队伍建设是高等教育改革与发展中的重要课题,也是当前影响高等教育发展的"瓶颈"问题。要适应跨世纪教育发展需要,迎接 21 世纪的挑战,建立一支具有良好师德、素质优良、结构合理、充满活力的教师队伍,已成为当前高等学校最紧迫的任务。⑤ 他指出,作为为学生传道授业的教师,应该是精于从事素质教育的行家里手,其自身素质不仅要高,而且要全面,至少应包括政治思想品德、科学文化知识、教育教学理论和教师职业技能、身心素质

① 周远清. 学习弘扬屈伯川教育思想 推动高等教育改革与发展[J]. 中国高教研究,2009(12):1-3.
② 周远清. 提高质量是教育改革发展的关键——2011 年高等教育国际论坛上的主旨报告[R].周远清教育文集(四)[C].北京:高等教育出版社,2003:267.
③ 周远清. 提高质量是教育改革发展的关键——2011 年高等教育国际论坛上的主旨报告[R].周远清教育文集(四)[C].北京:高等教育出版社,2003:268.
④ 周远清. 积极推进以提高文化素养为核心的大学教师的继续教育[J].中国大学教学,2003(6):5-26.
⑤ 周远清.《中国高等学校教师队伍建设研究报告》序[Z].周远清教育文存(三)[C].北京:高等教育出版社,2009:323.

等方面。① 当前我国高等学校迫切需要加强教师自身的教育和培训以提高其素质和水平，因为高等学校补充的新教师，绝大多数都是一毕业就走上教学岗位，没有受过做教师的职业培训，许多高校教师对高等教育学科的知识了解甚少，教育教学能力和水平参差不齐，高校教师自身的教育和培训仍处于十分薄弱的状况。② 周远清强调，首先要改变不重视高校教师教育的认识；其次高校教师的教育和培训不能仅仅注重本学科的专业知识和能力，要把教育教学知识和能力的培训放在重要位置。他提议将高等教育科学研究作为进行大学教师教育的重要方式，指出因为高校教师文化水平相对较高，以及高等教育科研机构的普遍设立，通过研究加强对大学教师教育的体制、体系、内容、模式和方法等方面的认识，对提高大学教师的教育教学水平十分重要，是提高高等教育教学质量的重要手段之一。③

另外，周远清认为，要稳定师资队伍、特别是骨干教师，应标本兼治，营造良好的教师成长保障机制。第一要通过事业留人，为教师成长创造合适的平台。他说："只有首先把学校办好，把培养人的工作做出色，使学校教学质量高，社会声誉好，才能真正把愿意献身教育事业的教师团结住，才能吸引人才，增强凝聚力。中国的知识分子是重事业的，培养高质量的人才，既是教师的天职，也是教师责任的主要归宿和重要精神寄托。"第二，道德树人，加强师德教育。周远清认为，师资队伍的建设要有方向，教师身为人师要有高道德水准的道德规范。在社会各个群体中，教师是道德水平最为高尚的群体，因而师德是其灵魂。④ 第三，制度留人，建立聘任制和岗位责任制度。周远清认为要加强对教师队伍的建设，必须改革和完善高校人事制度，建立有利于优秀教师脱颖而出和充分施展才华的体制机制。⑤第四，待遇留人，提高教师待遇。"衣食不足，军心难稳。"他一方面积极呼吁国家有关部门提高教师特别是青年教师的待遇，另一方面要求学校进一步深化学校内

---

① 周远清. 国家教委周远清副主任在"中国师范教育创办 100 周年纪念会"上的讲话[Z].周远清教育文存(二)[C].北京:高等教育出版社,2009:466-469.

② 周远清. 大力推进教师教育工作的改革——在教师教育论坛上的讲话[J].中国高教研究,2004(6):1-3.

③ 周远清. 高等教育应在教师教育中担负更大的责任[J].中国高等教育,2004(Z3):22-23.

④ 周远清. 提高质量是教育改革发展的关键——2011 年高等教育国际论坛上的主旨报告[R].周远清教育文集(四)[C].北京:高等教育出版社,2003:267.

⑤ 周远清,张德祥. 高等教育发展战略研究[J].教育研究,2010(7):28.

部管理体制改革,通过收入分配制度改革等,合理调节教师收入,想方设法吸引大批高水平的青年教师留在学校,并愿意到教学第一线上来。①

二、物质资源是高等教育现代化的基础条件

现代化建设不是空中楼阁,需要有充足的物质基础为其提供发展保障。在这方面周远清也有很多独到的思考,提出过一些重要的观点。

(一)增加投入是前提

20 世纪 90 年代,我国的国民生产总值还很低,国家对教育的投入严重不足。我国高等教育在经历了"文化大革命"浩劫之后已经满目疮痍百废待兴,人民群众要上学的呼声却日益高涨,而我国完全由国家包办大学的模式使得经费紧张问题变得非常突出。投入严重不足,给当时的办学造成了相当大的困难。各个高校不仅基础设施简陋,办学设备严重不足,教师待遇也非常低,造成师资队伍的严重不稳。我国经历10 年"文化大革命"耽误了一整代的人才培养,师资本就短缺,而新兴起的市场大潮又使得当时"造导弹的不如卖茶叶蛋的"现象凸显,大批教师"下海""跳槽",从"孔雀东南飞"发展到最后连"麻雀都东南飞",致使学校办学紧张,甚至难以为继。② 针对这种情况,周远清认为必须想方设法增加学校的投入,并一度主张将"增加投入是前提"与"体制改革是关键、教学改革是核心、培养人是根本目的"一起作为90 年代高等教育工作的主要思路。周远清仔细分析了我国国情和高等教育情势,结合其他体制改革,想方设法提出了许多解决问题的办法。他分析国家不可能在短时间内增加太多的投入,因此必须从其他渠道想办法增加学校收入。他认为只要处理得当,可以克服校办产业的弊端,利用它来加强学校与社会的联系,增加学校的经济意识和收入。③ 另外,他还通过积极推动各项教育体制改革,如"招生并轨";推动"共建"和"同企业联合办学"等形式为学

---

① 陈浩. 跨世纪的课题:改革教育思想教育观念——国家教委副主任周远清访谈录[J].中国高等教育,1996(Z1):8.

② 周远清. 在"邮电高校教学质量研讨会"上的讲话[Z].周远清教育文存(一)[C].北京:高等教育出版社,2009:115.

③ 陈浩. 把什么样的高等教育带入21 世纪? ——国家教委副主任周远清访谈[J].中国高等教育,1996(1):8.

校开辟新的融资渠道;推动"合作办学""后勤社会化"等使学校提高有限资源的利用率及保证投入的集约化利用;还通过"211"工程、"985"工程、"合格学校评估""教学内容改革""新教材建设""基地建设"等办法,用立项的方式多渠道筹集经费。他积极利用各种场合大力呼吁对高等教育的投入,还曾设想发教育国债通过存款取利息等以及从其他税收中提取教育费用等办法。另外,他支持民办高等教育的发展,大力呼吁社会单位和个人为教育增加投资,等等。通过长期坚持不懈地努力,终于使我国高等教育建设经费紧张的局面得到了有效缓解,也为我国后来的高等教育大发展做好了准备。值得提出的是,尽管当时高校普遍存在着办学经费严重不足的情况,但周远清仍坚持必须按教育规律来办学,大力强调高校的中心任务是培养人,强调提高人才培养质量是学校的生命线。他坚决反对用市场经济办法来进行办学,反对所谓学生是"商品"的说法,反对"用钱买学分以及用钱买学历"的做法,反对"高校产业化",反对高校教师及学生的"下海潮",坚决抵制市场经济对高等教育的各种不良干扰,这些清醒认识和做法无疑都很值得我们铭记。

（二）校园应是一个高雅、有文化的场所

清华大学原校长梅贻琦曾说:"大学之大,非大楼之谓也,实为大师之谓也。"同样,周远清也反对那种只见高楼而缺少文化积淀的校园建设。他认为,学校是育人的地方,"校园是师生学习知识、切磋学问、交流思想的场所,它与一般的生活场所,甚至与一般的文化场所有所不同,它应该是一个高雅的、有文化积淀的场所,是学校品位、格调的集中反映,是学校文化内涵的外在体现。优秀的校园往往陶冶着一代又一代的学子,沉淀了一代又一代的大学文化,它使师生置身于浓郁的文化氛围中,受到潜移默化的影响和熏陶。大学校园应讲究秀美而不求奢华,崇尚高雅而不落俗套,大学校园要有它独特的品位与格调。而这种独特的品位与格调源于文化,源于高雅、厚重的文化。因此大学必须重视校园的人文环境建设,不断提升校园的文化内涵,要在办学过程中不断积累、不断沉淀学校办学的文化"[①]。周远清认为,从培养全面发展的社会主义建设者和接班人这个总目标出发优化育人环境,对于建设社会主义精神文明,弘扬民族文化,培养"四有"新人

---

① 周远清.大改革、大发展、大提高——中国高等教育30年的回顾与展望[J].中国高教研究,2008(1):1-3.

具有重要意义。学校是培养人的场所,教书育人、管理育人、服务育人本身就是育人环境的重要组成部分。① 他说,校园是师生,尤其是学生学习和生活的地方,因此不只是教室、实验室,包括宿舍、食堂在内建设都应该体现学校的文化。文化的熏陶,对青年学生思想和世界观的形成有重要的作用。除了课上的教书育人,学生的课余生活也是一个重要的阵地。各种文化活动,会以生动、活泼、形象的方式,给学生以潜移默化的影响。因此除了课堂是育人环境的组成部分,文明宿舍、文明食堂的建设也对学生的成长有非常大的影响和作用。② 他说:"如何在改革开放的今天,在学校内创造一个良好的育人环境,使我们的青年学生能健康成长,也是一个新的课题。要建立一个科学、健康、文明的校园环境,加强美育,提高学生的文化素养,培养学生认识美、爱好美和创造美的能力;要下大力气建立一个社会主义的学风面貌,积极开展学生课外科技活动,用健康向上的活动充实学生的课外生活,占领学生的课余生活阵地"③。

(三)教学内容与课程体系改革是教学改革的核心

20世纪90年代初期,我国教学使用的教材大多仍沿用过去学习苏联时期和计划经济时代单一专业教学制定的版本,既不能反映世界科学技术发展的最新面貌,也与我国快速发展的国民经济需要极不相称。因此周远清认为,教学内容与课程体系改革是教学改革的核心④,必须根据新形势制定一套合适的教材,然后在此基础上设计出适宜的课程教学体系,这应是我国当时教学改革的重点和难点。他指出,要从人才培养模式改革的整体目标出发,规划设计新的教学内容和课程体系,开展改革实践,组织编写教材。要通过重组课程、加强不同学科之间的交叉和融合等方式,改变原有教学内容划分过细、各门课程过分强调各自的系统性、完整性的状况;要推进教学内容、教学手段的现代化进程。⑤ 他认为,教学内容和课程体系涉及高等教育人才培养的模式,决定了高校人才培养的规格,并在

---

① 周远清,陈智,孙哲.总结经验 深化改革 坚持方向 办出特色[J].清华大学研究,1992(1):1-6.

② 周远清,袁德宁.十年教学改革的回顾[J].高等工程教育研究,1991(1):5-8.

③ 周远清.坚持方向,办出特色,深化改革,提高质量[J].高等工程教育研究,1992(1):5.

④ 陈浩.跨世纪的课题:改革教育思想教育观念——国家教委副主任周远清访谈录[J].中国高等教育,1996(Z1):5.

⑤ 陈浩.人才培养:质量意识要升温——教育部副部长周远清访谈录[J].中国高等教育,1998(5):5.

很大程度上决定了人才培养的质量和水平,因而在一定意义上反映了一个国家人才培养的水平和教育思想。所以下大力气进行教学内容和课程体系的改革是抓到了教学改革的"牛鼻子",它是人才培养模式、人才培养质量和水平的一个结合点。因为人才培养的模式最后要落实到各个培养环节,而占大学学习时间最多的课堂教学,以及占学生阅读量最大的仍是教材,所以在学习时间最多阅读量最大的环节上进行改革应该说是教学改革的重点。[1] 周远清强调,在教学内容体系改革时要特别注意两点:一是要研究本门课程与人才素质培养的关系。要考虑通过这门课程要给学生培养什么素质,而不是考虑给他学什么知识。对于某一门课程来说,要根据本门课程的特点使学生在某些方面受到特有的训练和培养。二是要处理好课程内容和结构体系的关系。他认为基础课内容体系的改革非常重要,而专业课最重要的是结构体系。要根据学生的学习规律而不仅仅是工作需要来确定课程内容,体系要拓宽,重要的是培养素质,要使学生有更多更宽的知识面。[2]

(四)关于计算机辅助教学(CAI)和信息化建设的论述

在论述教学方法改革的诸多办法中,除了从思想上改变认识,探讨具体的教学方式以外,计算机辅助教学(CAI)是周远清非常重视并重点主抓的一项工作,他曾在 1994 年专门撰文《积极开展高校 CAI 研究和推广工作》并发表在《中国计算机报》上来说明在现代社会利用计算机辅助教学的重要性。在我国家庭普遍还不知计算机为何物、大学里的计算机数量也很少的年代,那是一份颇具远见和思想性的文章。在该文中,周远清指出,计算机辅助教学(CAI)是将计算机所具有的特殊功能运用于教学,通过学生与计算机的交互活动实现有效的学习,并达到教学目的的过程。计算机辅助教学的研究、开发和应用是信息社会发展的必然趋势和结果,也是信息社会发展的需要。他说,随着计算机科学的不断发展,计算机技术的开发与应用已经渗透到科学技术与社会发展的各个领域。[3] 他认为,计算机辅助教学是现代教育技术的重要组成部分。在高等学校的教学实践中充分使

① 周远清.精品课程教材建设是教学改革和教学创新的重大举措[J].中国高教研究,2003(1):12.

② 周远清.在"邮电高校教学质量研讨会"上的讲话[Z].周远清教育文存(一)[C].北京:高等教育出版社,2009:131.

③ 周远清.积极开展高校 CAI 研究和推广工作[N],中国计算机报,1994 年 2 月 15 日第七版.

用是高校教育改革的重要方面,它将有力地促进教学内容和体系的改革,大大推动教学方法的更新,并将在很大程度上改变现有的教学模式,实现学习的多元化、主体化和社会化。

另外,周远清认为,教育信息化对教育和教育的发展具有重要意义,没有教育的信息化,就不可能实现教育的现代化。教育信息化是教育现代化的重要内容,它是实现教育现代化的重要步骤。教育信息化促进了教育现代化的进程,有利于全体国民素质的提高,可以促进创新人才的培养,为素质教育、创新教育提供了环境、条件和保障。教育信息化是教育的一场重要变革,将促进教育理论的创新与发展。[①] 所以,我们要加快信息化教育基础设施建设,形成系统、完善的现代教育网络。[②] 他指出,大力推进教育信息化是缓解教育发展中诸多矛盾的有效途径,也是促进科技创新和实施科教兴国、人才强国战略的重要举措。[③] 正是因为对CAI和教育信息化的深刻认识,周远清在负责国家高等教育工作时,一直将其作为改善我国教学方法和提高教育现代化手段的重点,尽可能地支持和帮助其发展,组建了国家级的教育和科研网平台,如"中国教育科研网"和"国家文献中心"等,并积极利用CAI的最新成果推动高等教育管理和教学方法改革,如网络招生系统的运用及全国就业信息平台的建立等。

(五)基地建设、"211"工程、"985"工程和"高教强国工程"

长期以来,我国一直存在教育经费紧张的问题。为了将有限的经费合理地利用起来,保证我国高等教育的高质量,尤其是保证一些受市场原因影响经常被忽视但又对高等教育发展非常重要的基础学科能够很好地发展,国家教委开展了基地建设的实践,并在此基础上实施了"211""985"等集中力量办大事的重点工程,周远清对这些项目和工程积极支持,给予了很高评价。他指出,"211"工程和"985"工程是一个"重点建设带动其它高校发展"的工程。在跨世纪的过程中,一些国家也实施了类似工程,成为"世界性"的加快高等教育发展、做强高等教育的

---

① 周远清. 在中国教育信息化创新与发展论坛上的讲话[J]. 中国教育信息化,2008(20):1-2.

② 周远清. 知识创新与人才培养[R]. 纪念中国科协成立40周年学术报告会科学技术面向新世纪主会场特邀报告汇编[C]. 1998(9):1-3.

③ 周远清. 转变观念 推动教育信息化向纵深发展[J]. 中国教育信息化·基础教育,2009(7):1.

行动,如日本的"卓越计划",德国的"顶尖大学计划"等都在此列。"211"工程和"985"工程使中国的高等教育产生了重大的变化,大幅度地拉近了我国高等教育与世界高等教育的距离,使一部分学科更加接近甚至达到了世界先进水平,同时也稳定了队伍,促进了改革和发展,顺应潮流,走出了一条使我国高等教育做强、变强的道路。

另外,为了尽快促使我国由高等教育大国向高等教育强国转变,周远清还设想提出了"高教强国工程"。他指出,"211"工程、"985"工程是重点建设工程,是重点建设带动其他高校的发展工程,而"高教强国工程"则是一个全面的、整体的工程。具体包括:(1)强校工程;(2)质量工程;(3)研究生教育创新工程;(4)高校自主创新工程;(5)高校哲学社会科学繁荣计划;(6)中西部高校重点支持工程;(7)公共服务体系(高校信息基础设施与资源共享体系)建设工程。①

---

① 周远清,张德祥.高等教育发展战略研究[J].教育研究,2010(7):30.

第五章 中国当代高等教育现代化的实践反思

　　作为一个发展中国家,在西方人主导的世界秩序面前到底应该怎么生存,这是一个困惑了国人一百多年的历史难题。"现代化"可以说是我们不得已而为之的一种自救运动,从"器物"到"制度"再到"文化",从"中体西用"到"全盘西化"再到"中国特色",不断地反思,不断地尝试,百年中国的现代化历程是我们今后继续前进的基石和指引。在此过程中,无论是"教育救国"还是"科教兴国",教育都以其所肩负的神圣使命而承载着太多的期望。在世界现代化进程不断革新前进的过程中,教育变得日益复杂,有时甚至因为善变而让人难以捉摸。然而教育其实又很单纯,因为培养人、传承文化和知识创新一直是其永恒不变的历史使命。高等教育的现代化其实正是如此,一方面它随着世界科技和文化的发展而永无止境,另一方面千年以来所形成的高等教育传统却依然如新。我国现代高等教育虽也发展了一百多年,却同西方有本质的区别。我们是在改造自己,而西方却只需要超越自身。对我们来说,学习到西方几百年来高等教育演变过程中的永恒精髓,并将其和谐地融入我国几千年形成的文化传统中,这就是"现代化"。然而仅此一途,从"西学东渐"开始我们就已走了百年之久。当前,伴随高等教育日益成为社会中心,其现代化内涵又有了新的发展,即适应社会发展不断创新能够承载国家和人民所赋予的所有使命。因此,正像前文所析,我国的高等教育现代化,在经过了外来激发模仿的阶段之后,也必须进入到一个内部自然生长的阶段,主动地、建设性地去探索形成自己成熟的发展理念,建立适宜的制度体系,走上健康的发展道路。可喜的是,经过前人的不懈实践,这些已经初见端倪,一个有中国特色的、相对成熟的高等教育现代化发展模式正呼之欲出。

第一节　教育是现代化发展的优先选择

当前,人力资源已成为最强的国家竞争力,教育现代化也成为国家现代化的先导和基础。因此教育现代化提前实现,培养出更多现代化人才,传承民族优秀文化并创造出更多的现代化文化理应成为我国现代化建设的优先发展战略。[①]

一、现代化的主体是高素质的人

现代化绝不是一个无主体和无目的的发展过程,它的真正主体不是"社会","社会"只是人的存在方式。[②] 人是社会的主体,也是现代化的主体,一个社会的发达与否,归根结底取决于其人口素质的状态和特点。因为无论从哪个角度研究现代化,都避不开对人口素质变化的思考,而教育又是提高人口素质的最重要途径,因此教育现代化必须优先发展。

美国学者阿历克斯·英格尔斯(Alex Inkeles)一直是以人的现代化问题为核心来进行现代化研究,他专门将人的现代化问题作为社会学的开创性研究,出版了《走向现代化》[③]和《探索个人的现代化》[④]两部著作。他认为,"现代化"包括各个方面,比如民族、政体、经济、城市、学校、医院、服装、行为举止等,都有现代化的问题,而在各方面的现代化中,人的现代化是至关重要的。[⑤] "一切社会运动的思想内容之一,是关于人的特性的观念,以及对于人应该成为什么样的人的愿望……即便是在那些主要改革经济秩序和政治秩序的运动中,有关人的本质和人

---

① 马陆亭,王静修. 我国高等教育现代化的实现特征与理论建构[J]. 大学教育科学,2015(8):4.

② 张应强. 高等教育现代化的反思与建构[M]. 哈尔滨:黑龙江教育出版社,2000:166.

③ Alex Inkeless, D. H. Smith, Becoming Modern: Individual Change in Six Developing Countries[M]. Cambridge:Harvard University Press,1974:3−4.

④ Alex Inkeless. Exploring Individual Modernity[M]. New York:Columbia University Press,1983:174.

⑤ Vivien Stewart. China's Modernization Plan:What U. S. Education Leaders Can Learn[J]. Education Week. 2006(28):99.

际社会关系的思想,也总是人们考虑的中心。"①

我国学者普遍认为,人的现代化主要指"人"由传统向现代转变的过程,是社会现代化的基石和关键。② 由于教育是人类的自我完善和发展,是人以自我为改造对象,以理想的自我为目的,以现实的自我为对象的一种自我改造、自我建构、自我发展,是对自己主观精神世界进行主动改造的一种实践活动。所以实现人的现代化首先就要实现教育的现代化,教育现代化的最终目标就是人的现代化。由于教育的本体价值就在于促进人的完善与发展,因此它的最终目的就是"培养自由和具有创造性思维的人,并最大限度地挖掘每一个人的潜力"③,这也就是我们现在所说的实现人的个性的自由和全面发展。

事实上,对于教育塑造新人的论述,古今中外概莫能外。从孔子的"君子教育"到亚里士多德的"自由教育",无不以培育完美的人格为追求。现代高等教育自产生以来,也肩负起塑造"现代人"的重要责任。教育的本性实际上是人的本性在教育中的特殊反映,对于教育现代化来说也莫过于此。从这个意义上说,教育现代化就是"人通过教育追求人自身的现代化的一种过程,是人追求其价值理想和人性本质的实现过程,它最终以人的现代化作为价值旨归和衡量标准。"④

二、现代化的前提是知识、技术的现代化

最能反映知识、技术在现代社会变革中重要作用的观点,是美国学者布莱克在其《现代化的动力》一书中所提出的。他将现代化定义为,"历史形成的各种体制对迅速变化的各种功能的一个知识过程,这些功能因科学革命以来人类控制环境的知识空前激增而处于迅速变化之中"⑤。由于高等教育领域一直是人类生产知识的重要工厂,因此以该观点事实上也表达了高等教育在人类社会现代化进程中的重要作用。

---

① 罗伯特·海尔布罗纳,等,著,俞新天,等,译.现代化理论研究[M].北京:华夏出版社,1989:142.

② 王玉新.现代化·人的现代化·教育现代化[J].江苏教育学院学报(社会科学版),1998(3):6-7.

③ 联合国教科文组织国际教育发展委员会.学会生存——教育世界的今天和明天[M].北京:教育科学出版社,1996:183.

④ 张应强.高等教育现代化的反思与建构[M].哈尔滨:黑龙江教育出版社,2000:176.

⑤ [美]C·E·布莱克.现代化的动力[M].段小光译.成都:四川人民出版社,1988:7.

　　由于马克思主义者也认为,科学技术作为一种特殊生产力对历史的发展有重要的推动作用,"科学技术是第一生产力",这就对生产科学技术的最重要领域——高等教育对现代化发展的重要性给予了又一强有力支持。尽管事实上作为现代化动力的因素还有很多,比如工业革命、资本主义和全球化等,但都无可否认知识和科技在现代化进程中的突出地位。

　　先有中世纪大学,后有文艺复兴;先有文艺复兴,而后有工业革命。这些人类历史上重要事件的发生,绝非偶然或巧合,只要看一下它们发生的先后顺序,其间的因果关系便不言而喻。历史上,中世纪大学和文艺复兴都最早发生在意大利,而工业革命却最早发生在拥有当时大学翘楚——牛津和剑桥的英国。另外德国首创"现代大学",因而在现代化进程中后来居上;美国之所以成为现代世界的创新中心和科技中心,成为当今世界现代化的楷模,也与其首倡"威斯康星思想",最早改进了现代高等教育体制不无关系。这些历史事实无不表明,高等教育对现代化发展所起的作用是非常重大的。

　　大学是生产知识的工厂和传播知识的源泉。当前,由于知识生产速度的加快,文化信息的内容、结构和传播方式都发生了重大的变化,科学技术对人类社会发展所起的作用也越来越大。知识经济、知识社会已成为现代化的重要指标和未来趋势,高等教育在现代化中的作用也变得更加明显。另外,因为现代化对于发展中国家来说,主要意味着对先进国家的学习,所以任何企图建设现代化的社会,都必须优先考虑吸收并扩展现代知识和技术。正因为知识和技术对于借鉴别国经验和建设一个新社会来说是必不可少的,所以教育的现代化实际上已成为发展中国家现代化中的一个重要的影响因素。[①] 这就决定了发展中国家更需要制定教育优先发展的战略,让教育现代化走在国家现代化的前面。

三、文化的传承和创新需要大力发展教育

　　现代化是人类社会由传统向现代转化的简称,它具体表现为思想、物质、制度等方面的现代性转变。这里的变化主体是人,而人的发展无疑要取决于教育和文化。

---

　　① ［美］吉尔伯特·罗兹曼. 中国的现代化［M］. 国家社会科学基金"比较现代化"课题组译. 南京:江苏人民出版社,2010:3-5.

　　文化即"人化",是人类特有的思维意识属性及其物化表现,主要包括一定人类群体的知识体系、思想观念、思考方式、行为方式,如欲望、需求、意志和人为满足这一切所创造的物质工具、物质产品和交往手段、精神工具、精神产品等。它有四种存在形态,即人态文化、物态文化、符号文化和制度文化。这四种形态分别代表了人的知识观念、生产工具、语言文字和规章制度等。因为文化有四种形式,相对应的文化现代化也包括四个方面:物质文化(生产工具)的现代化、符号文化(知识体系)的现代化、制度文化(人际关系)的现代化和人格(人的精神)的现代化。[①] 这些文化形态的不断传承和发展反映了人类由古至今的社会变迁,当前其最显著的标志就是科学和理性不断增长的"现代化"。因此,现代化的实质也就是一种文化的创新,它具体体现在人格、物质、符号和制度等文化形态的传承和创新当中。教育是一种特殊的文化现象,本质上包含上述四种文化形态,并对其传承创新发挥着重要作用。它利用教育者自身所具有的人格文化,通过符号文化来传递物质文化和制度文化,不断培养新生代,本质是一种社会遗传机制,是对人类文化、文明的积累和积淀的统一。[②]

　　教育本是整个人类文化的有机组成部分,却因为其对文化的传递功能而具有了十分特殊的地位。它不断培养新生一代准备从事社会生活的过程,既是人类文化繁衍的重要活动,也是人类社会生产经验得以继承发扬的关键环节。[③] 教育在本质上就是一种不断地文化传递,这使其具有选择、传递和创造文化的特定功能,在人的培育与文化的传承中有着特殊重要的作用。教育可以整合、控制文化、使文化结合一体,增加文化自身的凝聚力,尤其是高等教育还具有创造文化的特定功能。它在传递和传播文化时,不可能只简单地对原有文化进行复制,其过程本身就包含着文化的创造。文化也需要教育这一载体来进行选择、传递和创造。像教育这样的社会实践是所有文化能够创新的源泉、动力和基础。在教育实践中不断出现的新情况、新问题为文化创新提供了非常丰富的资源,准备了更为充足的条件,从而也就不断地创新出新的文化。

　　总之,一个国家的现代化发展,离不开教育现代化的实现。高等教育作为教

　　① 文化和文化现代化. 新疆经济报. 2012 年 10 月 12 日. 转引自 http://news. hexun. com/2012-10-12/146701845. html[EB/OL],2015-8-15.

　　② 程少波. 教育本质研究之批判[J]. 教育理论与实践,1995(4):9-14.

　　③ Graduate Students in Colleges and Universities in Shanghai Discuss Modernization and Education[J]. Chinese Education & Society. 1990(2):56.

育的龙头,承担着培养高级专门人才、发展科学技术和促进社会文化的重大任务,必将成为现代化发展的重中之重。

第二节　建设实践的高等教育现代化发展理念

我们在分析和总结中国当代近30年的高等教育发展时发现,其最主要的特征可以用"实践"和"建设"两个词来进行概括。这里不仅突出了我们在现代化发展中的主体性与主动性,以同之前的被动改变和推崇模仿区别开来;也强调了当今我们在现代化过程中注重持续、健康发展的建设性态度。这样的定义不仅超越了我国历史上单纯的追赶式发展,也超越了对发展中国家现代化发展一般概括为"外生"或"外部激发"的概念。当然,正像前文所分析的,对于我国高等教育现代化发展的具体特征并不可能仅用"建设实践"这四个字来完全涵盖,但它们所表达的信息无疑是我国当代高等教育发展的一个最集中的概括,因此在研究的最后,我们还是决定将我国当代高等教育现代化发展的具体模式称之为"建设实践型"[①],并以此为主线将我国近30年高等教育现代化的实践和思想成果进行一个统一的概括和归纳。

一、高等教育现代化发展的属性——实践建设性

在追求世界先进的过程中,我们最早也是希望能够依靠简单地照搬、照抄就可以投入到新世界的建设当中。然而,事实却说明,一个像我们这样曾经强大且有着独特历史传统和文化的国家是不可能很简单地实现这一重要任务的。纵观百年曲折和近年来的成功,我们发现实践探索、建设总结、目标激励和问题解决是我们不断走向成功的四个法宝。

(一)实践是客观探索

"实践"是一种客观的探索,是主体对客观世界有目的性的活动,它一方面强

---

① 马陆亭,王静修. 我国高等教育现代化的实践特征与理论建构[J].大学教育科学,2015(4):4-7.

调主体在改造客观世界中的主动性,另一方面也强调主体在进行实践活动时明确的目的性。我国当代高等教育现代化是在"科教兴国"背景下,以培养现代化的人、培育现代化的文化、建设高等教育强国而实施的一项国家复兴事业。为此,我国积极改革、不断开放,主动调整原来的旧体制、旧思想使之全面适应高等教育在新阶段的发展。在此过程中,我们目标明确,行为主动,效果明显,完全符合"实践"的哲学品格。回顾我国高等教育的发展历程看,很多情况下我们都是在实践中摸索着前行,然后再将实践探索后的成功经验进行理论总结加以推广,是典型的"实践、认识、再实践、再认识"的发展路线。因此用"实践"两个字来概括我国当代的高等教育现代化发展道路比较贴切。另外,我们强调"实践"也表明一种发展态度和发展理念,它向世人宣告我国的高等教育一定要建立在客观实际的基础上,科学健康地发展;它表明我国的高等教育发展一定会同世界和国内经济社会文化的发展现实紧密地结合起来,而决不能脱离现实通过凭空臆想来建设和发展;它还表明我国高等教育的发展主要是通过自己的"实践"来总结和概括发展的道路和方式,而不是"照搬"或"照抄"什么现成模式。以上三点也是我国自20世纪90年代以来高等教育现代化取得重要进展的实质原因。总之,由于我国的高等教育发展经历在世界上没有先例,其未来发展模式也没有现成的模板可以供我们复制,因此这就更加突出了"实践"在其实际建设中的重要地位。①

(二)建设是主观追求

"建设"是一种主观追求,一般都代表着一种积极、正面、理性的意思。它与"破坏"相对,含有对之前发展的根本肯定,是在以往发展基础上的一种继承和进步,是一种历史的扬弃。一般说"建设",就意味着它是建立在以前发展的基础之上的,既不是同旧传统的完全决裂,也不是另起炉灶,更不是改天换地,它决不好高骛远,而是在继承先前文化传统的前提下,对未来的一种积极构建和创新性发展。这种发展观与我国当前和谐发展的政治经济形势相适应,不是革命性的、破坏性的,而是制度内部的量变积累推动质变的过程。用"建设"一词来总结我国高等教育的发展道路,就是想表明一种思想或理念,表明我们在发展高等教育时再也不会采取疾风骤雨式的方式,也不会再简单地进行什么制度方面的改换。我

---

① 马陆亭,王静修.我国高等教育现代化的实现特征与理论建构[J].大学教育科学,2015(8):4.

们再也不会不加思索地将某一个国家的所谓先进经验直接拿来进行模仿复制,也不会再仅凭什么突发奇想就不切实际地进行大幅度地门庭改换。强调"建设",实际上是在强调高等教育要按自身的发展规律来发展,强调要科学地发展、和谐地发展,系统地发展。强调"建设",要求我们既要有危机感紧迫感,又要能沉下心来、守住信念,增加工作的主动性,一步一个脚印地把各项工作做好。"高等教育最怕折腾",只有用建设的思维,结合创新的勇气,大胆地实践探索,我国高等教育才能更快更好、持续健康发展。回顾我国高等教育的改革发展,正是沿着这样的思路才取得了巨大的成绩。用建设性来总结我国当代高等教育现代化的发展特点,并从主观上强化这种思想,既是宝贵经验、也是时代之需。①

(三)目标激励式定位

目标是前进的方向。现代高等教育对于我们来说,本来就是一个新鲜事物,它不像世界发达国家那样是在自己文化和社会传统上的自然成长或自我发展,而是国家在内忧外患的情况下被迫开始的,其一开始就被赋予了救国、强国的重任,可以说目的性非常之强。由于传统教育的失败,我们几乎完全按国外的模式进行了重建。尽管在选择学习对象国的过程中几经变换,但总体上还是沿袭了"教育必须为国家服务"这么一个主思路来进行。因此,与西方发达国家的高等教育在发展过程中往往不会预设什么具体的发展目标不同,我们自始就有着非常明确的发展目标和强烈的发展动机,尽管这种目标和动机 主要还是来自国家的层面,但却影响了学校甚至整个高等教育的具体发展。另外,新中国成立后,社会主义国家的性质又决定了我们做什么事情都会有较强的目的性和计划性,因此同每一个经济建设计划相适应,我们的高等教育发展也一直有着明确的规划和目标,这些目标一方面体现了我们对教育的美好愿望,另一方面也反映了社会对教育的客观需求,成为我国高等教育现代化发展过程中的一个重要特征。这一点在分析我国近30多年的高等教育现代化实践时也得到了很好地印证。如周远清在教育实践中就曾根据我国高等教育实践的不同阶段提出过一些适宜的奋斗目标,并以此来凝聚人心,克服障碍,实现高等教育的迅速稳定发展。这些目标有"把一个什么样的高等教育带入21世纪""把一个什么样的高等教育带入全面建设小康社会"以

① 马陆亭,王静修.我国高等教育现代化的实现特征与理论建构[J].大学教育科学,2015(8):4.

及"建设高等教育强国"等,这些都是对我国高等教育发展目标的一些具体描述和思考,并曾经给我国高等教育现代化的发展带来很好的启示。

（四）问题解决式发展

教育是为解决社会和个人的问题而存在的,现代高等教育的发展史其实也不过是一部不断解决问题适应人类社会进步发展的历史。这一点,对于自出生就肩负着救国、兴国使命的我国高等教育来说尤甚。由于我国现代高等教育发展时间尚短,且在发展中又经历了多次曲折,因此在发展中所遇到的困难和问题也就相对较多。比如传统和现代的问题,国际化和本土化的问题,现代高等教育普遍规律同社会主义特殊国情的矛盾,这些问题至今仍困扰着我们。然而,因为肩负着强国和兴国的历史使命,所以我们的高等教育现代化建设始终处于积极的实践和建设当中。尤其是最近30多年的发展,我们更是从解决之前发展中所积累的问题开始,并从问题中反思、寻找正确的发展理念,再用以指导下一步的发展。如高校放权、招生改革、教学管理、人事聘任、后勤社会化等工作的具体开展。因此,这种以解决问题为手段的探索实践作为目标引领的重要补充,已经成为我国当代高等教育现代化发展的一个主要特征。当前,我国又到了一个发展的关键阶段,各项改革都处于深水之中,高等教育现代化也仍然面临着许多问题和挑战,这种以问题解决为突破口,通过实践来不断改正完善的发展模式也仍然特征明显。并且,因为社会是不断发展变化的,高等教育在不断现代化过程中也必然会出现许多新的挑战,因此即便是将来我国将之前所积累的问题都解决完了,高等教育也依然会继续保持这种"问题解决"式的发展形式,毕竟这已成为我们高等教育现代化实践的一种本质特征。

二、高等教育现代化发展的特征——国家主导型

在当代,我国高等教育的现代化发展更是过多地表现为一种自上而下的推动,带有一种集体性的选择特征。尽管在其发展中也不断地借鉴着世界高等教育发展的经验和教训,但因为我们的文化传统及社会主义的国家性质,再加上教育在当代社会中越来越重要的基础地位,使得国家在高等教育现代化过程中的主体性不仅不会减弱,相反还会加强。今后,我国将仍然会坚持国家在其发展建设中的主体和主导地位,只不过鉴于现代高等教育具有"自由和自治"的基本特征,因

此我们"建设实践"的发展理念也必须要尽快想办法加快社会和高校在进行高等教育现代化过程中的主动性。这一点其实已经在我国的高等教育现代化发展中取得了基本共识,探索适宜的社会更多参与高等教育发展的方式,已经成为我国高等教育现代化下一步发展的一个基本方向。

（一）国家推动的建设发展

鉴于强大的历史使命感,我国高等教育一开始就被赋予"救国、兴国、强国"之重任,"教育为社会主义现代化建设服务"这一思路从未改变。除极短暂特殊的历史时期以外,我国高等教育的发展目标和发展动力均主要出自国家层面,当代高等教育现代化发展也主要是一种自上而下的推动,是一种集体性的选择行为。尽管不乏借鉴国外经验,但就近30年的发展历程来看,我国高等教育现代化主要还是以自己的建设实践为主,是一种积极的自我探索、自我改革和自我完善。由于高等教育的公益性及其在国家发展中的巨大作用,在可以预见的未来,国家或政府推动的建设发展将依然是我国高等教育现代化发展的主要特征。当然,伴随着社会主义市场经济体制的逐渐完善,各方也在努力增强社会及学校自身在高等教育现代化过程中的主动性,理顺"政府、社会和学校"的关系,使高等学校更好地面向社会依法自主办学。[1]

（二）学校选择的办学实践

经过长期计划经济体制和行政化管理,我国高校至今仍未改变其行政附属的特点,这严重束缚了学校的发展活力,也影响到高等教育的整体发展。为此我国《高等教育法》明确规定"高等学校应当面向社会依法自主办学",《国家中长期教育改革和发展规划纲要（2010—2020 年）》也提出"促进高校办出特色"的方向,它们的目的都是希望我国高校能在发展中充分发挥主体作用而实现多元化。高等教育是一个复杂的"生态系统",不同类型、层次的高校和谐共处,并同国家和社会有机联系是其繁荣发展的前提。这既需要政府放权,也需要大学自立承担起相应的责任,增强学校办学选择的主动性和自觉性。只有各高校理性、自主选择办学模式,大胆实践探索,才能避免盲目攀比、千校一面的状况,形成和谐共处、活

---

[1] 马陆亭,王静修.我国高等教育现代化的实现特征与理论建构[J].大学教育科学, 2015(8):5.

力多彩的高等教育生态发展局面。

三、高等教育现代化发展的目标——高等教育强国

目标是我们行动和前进的指南,适时建立一个合适的发展目标能起到团结斗志、鼓舞人心的作用。因此有一个明确的奋斗目标,也一直是我国高等教育现代化发展过程中的一个显著特点。建设高等教育强国概念是周远清担任高等教育学会会长时根据我国新的高等教育发展情势所提出,首先在教育界内部取得共识,最后落实为国家政策的一项教育发展战略规划。它是在我国高等教育实现了历史性的跨越式发展,高等教育规模跃居世界第一位,成为名副其实的高等教育大国的背景下提出的,是我国高等教育自身面对新形势、新挑战的自觉选择。《国家教育中长期改革和发展规划纲要(2010—2020 年)》,已明确将建设高等教育强国作为我国高等教育现代化的具体目标。关于高等教育强国的具体内容,原国务委员陈至立曾在教育部直属高校工作咨询委员会第十八次全体会议上的讲话中有过非常明确的阐述,她将建设高等教育强国细化为六个方面:一是高等教育的布局、层次、类型和学科结构优化,高等职业教育、本科教育和研究生教育协调发展,形成各类高校相互促进、各具特色、健康发展的格局。二是高等教育质量全面提高,培养一批拔尖创新人才和大批各级各类优秀人才。三是高校拥有一批具有国际领先水平的学科带头人和具有国际竞争力的教学科研队伍,具有国际影响力和吸引力。四是相当一批重点学科达到世界一流水平,具有若干所世界一流大学和一批国际知名的高水平大学,取得一批在国际上具有重大影响的科研成果,支撑发展,引领未来。五是高等教育为社会提供一流的服务,成为科技成果转化为现实生产力的生力军,推动经济社会发展的“思想库”和“人才库”,对经济社会发展的贡献率高。六是高校具有一流的管理,依法自主办学的自主权得到切实落实,高校拥有民主、宽松、开放、和谐的良好学术环境和精神文化氛围。①

建设高等教育强国,可以说是我国进入 21 世纪以后高等教育现代化发展的总纲领。它“是走中国特色新型工业化道路,加快我国现代化建设的必然要求;是落实人才强国战略,增强我国综合国力和国际竞争力的必然要求;是增强自主创

---

① 陈至立. 教育部直属高校工作咨询委员会第十八次全体会议上的讲话[R],2007 年 12 月 22 日.

新能力,建设创新型国家的必然要求;是建设社会主义先进文化,推动文化大发展大繁荣的必然要求。"①尽管这是一个需要同政治、经济和社会、文化等协调发展的宏观性目标,但由于教育所具有的一定的独立性质,以及当今教育在国家发展中的重要性决定了其"优先发展"的地位。这个目标应该是在对世界最先进的高等教育经验借鉴吸收基础上,再结合自身传统和特色进行的一种超越和创新,它不仅应具有现代高等教育强国所必备的特征,还要展望世界高等教育的最新进展,在自身发展特点的基础上进行积极的创新实践才能最终实现世界领先的现代化目标。它的考核指标既包括目前高等教育现代化的具体成果,也包括未来高等教育现代化的预测目标。这是一个系统工程,既包括高等教育发展的规模、结构、质量、效益、公平等各个方面,也包括思想、道路、体系等不同角度,在实践中的表现则是世界一流大学建设等具体的奋斗目标。尽管目前我们已经取得一些认识,但由于高等教育实践效果的滞后性和持久性,所以对高等教育强国的研究和实践仍需有更大的时间和精力投入来进行研究,这包括静态指标和动态发展两个方面,尤其是从动态发展的角度探索其路径和思想建设方面的研究应成为今后国内研究的重点。我们可在借鉴世界先进的基础之上,加强对高等教育强国基本特征和发展规律的研究,结合自身特点加强建设性实践探索,不仅要有一流的学校,更要有一流的体系。

四、高等教育现代化发展的维度——理论、制度、道路

同社会现代化的因素主要包括思想(人)、物质(条件)和制度(保障)三个方面一样,目前我国高等教育的现代化实践和研究也主要从这几个方面着手。然而由于现代化本身还是一个动态的过程,其发展方式、发展道路的选择往往直接决定了其发展的速度和高度,因此道路研究也理应成为我们关注的重点。党的十八大报告强调要从理论、道路和制度三个层面论证我国社会主义现代化建设成就,给我国的高等教育现代化研究和发展提供了很好的借鉴。因此我们需要更注重从动态角度考察,加强"道路"研究,将"道路建设"纳入我国高等教育现代化的发展维度与研究视角,形成理论、制度和道路三个维度、三位一体的高等教育现代化发展理论体系。本研究中,无论是对现代高等教育的具体解构,还是对我国高等

---

①　蹇兴东,孙小伍. 试论我国高等教育生态环境[J]. 黑龙江高教研究,2002(2):10.

教育现代化发展的实际考察,也一直遵循这样的研究范式,这个范式也应该是我国当前现代化发展所必须要关注的三个重要方面。这里的理论主要指对高等教育发展起重要作用的思想、文化及理念等;制度除了指构建现代化高等教育的宏观(国家层面的办学体制、评估体制、招生就业体制等)及微观(现代大学制度、人事聘用、职称评定等)体制,还包括构建现代化高等教育所需要的外部(世情、国情、政治、经济等)和内部(技术、器物、人的发展等)条件;道路则主要指高等教育现代化发展的具体手段、方法及发展路径、发展动力等研究。由于思想及制度最终都会体现在道路的选择上,因此,道路在这三个维度中实际具有统摄的作用。

根据前面的分析,从理论、制度和道路三个维度对高等教育的现代化发展进行考察,不仅可以对我国过去高等教育发展进行更加完整的概括,还对推动我国高等教育现代化下一步的建设与实践有更好的指引和规划作用,非常有助于保障我国高等教育的科学健康发展。如从"理论要点"到"高教强国"再到"思想体系"的系统研究,使我们认清了高等教育发展中的许多重要规律,[1]也为我国的高等教育现代化提供了丰富的思想养分和理论准备;20世纪90年代的"五大体制改革"和当今的"现代大学制度建设"提供的则是制度方面的保障;而"规模、结构、质量、效益"协调发展方针的制定,建设"高等教育强国"目标的逐渐明朗,以及"大改革、大发展、大提高"和"国际视野、中国道路"等理论的提出,则是对我国高等教育现代化发展的道路设计。由于多年来我国在高等教育领域的建设、实践基本都可以从这三个维度去考察和总结,因此从理论、道路和制度的角度对高等教育改革和发展进行凝练总结,将是我国"建设性实践型"高等教育现代化理论体系架构的思考方向。

五、高等教育现代化发展的目的——人的现代化

人是社会实践的主体和社会发展的决定因素,其全面自由发展也是现代化发展的主体和终极目的所在。一方面对于社会而言,只有先发展出现代化的人或者说人先现代化了,社会现代化才可能真正成功;另一方面现代化的目的就是为了使人幸福,所以现代化发展的关键是"人"的现代化。关于这一点已经有许多学

---

[1] 马陆亭. 从理论要点到高教强国和思想体系的研究——20年旨在影响高等教育实践的理论探索理论要点[J]. 中国高教研究,2011(8):13-17.

者从"现代化本质"的角度给予过有力地说明。就高等教育而言,张应强曾从现代化已经进入"人的革命""人的回归"等角度,批判原来以知识为本位的教育定位,指出高等教育是"属人"的教育而不是"唯物"的教育,是"人性"的教育而不是"人力"的教育,建议高等教育现代化必须回归"人"这一主体和主题"。① 而周远清则通过多年的教育实践作如下总结:在大学的三个主要功能中,教学或者说人才培养是第一位的,是核心,是永恒的主题。他强调在高等教育现代化中思想观念的现代化是最重要的,认为高等教育对人的培养主要体现为"知识、能力、素质"三方面,其中素质教育最重要,因为其归根结底是教人"做人"。②

　　人是现代化发展的最终目的,提出将人的现代化作为我国高等教育现代化发展的关键不仅是对我国前期历史实践的归纳和总结,还由我国社会主义国家的根本属性所决定。党的十七大报告提出"科学发展观的核心是以人为本,要始终把实现好、维护好、发展好最广大人民的根本利益作为党和国家一切工作的出发点和落脚点,尊重人民主体地位,发挥人民首创精神,保障人民各项权益,走共同富裕道路,促进人的全面发展,做到发展为了人民、发展依靠人民、发展成果由人民共享。"③这个论断是对我国现代化发展的全面指导,当然也包括高等教育现代化。其实"以人为本"一直是历史唯物主义的一项基本原则,是马克思主义最本质的内涵,也是我们社会主义国家的最高追求。因此,"为人民服务"也必然是我国高等教育现代化发展的根本宗旨,我们不仅应牢固树立"以人为本"的坚定信念,还要把"依靠人"作为发展的根本前提,把"提高人"作为发展的根本途径,把"尊重人"作为发展的根本准则,把"为了人"作为发展的根本目的,始终把"人"作为发展的出发点和落脚点,把对"人"教育的好坏作为衡量我国高等教育现代化发展成功与否的唯一标准。这样,我国的高等教育在现代化过程中必须要非常注意其公益性和公平性,要以惠及最广大人民的根本利益为宗旨,不断发展教育机会的均等化,保证人民享有平等的受教育机会,以教育公平促进社会公平。

---

① 张应强.高等教育现代化的反思与建构[M].哈尔滨:黑龙江教育出版社,2000:7.

② 陈浩.人才培养:质量意识要升温——教育部副部长周远清访谈录[J].中国高等教育,1998(5):5.

③ 胡锦涛.中国共产党第十七次全国代表大会报告[R],2007年9月.

六、高等教育现代化发展的本质——文化的现代化

文化是人们在探索和改造世界过程中形成的一切精神成果和物质成果。教育是人们在社会实践中为传承和创新文化而逐渐发展出来的一种社会自我繁殖形式。教育和文化从其源头上来说,是同根同生的。有什么样的文化才会有什么样的教育,文化对教育的特性起着根本的决定性作用。我们不可能脱离了一定的文化来谈论教育的发生和发展,而教育的最终成果也必将以文化的性质被保存下来。这一点对于高等教育来说,表现得更为明显,因为现代高等教育究其根源上来说,其实就是一种文化的产物,而它在发展过程里又不断地履行着传承文化和发展文化的使命。就这一点来说,教育有什么特点,如何发展以及最终将发展成什么样? 这些问题都与国家的文化环境有着重要关联,事实上我国多年的教育发展经历也完全证明了这一点。当今世界的现代化进程已经进入了一个全新的时代,即以工业为主发展经济的现代化既有物质方面的丰硕成果,也有精神层面的全面解放,而这些都最终会以文化的形式内化于社会之中。高等教育由于其本质特点,不仅在注重精神追求的新一轮现代化时代中将肩负更为重要的使命,其在物质文明的建设方面也开始越来越重要的作用。

我国高等教育的现代化实践,一直以吸收各国成功的教育经验、学习各国之长为发展要义,但是我们也没有忘记结合中国自己的国情,探索自己的发展道路。纵观世界各国的高等教育,都有自己的特点,美国、法国、德国、日本的高等教育都不尽相同,都有自己的特色。教育从历史的长河来看是一种文化的传承、实践,也可以说教育具有传承文化、实践文化、创造文化的功能。失去了文化,教育就失去了根基。教育植根于一个国家的文化之中,带有强烈的文化属性。教育内容、过程、制度都离不开一个国家文化的传统,它的民族性也在于此。一个大学的制度、传统是与一个国家的文化相适应的,高等教育具有文化属性。这也是建设中国特色高等教育的理论根据①。另外,作为传递和创新文化的手段,现代高等教育是一种特殊的文化现象,它自产生以来就一直对世界文化的发展产生着重要的影响。由于知识社会的特殊性,当前高等教育的重要作用不仅体现在对发展物质文

---

① 周远清. 素质·素质教育·文化素质教育——关于高等教育思想观念改革的再思考[J]. 中国大学教学,2000(3):4-6.

明的贡献上,也体现在对现代化的精神追求中。我国作为一个文化大国,高等教育同文化休戚与共,不仅其现代化必须建立在我国文化传统的土壤当中,打上我国文化烙印,而且其发展也必将推动我国文化的繁荣。高等教育既有助于民族文化走向世界,也吸取世界文明的养分,提高自己文化的先进性。十八大报告在讲到建设文化强国时,特别强调必须走中国特色社会主义文化发展道路,在建设高等教育强国时也要强调走中国特色的社会主义发展道路,因此我国建设实践型的高等教育现代化体系的归属或本质属性自当是文化的现代化。

七、高等教育现代化发展的方式——和谐平衡发展

现代高等教育在很长的一段历史时期里是"自治"的,它同外部环境保持着一种互不干涉的中立立场。现代民族国家产生后,大学走出象牙塔,开始同国家的命运联系在一起。在近千年的发展中,大学能保持长盛不衰的秘诀是其通过"学术自治""学术中立"等特点,和谐地处理了同外界社会、政府和教会的关系。大学在其内部的发展中,也通过"依法治校""学术自由""教授治校"等特征保持了校长、教师和学生之间的关系融洽。大学在追求真理的时候是执著的,但是其在处理内外的关系时却是温和的,和谐发展是其最根本的制胜之道。回顾我国最近 30 年的高等教育发展,可以很明显地感受到学校动荡给高等教育发展造成的劫难(如 20 世纪 80 年代),也可以清楚地体会出学校和谐给高等教育发展带来的良机(如 20 世纪 90 年代至今),因此建设实践型的高等教育发展理念认为,高等教育现代化发展的根本方式应该是和谐,只有"和谐"高等教育才能得到真正的发展。这一点对于我国来说,目前主要体现在如何和谐地处理好宏观层面"国家同高校"的关系、学校内部"校长同教授"和"教师同学生"的关系。因此处理好这三对关系的平衡性将是关系到我国高等教育能否顺利发展的关键所在。

在我国当代的高等教育现代化发展中,关于这方面的实践和思考其实还是有很多的。例如,我们一直提倡加强国家在高等教育方面的法制建设,其目的就是要从法律的角度来理顺政府和学校的关系。在 20 世纪末的高等教育改革中,理顺国家、社会和学校三者之间的关系一直是改革的主要方向,1998 年颁布的《高等教育法》有相当多的条款都是在规范这三者之间的关系,并将"国家宏观管理、社会积极参与和高校自主办学"作为处理国家与高校和谐发展的良方。后来,国家又提出建立现代大学制度,鼓励各个高校制定章程,也都是为了从高等学校内

部以立法的形式来做好学术、行政和政治之间,以及管理者、教师和学生之间的平衡和协调。另外,我们从 20 世纪 90 年代起就一直提倡和坚持的"规模、结构、质量、效益协调发展"也是对我国高等教育现代化应保持平衡发展理论的一个最好证明。以上这些高等教育的具体实践,其实都反映了我国高等教育在发展中如何处理其内外关系,保持平衡和谐发展的思想,也比较清晰地构建和勾勒出一幅我国高等教育内外平衡的系统发展图。在这个高等教育生态系统中,只有当每一方的权利和义务达到一个合适的度,高等教育的发展才能达到和谐共赢。当然这种平衡所要求的每一方的权利和义务必须是对等的,比如在要求扩大大学自主权的时候,除了国家放权以外,大学也必须要有自主发展的能力,同样我们的教师、学生在要求和争取自己权利的同时也必须考虑到自己应该履行的义务和提高自己实施权利的能力。因为任何平衡都应该是权力和义务的双平衡,所以高等教育领域里的和谐和平衡发展一定要注意从这两方面入手,只有将国际、国内、政府、高校、校长、教授、教师和学生等各个主体所能享受的权利和所应承担的义务都平衡了,高等教育系统才能得到和谐发展。这一点也理应是我国建设实践型高等教育发展体系中非常重要的一个思想。

八、高等教育现代化发展的归宿——新型高等教育生态系统

高等教育是一项复杂的系统工程,是一项塑造灵魂的工作,本应充满着人性的光辉。但不幸的是,在当前高等教育的现代化发展中,其工业化、指标化的倾向越来越严重,这其实是对高等教育本质的极大误解。高等教育是育人的工作,决不能简单地运用工业化生产的模式来对其进行流水线似的加工改造,也不能简单通过一些量化的指标来对其进行价值评价,它对一个国家最主要的贡献应该是精神层次的、文化层次的,而不仅是对经济发展的推动。因此当前那种仅以发达国家高等教育的物质繁荣为标准,而忽略其人性化和综合发展的一面,从而只注重从物的方面来进行现代化建设的思想其实是对高等教育现代化发展的重大误解,也是我国建设实践型的高等教育在现代化发展中所必须极力要排斥的。事实上,高等教育是一种"生态系统",和谐而不是相互排斥才是其本质的文化属性。这一点,周远清在其 2013 年发表的《生态文明:高等教育思想体系重要内容》一文中曾给予过比较深刻地论述。他认为,我们应该加强对生态文明的认识和研究,用生态文明的思想来重新审视高等教育的发展,将生态文明作为高等教育明天发展

的目标。他倡导用生态文明观去指导学科的发展,强调多学科的交叉和相互渗透的课程体系的建立。他强调了教育的有机统一性,强调从人与自然,人与地球和谐相处的角度,即从生态文明的角度建设高等教育的价值观、伦理观、道德观,他认为这是我们高等教育的责任所在,是中国特色高等教育思想体系的重要内容。[①]

对高等教育是一种有机生态系统的认识,是我国高等教育现代化研究的一个新认识,也是我国高等教育现代化实践的一个新突破。我国曾经大力推动的高等教育区域均衡化以及多层次、多格局的发展部署,在高校内部推动的学科综合化、交叉化发展,以及当前我国提倡的高等教育多元化发展战略等,都可以被视作是对高等教育生态平衡的一种积极构建。而对于这方面的研究,国内已经有许多学者进行过多种论述,本文也在前面做了些许尝试,但将其从我国高等教育现代化发展的角度,并将其作为我国高等教育现代化发展最终归宿的角度进行研究,却仍需要更多后续的工作来进行充分地论证,也希望能有更多的学者来关注这一研究,并最终使其完善起来。

以上,对我国高等教育现代化发展道路——建设实践型高等教育发展体系的设想,是在对我国 20 世纪 90 年代以来高等教育现代化的实践历程和思想支撑进行具体总结和反复梳理的基础上有感而来的,周远清教育文本是其产生的直接源泉和基础。这里只是挑选其中比较突出的一些特征给以重点说明,更详细的论述在前面已经给出过具体的阐明,在此不再累述。

---

① 周远清. 生态文明:高等教育思想体系重要内容[N]. 中国教育报,2013 年 10 月 28 日第 5 版.

结束语

  本书通过运用政策文本分析法、扎根理论的分析法和个人叙述相结合完成对人物的尽可能真实把握，用历史唯物论的观点和现代化的视角对现实人物进行剖析，运用后现代解构和解释主义的原则对人物进行新视角的概括和建构的研究方法，既还原了一段历史，又突出了典型人物对历史发展的具体贡献。

  研究通过对典型人物周远清的高等教育实践和思考的梳理，总结概括了我国高等教育现代化最近30年的发展思路、发展理念、发展方式、发展目标、发展本质以及最终发展目标和发展归宿，探索和设计了我国高等教育未来发展的具体模式，提出了文化的现代化才是高等教育现代化发展本质的新观点，并从建设实践的理念出发构建了一个比较完整的高等教育现代化发展体系。在研究中，所有思想方面的创新和突破均得益于对我国高等教育现有实践的深度解剖，更直接受益于我国高等教育发展实践中典型人物的思考和探索。这种研究范式不仅完全符合"实践、认识、再实践、再认识"的辩证唯物主义认识观，还从后现代主义对文本和话语的深入解构可以得出对世界本身的新的认识的研究方法中吸取了很多养分。为了证明研究人物的典型性，本书借鉴了政策文本分析法的研究范式，通过对现代高等教育的深度解构，总结出高等教育现代化的基本特征，并通过将这些特征同研究对象在实践和思考中留下的文本资料进行仔细对比，说明了选取对象的典型意义。研究中，为了突出典型人物的实际贡献，还对我国高等教育现代化发展的历史进行了简单回顾，并对我国当代高等教育现代化建构的背景，尤其是典型人物在实践和思考时的历史前提进行了必要的分析，所有这些都是希望能够完全回归到历史人物在具体实践时的真实场景，从而证明其实践和思考的重要价值。本研究全面总结了典型人物的具体实践及其影响，并通过扎根理论的研究范式对其思想进行了重新建构和完整的还原。通过对这些材料的深入剖析，发现了一直伴随在我国高等教育现代化实践中的一些秘密，从而最后在理论上给予了一定的总结。研究过程既是对我国高等教育曾经实践历史的客观总结,完成了一定的历史材料归整任务,也通过运用不同的研究方法得到一些客观认识,尤其是对历史人物确定的方法和按一定理论框架进行具体分析的思路也许会具有一些新颖性。

有学者指出,我国当前并不缺少对世界各种先进思想的介绍和研究,反而对自己所走过道路的经验教训却很少有人下大力气去剖析。本书正好从这一角度立意,通过对我国当代高等教育发展中典型人物实践及其背后的思想挖掘,以一个点(选定人物)带动一条线(选定人物在特定时期的历史实践),并最后覆盖我国高等教育现代化发展的几个维度(理论、制度、道路等),论述和构建出我国高等教育的当代发展历程和未来发展之路。"前事不忘,后事之师",本研究通过回顾和总结曾经走过的道路,可以更好地厘清前进的方向,让我们更加理性和坚定地走向未来。这种通过深入剖析一个典型人物而对全局性的发展提出结论和建议、"窥一斑而见全豹"的研究思路是否成立,其最终的研究结论究竟有无价值都还需要接受进一步的检验。需要指出的是,这种通过借助对一个历史人物的深入剖析,来表现曾经的历史和构建未来发展脉络的思路,在我国当代的高等教育研究中似乎并不多见。现有对高等教育实践人物的研究一般均集中在对其实践脉络和具体思想的反映,而鲜有在研究基础上提出或构建一个理论体系或发展框架的举动。本书在总结分析我国自 20 世纪 90 年代以来高等教育现代化的探索实践的同时,全面回顾了我国高等教育发展的这个重要历史阶段,通过重点梳理选定典型人物的实践及思考,提出并构建了一条适合于我国自己的高等教育现代化发展之路。这条道路植根于我国传统文化和现实制度的深厚土壤,既是对我国曾经的高等教育实践的总结,也提出了今后可能的发展路径,这是一条具有典型中国特色的建设实践型的发展道路。历史证明,任何一个大国的成长都没有固定模式,我们自己的道路也只有用自己的方式才能走得最稳。因此,研究虽然用大量篇幅来总结和分析选定人物的实践和思想,但却始终围绕建构我国当代高等教育发展理论这条主线,并最终提出了自己的设想,也总结分析了这条道路的一些具体特征。但由于选定研究对象仍显单一,研究者本人眼界及理论水平受限,本书对我国高等教育现代化的理论思考、制度构建和道路选择等论述都显得很浅薄,所提出的一些主要观点也仍然需要进一步仔细推敲。为此研究者决定在今后的研究中,集中精力提高一下自己的基础理论水平,并结合我国更多高等教育优秀实践者的工作和思考,去检验文中所提观点的正确程度,并在对我国高等教育发展的具体考察和对世界高等教育发展的具体借鉴中,进一步完善文中所构思的我国高等教育现代化发展理论。

由于研究者的水平所限,无论是对高等教育基础理论知识的掌握,还是对历史研究、人物研究方法的技能方面都存在很大的差距,因此,本书一直坚持从实际出发,尽管也采用了一些如政策文本分析和扎根理论的建构方法来增加研究的科学性,但还是试图通过对客观历史的真实还原来达到证明其观点的目的。因为研究者和被研究者本身都一直身处于我国高等教育现代化实践的洪流中,对许多高等教育的具体现象尽管可能不会从多么高深的理论中给予提炼和总结,但却因身处其中,感同身受,尤其对高等教育现代化发展中的一些具体问题或多或少会有一些切肤的体验,因而便总会有一些具体的思考。这些思考因多半是伴随着实践中遇到的问题而来,因此将其总结出来,也许能对今后实践中遇到类似的问题给出一些借鉴。也正因为对这个信念的坚持,笔者才坚定了这种完全从"实践"的角度出发,用"建设"的态度来研究问题的方法,并斗胆以不屑之力通过"我国当代高等教育现代化建构"这样一个宏大的题目,去对一段历史、一个人物展开一点儿研究。尽管研究的结果可能不尽如人意,但研究者的态度却是非常诚恳的,也诚心想对我国的高等教育重要实践人物研究做出一些探索,因此本书中诸多不到之处还请明鉴者海涵。

参考文献

一、中文书目

[1] 陈向明．质的研究方法与社会科学研究[M]．北京:教育科学出版社,2001.

[2] 褚宏启．教育现代化的路径[M]．北京:教育科学出版社,2002.

[3] 顾明远,薛理银．比较教育导论[M]．北京:人民教育版社,1996.

[4] 李钢,蓝石．公共政策内容分析方法:理论与应用[M]．重庆:重庆大学出版社,2007.

[5] 李剑鸣．历史学家的修养和技艺[M]．上海:三联书店,2007.

[6] 罗荣渠．现代化新论——世界与中国的现代化进程[M]．北京:商务印书馆,2009.

[7] 杨国枢．现代化的心理适应[M]．台北:巨流图书公司,1978.

[8] 袁方．社会研究方法教程[M]．北京:北京大学出版社,1997.

[9] 张平海．现代化视野下的中国教育(1862—1922)[M]．昆明:云南大学出版社,2006.

[10] 张汝伦．现代西方哲学十五讲[M]．北京:北京大学出版社,2004.

[11] 周远清．周远清教育文集(三)[C]．北京:高等教育出版社,2007.

[12] 周远清．周远清教育文集(四)[C]．北京:高等教育出版社,2013.

[13] 周远清．周远清教育文存(1—4)[C]．北京:高等教育出版社,2009.

[14] 中国社会科学院语言研究所词典编辑室．现代汉语词典[Z],北京:商务印书馆,2001.

[15] 马克思,恩格斯．共产党宣言[A].//中央编译局．马克思恩格斯选集(第一卷)[M]．北京:人民出版社,1997.

二、中文译著

[1] [德]马克斯·韦伯. 世界经济通史[M]. 姚曾广,译. 上海:译文出版社,1981.

[2] 联合国教科文组织国际教育发展委员会. 学会生存——教育世界的今天和明天[M]. 华东师范大学比较教育研究所,译. 北京:教育科学出版社,1996.

[3] [美]海尔布,罗纳,著. 现代化理论研究[M]. 俞新天,等,译. 北京:华夏出版社,1989.

[4] [美]罗斯诺,著. 后现代主义与社会科学[M]. 张国清,译. 上海:译文出版社,1998.

[5] [美]布莱克,著. 现代化的动力[M]. 段小光,译. 成都:四川人民出版社,1988.

[6] [美]诺斯,著. 经济史中的结构与变迁[M]. 陈郁,罗华平,译. 上海:三联书店,1990.

[7] [美]罗兹曼,编. 中国的现代化[M]. 国家社会科学基金"比较现代化"课题组,译. 南京:江苏人民出版社,2010.

[8] [美]那格尔,著. 政策研究百科全书[M]. 林明,等,译. 北京:科学技术文献出版社,1990.

[9] [美]英克尔斯,史密斯,著. 从传统人到现代人:六个发展中国家中的个人变化[M]. 顾昕,译. 北京:中国人民大学出版社,1992.

[10] [英]费尔克拉夫,著. 话语与社会变迁[M]. 殷晓蓉,译. 北京:华夏出版社,2003.

[11] [英]波特,韦斯雷尔,著. 话语和社会心理学:超载态度与行为[M]]. 肖文明,等,译. 北京:中国人民大学出版社. 2006.

三、中文期刊文章

[1] 蔡雨沁. 高等教育现代化的本体价值论[J]. 苏州大学学报(哲学社会科学版),2009(1):122.

[2] 陈浩. 跨世纪的课题:改革教育思想教育观念——国家教委副主任周远清访谈录[J]. 中国高等教育,1996(Z1):4-8.

[3] 陈浩. 把什么样的高等教育带入21世纪? ——国家教委副主任周远清

访谈[J].中国高等教育,1996(1):4-9.

[4] 陈浩.人才培养:质量意识要升温——教育部副部长周远清访谈录[J].中国高等教育,1998(5):2-7.

[5] 陈劭锋,牛文元,杨多贵.现代化指标体系的设计与测度[J].中国科技论坛,2001(6):54.

[6] 程少波.教育本质研究之批判[J].教育理论与实践,1995(4):9-14.

[7] 段作章.我国教育现代化的价值取向和推进方略[J].吉林教育科学,1998(5):26-28.

[8] 顾明远.关于教育现代化的几个问题[J].中国教育学刊,1997(3):10-15.

[9] 何杰.高等教育现代化的内涵及其价值取向[J].淮阴师范学院学报(哲学社会科学版),2005(5).

[10] 历小军等.文本倾向性分析综述[J].浙江大学学报(工学版),2011(7):1167-1172.

[11] 刘克辉.论历史人物的个人责任问题[J].史学月刊,1994(2):106-111.

[12] 马海泉,吕东伟.加速构建中国特色高等教育理论体系——访中国高等教育学会会长周远清[J].中国高等教育,2006(9):8-10.

[13] 马陆亭,王静修.我国高等教育现代化的实践特征与理论建构[J].大学教育科学,2015(4):4-7.

[14] 马陆亭.从理论要点到高教强国和思想体系的研究——20年旨在影响高等教育实践的理论探索理论要点[J].中国高教研究,2011(8):13-17.

[15] 马陆亭.高等教育跨世纪改革为新世纪发展留下的思想财富[J].高校教育管理,2013(5):1-7.

[16] 思华.建设高等教育强国——教育部副部长周远清访谈[J].中国高等教育,1999(17):2-5.

[17] 涂端午.教育政策文本分析及其应用[J].复旦教育论坛,2009(5):22-27.

[18] 孙纬君,陈浩.突出教学主旋律 推动质量上台阶——国家教委高教司周远清司长访谈录[J].中国高等教育,1993(7,8):5-7.

[19] 王静修,马陆亭.给教学工作予永恒的支持——学习周远清教育思想

的体会[J].中国高教研究,2012(12):13.

[20] 王玉新.现代化·人的现代化·教育现代化[J].江苏教育学院学报(社会科学版),1998(3):6-7.

[21] 王占军.深化高校教学改革,提高高等教育质量——访教育部原副部长、中国高等教育学会会长周远清[J].大学·学术版,2009(11):5-9.

[22] 邬志辉.教育现代化的实质及其启动点的选择[J].教育评论,1998(3):8-10.

[23] 许光伟.生产要素社会规定性:一个批判性建构分析[J].学海,2012(2):7.

[24] 赵同森,侯菊英.试论教育现代化的内涵及其对教育的客观要求[J].河南社会科学,1998(2):106-109.

[25] 郑金洲.教育现代化与教育本土化[J].华东师范大学学报(教育科学版),1997(3):1-11.

[26] 周光礼,吴越.我国高校专业设置政策六十年回顾与反思——基于历史制度主义的分析[J].高等工程教育研究,2009(05):64.

[27] 周远清.把高等教育科学研究做强[J].中国高教研究,2008(3):1-3.

[28] 周远清.从改革、做大到改革、做强——再论把一个什么样的高等教育带入全面小康社会[J].中国高等教育,2009(21):12-14.

[29] 周远清.大力推进教师教育工作的改革——在教师教育论坛上的讲话[J].中国高教研究,2004(6):1-3.

[30] 周远清.大改革、大发展、大提高——中国高等教育30年的回顾与展望[J].中国高教研究,2008(1):1-3.

[31] 周远清.对高等教育两个理念的再认识——在宁波"大学校长与企业家论坛"高峰会上的讲话[J].高等工程教育研究,2007(6):1-2.

[32] 周远清.21世纪是教育的世纪[J].中国高等教育,1997(9):4-5.

[33] 周远清.高等教育改革发展的强音:建设高等教育强国[J].中国高等教育,2008(3,4):27-28.

[34] 周远清.高等教育改革与发展形势[J].临沂大学学报,2011(2):6-12.

[35] 周远清.高等教育要尽快进入以提高质量为中心的新的发展阶段[J].中国大学教学,2005(7):4-5.

[36] 周远清. 高等教育应在教师教育中担负更大的责任[J]. 中国高等教育,2004(Z3):22-23.

[37] 周远清. 弘扬中华文化是我国大学的历史使命[J]. 高等教育研究,2008(4):1-3.

[38] 周远清. 积极推进以提高文化素养为核心的大学教师的继续教育[J]. 中国大学教学,2003(6):5-26.

[39] 周远清. 加快建设中国特色高等教育思想体系[J]. 高等理科教育,2011(1):1-5.

[40] 周远清. 加强教育科学研究 积极推进教育创新[J]. 北京大学教育评论,2003(1):3-5.

[41] 周远清. 加强教育科学研究促进高等教育创新建设高等教育强国——在庆祝中国高等教育学会成立20周年大会暨2003年高等教育国际论坛上的讲话[J]. 中国高教研究 2003(10):6-9.

[42] 周远清. 加强文化素质教育 提高高等教育质量[J]. 教学与教材研究,1996(1):4-7.

[43] 周远清. 坚持为"三农"服务的办学方向 加快高等农林教育的改革和发展[J]. 中国高等教育,1997(2):5-9.

[44] 周远清. 坚持方向,办出特色,深化改革,提高质量[J]. 高等工程教育研究,1992(1):5-10.

[45] 周远清. 建立符合中国国情的评估体系[J]. 中国大学教学,2004(7):4-5.

[46] 周远清. 建立具有中国特色大高等教育评价体系[J]. 评价与管理,2004(4):3.

[47] 周远清. 建设高等教育强国是历史发展的必然[J]. 中国高教研究,2009(11):3-5.

[48] 周远清. 建设高等教育强国——开创高等教育新世纪[J]. 北京高等教育,1999(11):3-5.

[49] 周远清. 建设一支高水平的教育科研队伍[J]. 中国高教研究,2012(2):1-2.

[50] 周远清. 精品课程教材建设是教学改革和教学创新的重大举措[J]. 中国高教研究,2003(1):12.

[51] 周远清.开放是前提 改革是关键——30 年中国高等教育改革开放的经验[J].中国高教研究,2008(11):1-2.

[52] 周远清.开展一次教学方法的大改革——在"首届中国大学教学论坛"上的讲话[J].中国大学教学,2009(1):4-13.

[53] 周远清.落实科学发展观 提升高等教育发展理念[J].中国高等教育,2004(13、14):3-4.

[54] 周远清.念好四本"经"——学习贯彻"全面提高高等教育质量工作会议"精神随想[J].中国高教研究,2012(5):1.

[55] 周远清.确保教学改革的核心地位[J].教学改革与研究,1994(1):3-6.

[56] 周远清.提高我国教育国际化水平[J].中国高教研究,2010(5):1.

[57] 周远清.提升教育科学研究的国际化水平 为建设高等教育强国贡献力量[J].中国高教研究,2012(9):4-7.

[58] 周远清.文化的教育 教育的文化[J].中国高教研究,2012(10):1-3.

[59] 周远清.我国高等教育改革与发展的回顾与展望[J].高等教育研究,2001(1):1-8.

[60] 周远清.我任会长 12 年[J].中国高教研究,2015(12):2.

[61] 周远清.学习弘扬屈伯川教育思想 推动高等教育改革与发展[J].中国高教研究,2009(12):1-3.

[62] 周远清.以科学发展观为指导 推进高等教育的协调发展[J].中国高教研究,2005(12):1-2.

[63] 周远清.在中国高等教育学会创新创业教育分会成立大会上的讲话[J].创业创新教育,2010(1):1-3.

[64] 周远清.在中国教育信息化创新与发展论坛上的讲话[J].中国教育信息化,2008(20):1-2.

[65] 周远清.真正把教学改革放在核心位置上[J].教学与教材研究,1997(2):6-9.

[66] 周远清.转变观念 积极探索 发展高等职业教育[J].中国职业技术教育,1996(6):3-4.

[67] 周远清.转变观念 推动教育信息化向纵深发展[J].中国教育信息化·基础教育,2009(7):1.

[68] 周远清,陈智,孙哲. 总结经验 深化改革 坚持方向 办出特色[J].清华大学研究,1992(1):1-6.

[69] 周远清,袁德宁. 十年教学改革的回顾[J].高等工程教育研究,1991(1):5-8.

[70] 周远清,张德祥. 高等教育发展战略研究[J].教育研究,2010(7):26-30.

四、中文报刊文章

[1] 李铁映. 社会主义现代化建设的奠基工程:认真学习、宣传和实施《中国教育改革和发展纲要》[N].人民日报,1993-03-03(3).

[2] 汪瑞林. 何传启访谈:中国现代化教育要先行[N].中国教育报,2013-03-05(3).

[3] 张其瑶. 潘希. 现代化科学是民族复兴基础[N].科学时报,2011-01-18(A1).

[4] 周远清. 积极开展高校 CAI 研究和推广工作[N].中国计算机报,1994-02-15(7).

[5] 周远清. 建设中国特色的社会主义高等教育[N].中国教育报,2013-09-30(5).

[6] 周远清. 生态文明:高等教育思想体系重要内容[N].中国教育报,2013-10-28(5).

五、中文学位论文

[1] 黄容霞. 全球化时代的大学变革(1980—2010 年——组织转型的制度根源[D].武汉:华中科技大学教育科学研究院,2012.

六、中文报告

[1] 习近平. 决胜全面建成小康社会 夺取新时代中国特色社会主义伟大胜利[R].中国共产党第十九次全国代表大会,2017.

[2] 胡锦涛. 高举中国特色社会主义伟大旗帜 为全面建成小康社会而奋斗[R].中国共产党第十八次全国代表大会,2012.

[3] 胡锦涛. 高举中国特色社会主义伟大旗帜 为夺取全面建设小康社会新

胜利而奋斗[R].中国共产党第十七次全国代表大会,2007.

[4]江泽民.全面建设小康社会 开创中国特色社会主义事业新局面[R].中国共产党第十六次全国代表大会,2002.

[5]陈至立.加快从高等教育大国向高等教育强国迈进[R].教育部直属高校工作咨询委员会第十八次全体会议,2007.

七、网络资料

[1] http://baike. baidu. com/view/11821847. htm[EB/OL]. 2016-03-25.

[2] http://baike. baidu. com/link? url = IlaWAgSqF2 _ g8YV4li24NPGhI9SKv-wRZoTgLPRrcD8Dz62-hLs5PkKTTkyUyrh72JIH8Qei65l6XJl0vuokB[EB/OL]. 2015-05-02.

[3] https://wikipedia. tk. gugeeseo. com/wiki/高 等 教 育[DB/OL]. 2019-06-10.

[4]何传启.中国复兴之路需全面实现"六个现代化"[A/OL].中国新闻网[2013-02-03]. http://www. chinanews. com/gn/2013/02-03/4543709. shtml[EB/OL].

[5]冯俊.从现代主义向后现代主义的哲学转向[J/OL],光明网[2014-03-23]. http://news. sina. com. cn/c/2004-01-02/12341488219s. shtml.

八、外文资料

[1] STEVENS,FRED C J,GOULBOUME. Globalization and the modernization of medical education. [J]. Medical Teacher,2012(10):55.

[2] ZASYPKIN V P. The Modernization of Higher Pedagogical Education in a Region. [J]. Russian Education and Society,2011(9):63.

[3] HAYHOE,RUTH. Education and modernization[M]. 1992:78.

[4] DANILIUK A I. Principles of the Modernization of Pedagogical Education [J]. Russian Education and Society,2011(11):78.

[5] KRISTEVA J W. Dialogue and Novel[M]. New York:Columbia University Press,1986:39.

[6] ROBERT P W. Basic Content Analysis. Beverly Hills:Sage Publications, 1985:19-21.

[7] INKELESS, SMITH D H. Becoming Modern: Individual Change in Six Developing Countries[M]. Cambridge: Harvard University Press, 1974: 3-4.

[8] INKELESS. Exploring Individual Modernity [M]. New York: Columbia University Press, 1983: 174.

[9] STEWART. China's Modernization Plan: What U. S. Education Leaders Can Learn[J]. Education Week, 2006(28): 99.

[10] LAWRENCE J S. International Encyclopedia of the Sociology of Education [J]. Oxford, UK; New York: Pergamon, 1997: 54.

[11] PESRDALL. The new Oxford Dictionary of English[Z]. Oxford: Clarendon Press, 1998: 1918.

附录一　周远清教育文本目录清单

1. 清华大学教学改革的理论与实践——清华大学周远清副教务长在商业高教学会成立大会上的发言　1985.7

2. 提高学生外语水平更好地适应社会需要——在外语教学工作会议上的讲话　1988.12.8

3. 加强教学基本建设 全面提高学生素质　1989.7

4. 为建设高水平的课程而努力——在数学教学工作会议总结会上的讲话　1989.10.31

5. 在课程建设工作经验交流会议上的讲话　1990.4.17

6. 在夏季学期实践教学工作交流、讨论会议上副校长周远清同志的讲话　1990.10.9

7. 十年教学改革的回顾　1991.1.25

8. 坚持方向,办出特色,深化改革,提高质量　1991.11

9. 总结经验 深化改革 坚持方向 办出特色　1992.1

10. 改革·建设·管理——谈新形势下教学工作的思路　1992.4.13

11. 筹备第四次全国高教工作会议的思考　1992.8

12. 高等教育改革和发展的思路　1992.11

13. 深刻领会真抓实干精心实施——国家教委高教司周远清司长谈如何贯彻高教会精神推进高教改革　1993.1

14. 关于当前高等教育改革和发展的一些问题　1993.3.5

15. 研究具有中国特色社会主义高等教育理论,指导高等教育的深化改革　1993.8

16. 突出教学主旋律 推动质量上台阶——国家教委高教司周远清司长访谈录　1993.8

17. 在"邮电高校教学质量研讨会"上的讲话　1993. 10. 29

18. 抓住"关键"和"核心"进一步深化高等教育改革　1994. 1

19. 确保教学改革的核心地位　1994. 1

20. 积极开展高校 CAI 研究和推广工作　1994. 2. 15

21. 全面推进高教的改革和发展——访国家教委高教司司长周远清　1994. 2. 22

22. 在全国高等学校优秀教务处表彰会上的讲话　1994. 4. 12

23. 在全国高等学校理科培养应用性人才经验交流会上的讲话　1994. 5

24. 高等教育办学、管理体制改革的思考　1994. 9

25. 高等教育体制改革的基本思路　1994. 10

26. 关于高等教育体制改革的思考　1994. 11

27. 加强计算机基础教育 促进高校教育质量的提高　1994. 12

28. 在全国高等农林专科课程建设委员会成立暨第一次全体会议上的讲话　1994. 12. 26

29. 教学在升温 教学要再加温——国家教委高教司周远清司长访谈录　1995. 1

30. 在国务院各部门教育司局长第 11 次联席会议上的讲话　1995. 4. 14

31. 在"加强高等学校学风建设、抓好考试管理工作电话会议"上的讲话　1995. 6. 6

32. 有计划高起点地推进教学内容和课程体系改革——访国家教委专职委员、高教司司长周远清　1995. 7

33. 转变观念 积极探索 发展高等职业教育　1995. 8

34. 当前高等教育改革与发展的情况　1995. 9

35. 中国高等教育现状　1995. 10

36. 当前中国高等教育的形势与任务　1995. 10

37. 高等理科教育改革的任务　1995. 10

38. 高校始终要抓好教学改革这个核心　1995. 10

39. 加强文化素质教育,提高高等教育质量　1995. 11

40. 在全国高教管理体制改革座谈会开幕式上的讲话　1995. 11. 10

41. 中国高等教育改革、发展的实践与高教理论研究　1995. 11. 18

42. 中国高等教育如何面对新世纪　1996. 1. 4

195. 在"21 世纪的中国高等教育"研究课题结题研讨会上的讲话 1999. 10. 19

196. 周远清同志在 1999 年天津全国普通高校招生总结会上的讲话 1999. 10. 30

197. 把质量和水平更高、效益更好的高等教育带入 21 世纪　1999. 11

198. 建设高等教育强国——开创高等教育新世纪　1999. 11

199. 当前高等教育的形势和任务　1999. 11

200. 走向 21 世纪的中国高等教育　1999. 12. 8

201. 当前我国高等教育的形势与任务　1999. 12. 23

202. 从教育观念的转变谈素质教育(摘自《中国大学人文启思录》1999)

203. 文化素质教育要在"素质""思想"上下功夫　2001

204. 把握时代发展脉搏　建设高等教育强国——世纪之交对中国高等教育改革与发展的思考　2000. 1. 4

205.《全国优秀博士学位论文摘要(1999)》序言　2000. 1. 10

206.《高层次人才培养的研究与探索》序言　2000. 1. 21

207. 教育部副部长周远清出席"面向 21 世纪课程教材座谈会"并讲话 2000. 1. 28

208. 我国高等教育改革的现状及"面向 21 世纪课程教材"的推广 2000. 1. 28

209. 当前高等教育的改革与发展形势　2000. 2. 23

210. 在教育部召开划转教育部管理和调整的 55 所普通高校领导干部会议上的讲话　2000. 2. 26

211. 出好用好"面向 21 世纪课程教材"　2000. 3. 9

212. 素质·素质教育·文化素质教育——关于高等教育思想观念改革的再思考(2000)

213. 周远清同志在中南工业大学、湖南医科大学、长沙铁道学院合并大会上的讲话　2000. 4. 20

214. 在普通高等学校本科教学工作合格评估总结研讨会上的讲话 2000. 6. 12

215. 在湖南省2000 年普通高校领导干部暑期研讨班上的讲话　2000. 8. 9

216. 实现高考改革的新突破　2000. 10

217. 在中国高等教育学会第四次会员代表大会上的讲话　2000.11.4

218. 高教管理体制改革和布局结构调整取得了历史性的重大进展　2000.12.15

219. 高等教育体制的重大改革与创新　2000.12

220. 实现高考改革的新突破　2000.10

221. 素质·素质教育·文化素质教育(《中国高等教育》半月刊 2000 年第 8 期)

222. 文化素质教育要在"素质""思想"上下功夫　2001

223. 坚持"发展、改革、提高"的思路使学位与研究生教育体系不断适应社会需要(2001)

224. 周远清:经济全球化对高等教育的影响　2001.10.26

225. 我国高等教育改革与发展的回顾与展望　2001.1

226. 21 世纪:建设一个什么样的高等教育　2001.2

227. 21 世纪的高等教育改革与发展(华中农业大学学报(社会科学版),2001(2))

228. 在 2001 年高等教育国际论坛上的讲话　2001.10.22

229. 把实践教学改革提到重要日程上来——由考察世界银行贷款[高教发展项目]引发的思考(中国高教研究　2001 年第 8 期)

230. 创新高教体制　为新世纪发展奠基　2001.3.8

231. 高等教育体制的重大改革与创新(中国高等教育(半月刊)2001 年第 1 期)

232. 坚持"发展改革提高"的思路 使学位与研究生教育体系不断适应社会需要(学位与研究生教育 2001 年第 7—8 期)

233. 积极发展专业学位研究生教育培养更多高层次应用型专门人才(学位与研究生教育　2001 年第 5 期)

234. 迅速适应经济全球化加快高教改革和发展　2001.12.14

235. 重视专业学位教育搞好 MPA 教育试点工作(2001)

236. 建设更加开放的高等教育　大力加强引进国外智力的工作(2002)

237. 科学教育与人文教育的融合是高等教育发展的必然要求(2001)

238. 在更高水平上推进文化素质教育　2002.1

239. 完善体制改革 深化教学改革 强化教育思想改革　2002.9.20

240. 二十一世纪中国高等教育面临的新挑战和新使命　2002.10

241. 树立新的教育理念 推进科学教育与人文教育的融合(高等理科教育 2002 年第 3 期)

242. 挑战重理轻文　推进人文教育与科学教育的融合(清华大学教育研究 2002 年第 1 期)

243. 新世纪要把教育质量提到战略高度来认识(中国高教研究　2002 年第 2 期)

244. 在 2002 年高等教育国际论坛上的讲话(中国高教研究　2002 年第 10 期)

245. 重视与加强高等教育科学研究(中国高教研究　2002 年第 3 期)

246. 周远清在"促进人文教育与科学教育的融合高级研讨会"上的讲话(中国高教研究　2002 年第 6 期)

247. 加强教育科学研究 积极推进教育创新(2003)

248. 赞"高等教育百门精品课程教材建设计划"(2003)

249. 建设高等教育强国——应对全面建设小康社会(2003)

250. 加强教育科学研究促进高等教育创新建设高等教育强国——在庆祝中国高等教育学会成立 20 周年大会暨 2003 年高等教育国际论坛上的讲话(2003)

251. 精品课程教材建设是教学改革和教学创新的重大举措(中国高教研究　2003 年第 1 期)

252. 积极推进以提高文化素养为核心的大学教师的继续教育(中国大学教学　2003 年第 6 期)

253. 《回顾与展望:1983—2003 年高教研究论文集》序言(2003 年 6 月)

254. 坚持教育的社会主义方向——在纪念蒋南翔同志诞辰 90 周年学术研讨会上的讲话(2004)

255. 在高等教育发展与资本市场国际研讨会暨大学校长高峰论坛上的讲话　2004.4.17

256. 建设高水平的高等理科教育体系——参加 2004 年在兰州大学召开的高等理科教育教学研讨会有感(2004)

257. 教育专家周远清 痛陈高等教育积弊　2004.10.27

258. 大力推进教师教育工作的改革——在教师教育论坛上的讲话(2004)

259. 缅怀邓小平同志的丰功伟绩 为建设社会主义高等教育强国而努力——

280. 高等学校文化素质教育工作的回顾与思考　2005

281. 深化教学改革 提高教学质量——在首届大学计算机基础课程报告论坛开幕式上的讲话　2005.11.19

282. 在 2005 高教社杯全国大学生数学建模竞赛颁奖仪式上的讲话　2005.12.17

283. 学习和弘扬江隆基同志的教育思想 推动高等教育改革发展——在江隆基同志诞辰 100 周年纪念大会上的讲话　2005.12.24

284. 高等教育要尽快进入以提高质量为中心的新的发展阶段(中国大学教学 2005 年第 7 期)

285. 扩大就业,路在何方(中国教育报　2005 年 7 月 20 日　第 008 版)

286. 高校文化素质教育深化发展(光明日报　2005 年 11 月 2 日　第 005 版教育周刊)

287. 以科学发展观为指导 推进高等教育的协调发展(中国高教研究　2005年第 12 期)

288. 我国高等教育的改革与发展　2005

289. 写在高等学校开展文化素质教育十年之际(中国大学教学 2005 年第 1 期)

290. 老一辈教育家风范永存——在《蒋南翔传》首发仪式上的讲话　2006.1.17

291. 建设创新型国家和我国的留学服务工作　2006

292. 建设创新型国家与高等教育——在集美大学的讲话　2006.3.24

293. 努力提高高教研究的质量和水平 为繁荣高等教育科学做出新贡献——在中国高等教育学会第五次会员代表大会上的讲话　2006.4.1

294. 在华中科技大学深化文化素质教育全面推进素质教育工作会议上的讲话　2006.4.11

295. 在中国人民大学纪念吴玉章逝世 40 周年座谈会上的讲话　2006.12.12

296. 高等教育改革下一步抓什么(2006 年 2 期　专题座谈)

297. 高等教育体制改革的重大突破(中国高教研究　2006 年第 8 期)

298. 加速构建中国特色高等教育理论体系(中国高等教育　2006 年第 9 期)

299. 数学建模竞赛实现了什么(光明日报　2006 年 1 月 11 日　第 007 版教育周刊)

324. 弘扬黄炎培职业教育思想，努力开创职业教育改革发展的新局面　2008

325. 大力发展职业教育　加快人力资源的开发——在首届海峡两岸职业院校校长论坛上的讲话（教学与教研 2008 年第 1 期）

326. 放眼持久的科学发展（中国教育报　2008 年 1 月 14 日 第 005 版）

327. 《中国生态文明建设》论坛开幕词　2008.6.7

328. 在中国教育信息化创新与发展论坛上的讲话　2008

329. 共识、共赢、共同的文化（CHINESE　UNIVERSITY　TECHNOLOGY TRANSFER 2008.8）

330. 周远清：文理分科难培养高水平人才　2009.2.7

331. 推民办高等教育强校建设　2009

332. 把一个什么样的高等教育带入全面小康社会　2009

333. 从改革、做大到改革、做强——再论把一个什么样的高等教育带入全面小康社会　2009

334. 学习弘扬屈伯川教育思想　推动高等教育改革与发展　2009

335. 在上海交通大学农业与生物学院成立 50 周年庆典大会上的讲话　2009.5.9

336. 建设高等教育强国是历史发展的必然　2009

337. 深化高校教学改革，提高高等教育质量——访教育部原副部长、中国高等教育学会会长周远清　2009

338. 高等教育的历史使命与科学发展　2009

339. 开展一次教学方法的大改革（中国大学教学　2009 年第 1 期）

340. 以品牌院校带动行业发展（科技日报　2009 年 2 月 12 日 第 012 版 时尚品牌）

341. 在高等教育强国的目标下推进各级各类强校建设（浙江树人大学学报　2009 年第 2 期）

342. 转变观念　推动教育信息化向纵深发展　2009

343. 认真学习纲要精神　推进教育信息化发展　2010

344. 加快构建"中国特色高等教育思想体系"（在 2010 年高等教育国际论坛讲话）

345. 在"中国特色农业现代化与西部大开发"专家论坛上的致辞　2010

369. 提高质量是教育改革发展的关键　2011

370. 师资队伍建设要有方向　2011

371. 教育思想观念的改革是高等教育事业发展的先导　2011.11.2

372. 在全国高校学生资助育人工作实践与理论研讨会上的讲话　2011.11.8

373. 素质教育是实现文化育人的根本途径——在钱学森诞辰 100 周年座谈会上的发言　2011.12.9

374. 努力提高两个文化自觉　2011

375. 建设一支高水平的教育科研队伍　2011

376. 高等教育改革与发展形势(临沂大学学报　第 33 卷第 1 期)

377. 素质教育是文化育人根本途径(中国教育报 2011 年 12 月 10 日　第 004 版　新闻)

378. 念好四本"经"—学习贯彻"全面提高高等教育质量工作会议"精神随想(中国高教研究,2012 年第 5 期)

379. 提升教育科学研究的国际化水平　为建设高等教育强国贡献力量 2012(中国高教研究,2012 年第 9 期)

380. 文化的教育·教育的文化　2012

381. 媒体对"钱学森之问"有误读　2012.5.20

382. 改革创新 再创辉煌(中国现代教育装备　2012 年第 23 期)

383. 中国高等教育的改革与发展　2012

384. 在"高仪展"20 周年纪念座谈会上的讲话　2013.3.7

385. 周远清谈大学文化素质教育 切中时弊涉及根本(2013 年 01 月 30 日 13:02 新华网)

386. 建设中国特色的社会主义高等教育(2013-09-30,中国教育报)

387. 推进素质教育 创新教育方法(2013 年 10 月 21 日,中国教育新闻网—中国教育报)

388. 生态文明:高等教育思想体系重要内容(2013 年 10 月 28 日,中国教育新闻网—中国教育报)

389. 教育带有强烈的文化属性(教书育人·高教论坛 2013/11)

390. 学风就是质量(2014 年 04 月)

391. 教育专家:社会不断出现超越底线事值得深思(2014-06-21 22:35:08　杭州网)

附录二　周远清教育文本一级编码表

表 11　2893 个一级节点的词频统计表

序号	自由节点	频数	序号	自由节点	频数	序号	自由节点	频数
1	学	47519	23	稳	730	1	教育	27236
2	教	41569	24	宽	480	2	改革	14455
3	育	27261	25	升	391	3	学校	11742
4	高	26675	26	差	368	4	我们	11239
5	大	20217	27	低	365	5	发展	9775
6	我	19966	28	窄	254	6	教学	7912
7	校	18746	29	旧	220	7	大学	7154
8	改	15694	30	弱	220	8	素质	5414
9	生	11152	31	死	197	9	体制	5412
10	人	10058	32	齐	134	10	社会	5395
11	建	7362	33	乱	124	11	工作	5289
12	强	5171	34	坏	90	12	研究	5252
13	新	4991	35	废	14	13	学生	4868
14	好	4438				14	培养	4606
15	更	3947				15	建设	4239
16	院	3116				16	中国	4214
17	法	2988				17	问题	4198
18	师	2907				18	国家	4170
19	难	1909				19	思想	4149
20	路	1733				20	提高	3920
21	优	1619				21	经济	3665
22	包	1244				22	管理	3620

续表

序号	自由节点	频数	序号	自由节点	频数	序号	自由节点	频数
23	我国	3612	53	院校	1333	83	基本	1005
24	文化	3611	54	理论	1271	84	招生	998
25	重要	3469	55	就业	1269	85	毕业	995
26	质量	3441	56	国际	1243	86	可能	991
27	科学	3199	57	特色	1240	87	重点	984
28	人才	3161	58	讨论	1230	88	领导	971
29	高校	3109	59	政府	1224	89	最近	938
30	现在	2870	60	重视	1177	90	经验	937
31	世纪	2808	61	要求	1155	91	同时	937
32	专业	2749	62	主要	1149	92	服务	932
33	办学	2712	63	综合	1132	93	模式	922
34	学科	2307	64	实践	1122	94	评估	921
35	高教	2221	65	形成	1118	95	专家	901
36	基础	2197	66	技术	1115	96	不断	899
37	世界	2074	67	建立	1115	97	开展	894
38	同志	1910	68	积极	1113	98	解决	892
39	需要	1878	69	作用	1109	99	政治	885
40	能力	1713	70	学习	1107	100	博士	877
41	教师	1692	71	探索	1103	101	一定	869
42	知识	1671	72	必须	1098	102	条件	866
43	观念	1639	73	自己	1088	103	支持	850
44	部门	1604	74	指导	1085	104	阶段	846
45	合并	1579	75	面向	1077	105	优秀	845
46	创新	1516	76	影响	1070	106	共建	845
47	体系	1499	77	过去	1063	107	历史	842
48	课程	1482	78	校长	1059	108	市场	842
49	计划	1352	79	全面	1056	109	目标	837
50	适应	1349	80	人文	1049	110	思路	834
51	结构	1344	81	希望	1028	111	科技	819
52	地方	1333	82	部分	1010	112	科研	819

续表

序号	自由节点	频数	序号	自由节点	频数	序号	自由节点	频数
113	制度	819	143	事业	671	173	民办	548
114	现代	814	144	考试	671	174	发挥	541
115	努力	809	145	认识	667	175	形式	532
116	精神	807	146	开放	664	176	根本	531
117	高考	802	147	实际	659	177	机构	531
118	推动	796	148	措施	659	178	困难	509
119	强国	794	149	明确	635	179	变化	508
120	任务	786	150	意义	634	180	达到	508
121	关系	783	151	硕士	633	181	统一	508
122	投入	770	152	贯彻	615	182	充分	507
123	促进	766	153	意识	611	183	方向	507
124	合作	766	154	出现	599	184	逐步	502
125	推进	759	155	教材	599	185	今天	501
126	经费	757	156	大力	595	186	创造	498
127	重大	755	157	坚持	595	187	认真	497
128	学院	748	158	意见	595	188	战略	491
129	本科	747	159	信息	591	189	反映	488
130	自主	746	160	时期	588	190	核心	486
131	关键	741	161	成绩	585	191	逐渐	484
132	单位	719	162	当前	584	192	突破	482
133	工程	702	163	规划	581	193	完善	482
134	得到	700	164	规划	581	194	单一	478
135	方针	699	165	深化	579	195	规律	475
136	队伍	698	166	应用	574	196	总结	452
137	实施	697	167	时间	573	197	文科	449
138	企业	694	168	很难	570	198	理念	448
139	试点	684	169	一流	565	199	部委	446
140	加快	683	170	实行	563	200	资源	443
141	评价	683	171	实现	563	201	制定	442
142	理科	681	172	并轨	555	202	个人	440

续表

序号	自由节点	频数	序号	自由节点	频数	序号	自由节点	频数
203	传统	428	233	协调	355	263	环境	299
204	竞争	428	234	工科	355	264	分割	298
205	政策	428	235	个性	354	265	实验	296
206	目的	420	236	联合	352	266	方案	295
207	成功	417	237	整体	349	267	干部	292
208	中心	417	238	原因	346	268	育人	288
209	机制	410	239	文理	345	269	美国	281
210	道路	400	240	文明	344	270	产业	281
211	提供	402	241	落实	340	271	拓宽	278
212	专门	400	242	学风	338	272	录取	278
213	改变	397	243	国外	337	273	优势	277
214	行业	397	244	保证	336	274	应当	273
215	文件	393	245	条块	335	275	211	270
216	转变	389	246	研讨	334	276	广泛	269
217	专科	388	247	宏观	334	277	单科	265
218	道德	387	248	统筹	329	278	和谐	264
219	外语	387	249	注意	324	279	日本	264
220	办法	378	250	学者	323	280	强化	262
221	注重	378	251	民族	321	281	融合	261
222	办法	378	252	决策	318	282	数量	257
223	系统	376	253	作出	316	283	缴费	257
224	系统	376	254	机遇	315	284	举办	254
225	先进	373	255	论文	314	285	增强	249
226	人民	373	256	进程	311	286	综合	247
227	地位	372	257	面临	310	287	思维	247
228	课题	370	258	调查	307	288	成人	245
229	参与	369	259	领域	307	289	传授	241
230	决定	367	260	方式	307	290	力度	235
231	教授	365	261	书记	302	291	路子	235
232	时代	364	262	准备	299	292	主题	233

续表

序号	自由节点	频数	序号	自由节点	频数	序号	自由节点	频数
293	规范	232	323	精力	180	353	满足	146
294	师资	230	324	难度	180	354	民主	146
295	稳定	227	325	解放	180	355	弊端	145
296	途径	225	326	关心	180	356	结合	144
297	先导	224	327	指标	176	357	新人	142
298	共识	221	328	针对	175	358	调动	137
299	艺术	217	329	改善	175	359	苏联	136
300	打破	210	330	动力	174	360	价值	136
301	必然	207	331	教务	172	361	启动	135
302	投资	206	332	法律	172	362	抓好	132
303	老师	205	333	手段	170	363	自觉	131
304	有效	204	334	师生	169	364	CAI	130
305	未来	204	335	树立	163	365	互相	129
306	思考	204	336	控制	159	366	要点	129
307	985	203	337	氛围	159	367	围绕	128
308	培训	202	338	规定	157	368	矛盾	127
309	主动	201	339	视野	157	369	权利	127
310	开发	197	340	发现	155	370	接轨	126
311	难点	195	341	功能	155	371	农村	125
312	品位	193	342	苗头	155	372	后勤	124
313	班子	192	343	教改	154	373	属性	122
314	遵循	188	344	交叉	154	374	共管	122
315	处理	188	345	普遍	152	375	多科	121
316	更新	187	346	不足	152	376	改进	120
317	发达	186	347	相互	152	377	操作	120
318	突出	186	348	回顾	152	378	经历	119
319	挑战	184	349	素养	151	379	资金	119
320	机会	184	350	出台	150	380	构建	116
321	抓住	182	351	群众	148	381	软件	116
322	推广	181	352	统计	147	382	德育	116

续表

序号	自由节点	频数	序号	自由节点	频数	序号	自由节点	频数
383	迫切	115	413	自治	95	443	主体	77
384	动员	115	414	马上	95	444	确立	76
385	做强	115	415	带头	93	445	层面	75
386	迫切	115	416	循环	93	446	着眼	73
387	校园	115	417	修养	92	447	理顺	73
388	证明	114	418	差距	92	448	危机	73
389	建议	114	419	私立	92	449	生态	73
390	奋斗	112	420	行动	91	450	冲击	71
391	分科	112	421	薄弱	91	451	定位	71
392	借鉴	111	422	格调	91	452	检查	70
393	为人	111	423	著名	90	453	运行	70
394	有机	109	424	终身	90	454	法人	70
395	独立	109	425	变革	88	455	大局	70
396	活力	107	426	空间	88	456	健全	69
397	团结	106	427	当今	87	457	继承	69
398	教训	105	428	立法	87	458	精心	68
399	前提	105	429	作弊	86	459	专题	68
400	贫困	105	430	配合	84	460	导向	68
401	生命	101	431	外国	84	461	时刻	67
402	过窄	101	432	平台	84	462	当代	67
403	克服	99	433	党委	84	463	党政	67
404	依法	99	434	发扬	83	464	共享	65
405	开拓	98	435	公平	83	465	打下	64
406	网络	98	436	调控	81	466	欧洲	64
407	英国	97	437	端正	81	467	群体	64
408	传承	97	438	优良	80	468	收入	63
409	热点	97	439	最终	80	469	口号	63
410	渗透	97	440	态度	80	470	灵魂	62
411	人事	97	441	法制	80	471	保障	61
412	找到	95	442	旗帜	77	472	文学	61

续表

序号	自由节点	频数	序号	自由节点	频数	序号	自由节点	频数
473	对口	61	503	聘任	47	533	过死	34
474	做人	61	504	高职	47	534	治理	34
475	分类	61	505	场所	46	535	分离	32
476	舆论	60	506	路线	46	536	分家	31
477	示范	59	507	体育	46	537	香港	29
478	启发	59	508	指示	45	538	附属	29
479	大师	59	509	协同	44	539	违背	28
480	监督	58	510	熏陶	44	540	首要	28
481	权力	58	511	教书	44	541	性质	28
482	封闭	57	512	严谨	43	542	折腾	27
483	紧迫	57	513	共轨	43	543	阵地	27
484	韩国	57	514	互补	42	544	深度	26
485	放权	57	515	失误	42	545	分层	26
486	配套	56	516	硬件	42	546	权限	26
487	防止	56	517	偏旧	41	547	尝试	25
488	德国	56	518	法国	41	548	务实	24
489	试验	53	519	纪律	41	549	吸取	24
490	品格	53	520	注视	40	550	自评	24
491	西方	52	521	改造	40	551	进修	22
492	避免	50	522	拓展	40	552	偏科	22
493	过弱	50	523	三注	40	553	折腾	21
494	待遇	50	524	说教	39	554	失败	21
495	待遇	50	525	偏低	38	555	重心	20
496	充实	49	526	本质	38	556	印度	20
497	统考	49	527	校规	38	557	难题	19
498	贯穿	47	528	太窄	37	558	法治	19
499	旧的	47	529	偏死	37	559	法治	19
500	时弊	47	530	国立	37	560	求实	17
501	考查	47	531	重组	35	561	转换	18
502	轨道	47	532	公立	35	562	台湾	18

续表

序号	自由节点	频数	序号	自由节点	频数	序号	自由节点	频数
563	弯路	17	593	全力	9	1	21 世纪	1781
564	班级	17	594	革除	9	2	研究生	1160
565	学府	17	595	殿堂	8	3	计算机	1011
566	意志	17	596	模范	9	4	大学生	832
567	革新	16	597	失业	8	5	进一步	820
568	阻碍	16	598	鉴别	7	6	毕业生	778
569	做大	15	599	分级	7	7	高质量	623
570	顽症	15	600	党性	5	8	高水平	568
571	差别	15	601	合法	5	9	现代化	518
572	师德	15	602	建构	4	10	培养人	408
573	对策	15	603	美洲	4	11	有利于	391
574	条条	15	604	抓手	3	12	为什么	376
575	动态	14	605	普招	2	13	大发展	332
576	块块	14	606	校纪	2	14	比较大	308
577	陈旧	12				15	多年来	287
578	瓶颈	12				16	教育观	277
579	题库	12				17	高素质	275
580	智育	12				18	单科类	265
581	破除	11				19	大改革	261
582	反思	11				20	发展中	254
583	特性	11				21	国际化	234
584	做事	11				22	基础课	230
585	园地	11				23	发展观	227
586	微观	11				24	工作者	213
587	延伸	11				25	博士点	207
588	勇气	10				26	大提高	201
589	刮风	10				27	研究会	200
590	保守	10				28	体制下	198
591	过时	10				29	教育家	188
592	聘用	10				30	自主权	185

续表

序号	自由节点	频数	序号	自由节点	频数	序号	自由节点	频数
31	新世纪	185	61	建设者	82	91	三结合	42
32	全球化	181	62	有助于	81	92	不改革	42
33	本世纪	178	63	科学家	81	93	世界观	41
34	产学研	176	64	本科生	80	94	生命线	41
35	硕士点	176	65	中小学	77	95	新问题	41
36	跨世纪	163	66	科学化	76	96	管理人	40
37	不适应	156	67	中长期	76	97	先发展	40
38	创造性	150	68	产业化	71	98	带头人	39
39	怎么办	150	69	老一辈	71	99	重视人	39
40	信息化	149	70	教职工	70	100	规范化	38
41	单科性	147	71	大循环	69	101	理论课	38
42	一流的	145	72	突破口	66	102	法制化	35
43	一手抓	139	73	生产力	66	103	指挥棒	34
44	教育界	137	74	理工科	65	104	三提高	34
45	大问题	130	75	新技术	65	105	中学生	34
46	社会上	122	76	社会化	64	106	发展史	34
47	思想上	113	77	第一线	63	107	轻质量	33
48	抓教学	112	78	民主化	60	108	研究院	33
49	近年来	104	79	素质高	59	109	大一统	32
50	知识面	103	80	专业面	59	110	灌输式	31
51	相结合	97	81	怎么改	55	111	俄罗斯	28
52	不符合	96	82	主旋律	54	112	生师比	27
53	怎么样	92	83	新体制	52	113	质量观	27
54	接班人	89	84	体制上	51	114	人生观	27
55	基础性	88	85	专业课	49	115	比较难	25
56	留学生	87	86	价值观	48	116	本专业	24
57	理论上	87	87	政治家	46	117	跨学科	24
58	要改革	86	88	师生比	45	118	企业家	24
59	多科性	85	89	针对性	43	119	贯穿于	23
60	多样化	82	90	建设成	43	120	紧迫感	22

续表

序号	自由节点	频数	序号	自由节点	频数	序号	自由节点	频数
121	董事会	22	151	讲文化	9	181	真问题	2
122	新情况	22	152	数字化	9	182	不折腾	1
123	管理者	21	153	现时代	8	183	可能性	1
124	危机感	19	154	弄清楚	7	184	交互式	1
125	启发式	19	155	大跃进	7	185	新发明	1
126	民族性	19	156	生力军	7	186	创造力	1
127	旧体制	19	157	抓质量	7	187	科学院	1
128	新思想	19	158	新加坡	7	188	老体制	1
129	理论界	18	159	开发人	7	189	新理论	1
130	新教材	18	160	不发展	7	190	研究点	1
131	讨论式	18	161	研究所	7	191	老问题	1
132	小而全	18	162	成问题	7	192	讲问题	1
133	每个人	18	163	个性化	6	193	此问题	1
134	科学性	16	164	协奏曲	6			
135	阶段性	16	165	思想库	6			
136	花架子	15	166	思想性	6			
137	人才观	15	167	研究组	6			
138	已发展	15	168	大学群	5			
139	做工作	14	169	阶级性	5			
140	重质量	14	170	建设性	5			
141	牛鼻子	13	171	本土化	4			
142	活动家	13	172	新发现	3			
143	有思想	13	173	局域化	3			
144	知识化	12	174	人才库	3			
145	终身化	12	175	校董会	3			
146	新发展	12	176	研究式	3			
147	不研究	12	177	重建设	3			
148	学研产	11	178	轻应用	3			
149	地方性	11	179	编码化	2			
150	填鸭式	10	180	文化人	2			

续表

序号	自由节点	频数	序号	自由节点	频数	序号	自由节点	频数
1	高等教育	10568	31	人文教育	406	61	加强素质	238
2	科学发展	3199	32	专业学位	388	62	这项工作	235
3	体制改革	2906	33	思想政治	375	63	创新能力	235
4	素质教育	2642	34	教育研究	372	64	适应社会	231
5	高等学校	2109	35	工作会议	367	65	道德素质	210
6	教育思想	1832	36	世界一流	367	66	队伍建设	209
7	教学改革	1807	37	社会科学	366	67	就业体制	208
8	管理体制	1672	38	经济发展	339	68	经济建设	187
9	文化素质	1629	39	教育科学	338	69	自然科学	183
10	教育改革	1518	40	体系改革	334	70	教育方针	182
11	社会主义	1465	41	这个问题	333	71	改革计划	182
12	人才培养	1015	42	指导思想	319	72	理论研究	177
13	教育发展	1011	43	培养模式	318	73	投入不足	175
14	教学工作	1003	44	职业教育	311	74	高度重视	171
15	教学内容	973	45	改革开放	306	75	学校发展	170
16	社会发展	894	46	专业目录	306	76	传授知识	169
17	经济体制	801	47	教学计划	288	77	面向社会	165
18	中国特色	759	48	一流大学	288	78	办学体制	165
19	科学研究	599	49	加强文化	283	79	面向社会	165
20	教育工作	586	50	大的发展	278	80	小康社会	161
21	思想观念	517	51	基础教育	273	81	理论研究	159
22	教学质量	510	52	教育理论	272	82	教育规律	156
23	教育体制	503	53	自主办学	271	83	优秀教学	155
24	教育质量	499	54	合作办学	269	84	办学效益	154
25	改革发展	489	55	条块分割	266	85	质量意识	154
26	科学技术	477	56	高考改革	264	86	思想体系	152
27	提高质量	464	57	培养质量	259	87	高教体制	151
28	我们国家	458	58	教育教学	249	88	学科建设	149
29	教学方法	455	59	科学教育	247	89	本科教育	148
30	科学技术	417	60	思想道德	245	90	教学管理	147

续表

序号	自由节点	频数	序号	自由节点	频数	序号	自由节点	频数
91	协调发展	147	121	知识结构	113	151	教育专家	92
92	发展方针	140	122	试点工作	111	152	文明建设	92
93	自主择业	140	123	就业工作	111	153	管理部门	92
94	合格评估	140	124	进行改革	111	154	办出特色	91
95	业务素质	135	125	事业发展	110	155	提高素质	91
96	业务素质	135	126	专业设置	110	156	社会服务	91
97	精神文明	134	127	领导班子	109	157	教师教育	91
98	很大发展	133	128	重要内容	109	158	科研成果	91
99	创新人才	129	129	很多问题	108	159	全面建设	91
100	注重素质	127	130	培养工作	107	160	社会服务	91
101	基本建设	127	131	本科教学	107	161	办出特色	91
102	深化改革	127	132	大的改革	106	162	就业制度	90
103	学科建设	126	133	发展趋势	106	163	发展纲要	90
104	办学水平	125	134	大的问题	105	164	教学指导	89
105	个性发展	125	135	发达国家	105	165	研究成果	88
106	课程建设	124	136	合格评价	104	166	加快改革	88
107	地方政府	124	137	应试教育	102	167	学风建设	88
108	这些问题	123	138	全面发展	102	168	辅助教学	87
109	和谐文化	123	139	优秀文化	101	169	一些问题	86
110	用人单位	123	140	加快建设	101	170	自身发展	86
111	根本任务	121	141	基地建设	101	171	招生就业	86
112	科教兴国	119	142	心理素质	99	172	改革工作	85
113	宏观管理	118	143	制度改革	98	173	文化素养	85
114	高教改革	117	144	发展规划	98	174	调查研究	85
115	发展道路	115	145	教学水平	95	175	个性发展	85
116	综合大学	115	146	研究工作	95	176	文科教育	84
117	深化教学	114	147	大力发展	94	177	理论要点	84
118	适应经济	114	148	人文素质	93	178	发展规律	83
119	观念改革	114	149	师范教育	93	179	文化建设	83
120	发展战略	113	150	网上录取	93	180	科类单一	83

序号	自由节点	频数	序号	自由节点	频数	序号	自由节点	频数
181	解放思想	81	211	研究一下	71	241	高教工作	63
182	传统文化	80	212	重点建设	71	242	联合办学	63
183	基础学科	80	213	信息技术	71	243	认真研究	62
184	教育科研	80	214	教学评价(估)	70	244	改革教学	61
185	教学思想	79	215	改革实践	70	245	办学思想	61
186	发展服务	79	216	更加开放	70	246	科研经费	61
187	持续发展	79	217	世界之林	70	247	重大问题	61
188	教学研究	79	218	优势互补	69	248	逐步建立	61
189	艺术教育	78	219	评估工作	69	249	主动适应	61
190	科研机构	78	220	学校工作	69	250	科学素质	60
191	文化建设	77	221	文化品位	69	251	改革意识	60
192	课题研究	77	222	世纪之交	69	252	内涵发展	60
193	知识经济	76	223	教材建设	69	253	拓宽专业	60
194	双向选择	76	224	办学条件	68	254	知识创新	60
195	知识经济	76	225	统筹规划	68	255	能力培养	60
196	教学研究	75	226	生产劳动	68	256	直接管理	59
197	至关重要	75	227	教育创新	68	257	许多问题	59
198	国际视野	75	228	重视教学	66	258	高校发展	59
199	外语教学	74	229	积极发展	66	259	高教发展	59
200	科技创新	74	230	基础课程	66	260	教学成果	57
201	中国国情	74	231	积极配合	66	261	面向世界	57
202	国际竞争	74	232	管理工作	65	262	自学考试	57
203	人力资源	74	233	办学方向	65	263	基础教学	56
204	发展问题	73	234	政策指导	65	264	什么问题	56
205	研究机构	73	235	发展道路	65	265	重点学科	56
206	高教研究	73	236	几个问题	65	266	建设一批	55
207	实事求是	73	237	政策指导	65	267	发展过程	55
208	领导同志	72	238	国际接轨	65	268	重要问题	55
209	发展思路	72	239	稳步发展	64	269	扎扎实实	55
210	重理轻文	72	240	行业服务	64	270	创新精神	55

续表

序号	自由节点	频数	序号	自由节点	频数	序号	自由节点	频数
271	两级管理	54	301	评建结合	48	331	政治方向	41
272	人才素质	54	302	改革力度	47	332	教书育人	41
273	法人实体	53	303	方向发展	47	333	改革试点	40
274	改革措施	52	304	发展进程	47	334	教育问题	40
275	发展阶段	52	305	实验教学	46	335	实际问题	40
276	改革措施	52	306	资源共享	46	336	健康发展	40
277	因材施教	52	307	国际意识	46	337	主要问题	40
278	评价(估)体系	51	308	必须改革	46	338	职业道德	40
279	改革经验	51	309	学校建设	46	339	基本要求	39
280	科学文化	51	310	国际意识	46	340	综合素质	39
281	改革方案	51	311	学位工作	45	341	工作评价	38
282	重要任务	51	312	学生个性	45	342	修订工作	38
283	校办产业	51	313	参与办学	44	343	建设工作	38
284	改革教育	50	314	重中之重	44	344	建设服务	38
285	各项改革	50	315	重视质量	44	345	质量提高	38
286	改革意识	50	316	重点大学	44	346	管理干部	38
287	理论体系	50	317	以评促管	44	347	成人教育	38
288	解决问题	50	318	教学手段	43	348	一项改革	38
289	宏观调控	50	319	创业教育	43	349	培养什么	38
290	稳中求进	50	320	深入研究	43	350	学科交叉	38
291	一个模式	50	321	发展问题	43	351	教学评价	38
292	稳中求进	50	322	教学科研	42	352	教学环节	37
293	文化成果	49	323	办学模式	42	353	办学质量	37
294	正在研究	49	324	学生素质	42	354	改革问题	37
295	加强研究	49	325	教学过程	42	355	知识分子	37
296	意识形态	49	326	社会问题	42	356	学校文化	37
297	投资体制	48	327	应用能力	42	357	改革研究	37
298	实践教学	48	328	以人为本	41	358	社会问题	37
299	文化(的)发展	48	329	重大改革	41	359	协同发展	37
300	质量问题	48	330	进行研究	41	360	发展很快	37

序号	自由节点	频数	序号	自由节点	频数	序号	自由节点	频数
361	迅猛发展	37	391	资本主义	33	421	形势发展	30
362	就业指导	37	392	国际合作	33	422	集体主义	30
363	现代教育	36	393	促进社会	33	423	国际接轨	30
364	国家发展	36	394	教学经费	32	424	国民素质	29
365	精品教材	36	395	教学秩序	32	425	教学大纲	29
366	校的建设	35	396	政治素质	32	426	文化自觉	29
367	自我约束	35	397	招生工作	32	427	人才质量	29
368	适度发展	35	398	协作办学	32	428	基础科学	29
369	大学发展	35	399	保证质量	32	429	中国道路	29
370	专业口径	35	400	更高水平	32	430	统一思想	28
371	能力结构	35	401	保证质量	32	431	建设需要	28
372	优秀传统	35	402	教学评估	32	432	建设事业	28
373	条块结合	34	403	高校工作	31	433	大学建设	28
374	德育工作	34	404	专业教学	31	434	转变职能	28
375	思想教育	34	405	增加投入	31	435	招生改革	28
376	自我发展	34	406	教育制度	31	436	教育基地	28
377	就业问题	34	407	开展文化	31	437	传承文化	28
378	新的问题	34	408	研究队伍	31	438	提高文化	28
379	自我发展	34	409	发展起来	31	439	民族文化	28
380	优先发展	34	410	体制调整	30	440	生源质量	28
381	爱国主义	34	411	科研工作	30	441	基础研究	28
382	课程教学	33	412	工作座谈	30	442	发展为主	28
383	增加投入	33	413	法制建设	30	443	实践问题	28
384	思想理论	33	414	面向未来	30	444	学术研究	28
385	通识教育	33	415	学校改革	30	445	需要研究	28
386	关键时期	33	416	创造文化	30	446	高教强国	28
387	思想理论	33	417	文化基础	30	447	评价体系	28
388	发展机遇	33	418	历史发展	30	448	教学条件	27
389	提高认识	33	419	科研工作	30	449	素质不高	27
390	经济动物	33	420	院校研究	30	450	服务工作	27

序号	自由节点	频数	序号	自由节点	频数	序号	自由节点	频数
451	素质意识	27	481	中国文化	24	511	自身建设	22
452	学科教学	27	482	发展目标	24	512	独立办学	22
453	专业建设	27	483	发展实践	24	513	切中时弊	22
454	教育过程	27	484	深入发展	24	514	改革创新	22
455	文化建设	27	485	精品课程	24	515	基础理论	22
456	发展情况	27	486	取得经验	24	516	问题研究	22
457	时代发展	27	487	科技产业	24	517	发展规模	22
458	马列主义	27	488	共同建设	23	518	分析问题	22
459	实际需要	27	489	政治思想	23	519	工作研讨	21
460	民族素质	26	490	办学规律	23	520	分工负责	21
461	思想认识	26	491	创新意识	23	521	国家建设	21
462	教学基地	26	492	校园文化	23	522	建设计划	21
463	教育经验	26	493	实践文化	23	523	依法办学	21
464	文化教育	26	494	就业改革	23	524	改革探索	21
465	理论问题	26	495	推进改革	23	525	可以研究	21
466	政治理论	26	496	飞速发展	23	526	长远发展	21
467	改革研究	26	497	发展理念	23	527	得到发展	21
468	科技成果	26	498	规模发展	23	528	边缘学科	21
469	开展工作	25	499	怎样培养	23	529	切实加强	21
470	评选工作	25	500	资产阶级	23	530	优良传统	21
471	教学软件	25	501	创新意识	23	531	重要（的)工作	20
472	重要思想	25	502	委属学校	23	532	新的思想	20
473	抓好教学	25	503	忧患意识	23	533	工作报告	20
474	收费改革	25	504	评估体系	23	534	教学体系	20
475	学科研究	25	505	信息服务	23	535	培训工作	20
476	这项研究	25	506	学术交流	23	536	更新观念	20
477	发展我国	25	507	数学教学	22	537	人的素质	20
478	技术创新	25	508	校内管理	22	538	强化质量	20
479	教学模式	24	509	合并工作	22	539	国际教育	20
480	整体素质	24	510	工作重点	22	540	观念问题	20

续表

序号	自由节点	频数	序号	自由节点	频数	序号	自由节点	频数
541	关键问题	20	571	其他工作	18	601	发展前沿	17
542	怎么发展	20	572	质量评价	18	602	艰苦奋斗	17
543	单科类型	20	573	远程教育	18	603	死记硬背	17
544	优秀成果	20	574	世界文化	18	604	个人主义	17
545	育人环境	20	575	社会文化	18	605	思想工作	17
546	系统工程	20	576	教学讨论	18	606	进入社会	17
547	国际教育	20	577	不少问题	18	607	教学优秀	16
548	社会力量	20	578	建设发展	18	608	教学效果	16
549	质量工作	19	579	重要课题	18	609	办学特色	16
550	工作思路	19	580	基本条件	18	610	课堂教学	16
551	理论工作	19	581	人文学科	18	611	思想素质	16
552	身心素质	19	582	供求关系	18	612	开拓创新	16
553	制度建设	19	583	国际舞台	18	613	CAI工作	16
554	怎样建设	19	584	国际组织	18	614	立法工作	16
555	创新教育	19	585	教学实践	17	615	思想素质	16
556	终身教育	19	586	教学投入	17	616	党的建设	16
557	文化育人	19	587	校长负责	17	617	适应市场	16
558	科技文化	19	588	工作出现	17	618	社会办学	16
559	思想改革	19	589	录取工作	17	619	人文文化	16
560	改革进展	19	590	工作咨询	17	620	中华文化	16
561	理论创新	19	591	重视素质	17	621	高校文化	16
562	研究项目	19	592	中心工作	17	622	改革提高	16
563	热点问题	19	593	思想工作	17	623	不断改革	16
564	有关问题	19	594	文化知识	17	624	根本问题	16
565	世纪发展	19	595	文化活动	17	625	研究水平	16
566	应用学科	19	596	中学教育	17	626	专门研究	16
567	民主决策	19	597	如何改革	17	627	研究方向	16
568	优秀评估	19	598	馅饼教授	17	628	发展自己	16
569	教学讨论	18	599	改革成果	17	629	稳中求改	16
570	许多工作	18	600	中心工作	17	630	有机结合	16

续表

序号	自由节点	频数	序号	自由节点	频数	序号	自由节点	频数
631	产业结构	16	661	文化属性	14	691	长期发展	13
632	动手能力	16	662	理论教学	14	692	发展创造	13
633	教学要求	15	663	研究教学	14	693	纵深发展	13
634	体制问题	15	664	研究部门	14	694	建设、改革	13
635	思想路线	15	665	共同研究	14	695	学习目的	13
636	工作经验	15	666	应用研究	14	696	形式主义	13
637	这些工作	15	667	人的问题	14	697	学习能力	13
638	工作实践	15	668	很难发展	14	698	注重知识	13
639	办学历史	15	669	改革试验	14	699	重视能力	13
640	行政手段	15	670	双重属性	14	700	无产阶级	13
641	涉及根本	15	671	文化属性	14	701	随机评估	13
642	教师文化	15	672	进行探索	14	702	以评促建	13
643	招生质量	15	673	精心操作	14	703	学术氛围	13
644	需要改革	15	674	大声疾呼	14	704	战略思想	12
645	开展研究	15	675	缺乏个性	14	705	党委领导	12
646	研究领域	15	676	自己特色	14	706	工作队伍	12
647	种种问题	15	677	思想指导	13	707	努力工作	12
648	如何发展	15	678	大势所趋	13	708	政府工作	12
649	高速发展	15	679	思想问题	13	709	评价制度	12
650	民主决策	15	680	大的体制	13	710	建设全局	12
651	指导方针	15	681	育人工作	13	711	后勤改革	12
652	因地制宜	15	682	效益低下	13	712	其他改革	12
653	逐步完善	15	683	文化氛围	13	713	西方国家	12
654	思想文化	14	684	推进文化	13	714	先进国家	12
655	研究教学	14	685	永恒主题	13	715	研究基础	12
656	搞好教学	14	686	文化氛围	13	716	建设问题	12
657	理论教学	14	687	研究力量	13	717	如何建设	12
658	分配工作	14	688	研究探索	13	718	为了发展	12
659	专门教育	14	689	思想问题	13	719	高校建设	12
660	思想文化	14	690	共同发展	13	720	党的领导	12

续表

序号	自由节点	频数	序号	自由节点	频数	序号	自由节点	频数
721	教的改革	12	751	参与研究	11	781	精神文化	10
722	评价制度	12	752	育人工作	11	782	教育目标	10
723	双百方针	12	753	行业发展	11	783	传统教育	10
724	教师培训	12	754	建设发展	11	784	整体质量	10
725	做好工作	11	755	加速发展	11	785	著名学者	10
726	工作状态	11	756	世界发展	11	786	理论教育	10
727	教学组织	11	757	严谨治学	11	787	发展论坛	10
728	社区服务	11	758	密切合作	11	788	研究问题	10
729	工作面临	11	759	先进经验	11	789	思想研究	10
730	改革探索	11	760	世界水平	11	790	合作研究	10
731	经济改革	11	761	科学素养	11	791	现实问题	10
732	文化体制	11	762	社会功能	11	792	发展体制	10
733	建设过程	11	763	国际事务	11	793	和谐发展	10
734	文化遗产	11	764	信息产业	11	794	较快发展	10
735	文化建设	11	765	总体目标	11	795	发展态势	10
736	文化生活	11	766	社区服务	11	796	相互协调	10
737	文化体制	11	767	学术讨论	11	797	学科单一	10
738	一种文化	11	768	评估过程	11	798	认真抓好	10
739	依靠教育	11	769	近亲繁殖	10	799	质量观念	10
740	增强质量	11	770	教学队伍	10	800	以评促改	10
741	管理队伍	11	771	组建工作	10	801	技术科学	10
742	理论基础	11	772	主要工作	10	802	随机评价	10
743	质量不高	11	773	推广工作	10	803	高校体制	9
744	其他国家	11	774	业务教学	10	804	教学任务	9
745	任何问题	11	775	教学经验	10	805	筹备工作	9
746	研究活动	11	776	推动改革	10	806	教学规律	9
747	学术讨论	11	777	加强建设	10	807	教学能力	9
748	教材研究	11	778	建设水平	10	808	工作目标	9
749	分析研究	11	779	简政放权	10	809	培养素质	9
750	值得研究	11	780	国家文化	10	810	具体工作	9

续表

序号	自由节点	频数	序号	自由节点	频数	序号	自由节点	频数
811	什么素质	9	841	多种层次	9	871	拓宽思路	8
812	工程建设	9	842	相邻专业	9	872	学习习惯	8
813	地方建设	9	843	行业性强	9	873	缺乏特色	8
814	长期建设	9	844	适应能力	9	874	发挥优势	8
815	国防建设	9	845	质量第一	9	875	总体评价	8
816	深化文化	9	846	优秀评价	9	876	体制创新	7
817	文化修养	9	847	教师待遇	9	877	工作进展	7
818	文化艺术	9	848	拉动经济	9	878	教学建设	7
819	文化意识	9	849	教学方式	8	879	思想实际	7
820	文化环境	9	850	教学设施	8	880	教学体制(制度)	7
821	顺乎潮流	9	851	发挥优势	8	881	教学研讨	7
822	通才教育	9	852	工作情况	8	882	思想观点	7
823	质量检查	9	853	逐步改革	8	883	党建工作	7
824	难中之难	9	854	整体改革	8	884	民主管理	7
825	理论支持	9	855	办学经验	8	885	调整改革	7
826	宏观研究	9	856	完善改革	8	886	适应改革	7
827	存在问题	9	857	重要改革	8	887	改革方针	7
828	研究计划	9	858	领导工作	8	888	管理改革	7
829	研究报告	9	859	四化建设	8	889	组织协调	7
830	难点问题	9	860	环境建设	8	890	自我完善	7
831	仔细研究	9	861	建设规划	8	891	逐渐发展	7
832	战略任务	9	862	教学文化	8	892	充分发展	7
833	整体发展	9	863	文化内涵	8	893	校园建设	7
834	综合发展	9	864	重点发展	8	894	文化倾向	7
835	发展现状	9	865	发展全局	8	895	案例建设	7
836	指导地位	9	866	开会研究	8	896	文化方面	7
837	勇于探索	9	867	方面发展	8	897	尖子学生	7
838	大胆实践	9	868	方向问题	8	898	理论课程	7
839	广泛关注	9	869	结构问题	8	899	理论根据	7
840	综合考试	9	870	共产主义	8	900	发展壮大	7

续表

序号	自由节点	频数	序号	自由节点	频数	序号	自由节点	频数
901	形式发展	7	931	思想准备	6	961	开展建设	6
902	发展应用	7	932	专业素质	6	962	信息教育	6
903	战略研究	7	933	工作交流	6	963	学科理论	6
904	核心问题	7	934	部门工作	6	964	两个自觉	6
905	研究方法	7	935	办学规律	6	965	研究表明	6
906	综合研究	7	936	社会参与	6	966	哪些问题	6
907	是个问题	7	937	全民素质	6	967	说明问题	6
908	迫切任务	7	938	工作方法	6	968	关系问题	6
909	研究建立	7	939	工作过程	6	969	研究提出	6
910	研究培养	7	940	身体素质	6	970	基本问题	6
911	综合研究	7	941	高职强校	6	971	研究学校	6
912	研究单位	7	942	机构重叠	6	972	研究探讨	6
913	工作问题	7	943	结构改革	6	973	系统研究	6
914	环境问题	7	944	锐意改革	6	974	学习研究	6
915	突出问题	7	945	提供服务	6	975	大学研究	6
916	面向生产	7	946	急中之急	6	976	因校制宜	6
917	培养方式	7	947	课程质量	6	977	一步一步	6
918	创造精神	7	948	思想建设	6	978	学习态度	6
919	独立学院	7	949	努力建设	6	979	逐步推开	6
920	面向生产	7	950	建设实际	6	980	优势学科	6
921	唯物主义	7	951	质量检测	6	981	更加现代	6
922	世界影响	7	952	发展机制	6	982	真抓实干	6
923	立德树人	7	953	今后发展	6	983	身体素质	6
924	自律精神	7	954	也在发展	6	984	社会参与	6
925	招生体制	6	955	基础建设	6	985	国际规则	6
926	大学体制	6	956	企业文化	6	986	改造社会	6
927	国家体制	6	957	多种文化	6	987	信息教育	6
928	一些思想	6	958	重复建设	6	988	发展路子	6
929	教师思想	6	959	强校建设	6	989	世界公认	6
930	人员素质	6	960	多种文化	6	990	自由办学	5

续表

序号	自由节点	频数	序号	自由节点	频数	序号	自由节点	频数
991	体制结构	5	1021	建设必须	5	1051	多种类型	5
992	思想建设	5	1022	各项建设	5	1052	多种规格	5
993	思想明确	5	1023	建设人才	5	1053	先进知识	5
994	教学目的	5	1024	组织建设	5	1054	最终目的	5
995	教学相长	5	1025	数学文化	5	1055	更加先进	5
996	理顺关系	5	1026	文化传统	5	1056	文化功能	5
997	平等竞争	5	1027	建设人才	5	1057	形成特色	5
998	按需设岗	5	1028	不同文化	5	1058	社会变革	5
999	检查监督	5	1029	现代文化	5	1059	办学目的	4
1000	缺一不可	5	1030	建设人才	5	1060	配套进行	4
1001	行政命令	5	1031	理论依据	5	1061	基础素质	4
1002	发展能力	5	1032	外域文化	5	1062	创新思想	4
1003	自由发展	5	1033	文化功能	5	1063	农民素质	4
1004	科研发展	5	1034	经过研究	5	1064	思想发动	4
1005	我国发展	5	1035	生存发展	5	1065	教学环境	4
1006	日益发展	5	1036	发展背景	5	1066	搞活教学	4
1007	高教理论	5	1037	生产发展	5	1067	公开招聘	4
1008	有所发展	5	1038	发展变化	5	1068	严格考核	4
1009	文科建设	5	1039	促进发展	5	1069	队伍臃肿	4
1010	促进建设	5	1040	重要研究	5	1070	生态文明	4
1011	中心建设	5	1041	科研力量	5	1071	改革面临	4
1012	专业发展	5	1042	效益问题	5	1072	改革走向	4
1013	改革实验	5	1043	认识问题	5	1073	怎样改革	4
1014	搞好改革	5	1044	校名问题	5	1074	根本改革	4
1015	网络教育	5	1045	地位问题	5	1075	改革高潮	4
1016	注重改革	5	1046	问题较多	5	1076	班子建设	4
1017	改革途径	5	1047	研究小组	5	1077	人才建设	4
1018	积极改革	5	1048	应该研究	5	1078	军队建设	4
1019	文化优势	5	1049	大力研究	5	1079	文化精品	4
1020	现代文化	5	1050	综合课程	5	1080	教育文化	4

续表

序号	自由节点	频数	序号	自由节点	频数	序号	自由节点	频数
1081	研究模式	4	1111	团结协调	4	1141	作风建设	3
1082	发展提高	4	1112	和谐校园	4	1142	重视理论	3
1083	学生发展	4	1113	重点工程	4	1143	文化场所	3
1084	探索发展	4	1114	教师进修	4	1144	体制建设	3
1085	发展专科	4	1115	重在建设	4	1145	不少改革	3
1086	必须研究	4	1116	信息市场	4	1146	农民问题	3
1087	人的发展	4	1117	继续建设	3	1147	高度发展	3
1088	不断研究	4	1118	学生参与	3	1148	上述问题	3
1089	发展文化	4	1119	体制制度	3	1149	改革配套	3
1090	人才问题	4	1120	教学师资	3	1150	科技改革	3
1091	决策研究	4	1121	关心教学	3	1151	改革精神	3
1092	处理问题	4	1122	内涵为主	3	1152	发展意义	3
1093	首要问题	4	1123	基本思想	3	1153	教学发展	3
1094	继续研究	4	1124	职业素质	3	1154	发展脉搏	3
1095	政策问题	4	1125	数学素质	3	1155	本身发展	3
1096	为谁服务	4	1126	择优聘用	3	1156	发展活力	3
1097	产业发展	4	1127	人浮于事	3	1157	立项研究	3
1098	着重研究	4	1128	资料建设	3	1158	研究部署	3
1099	研究清楚	4	1129	课的建设	3	1159	发展基金	3
1100	求同存异	4	1130	建设重点	3	1160	研究过程	3
1101	一个步伐	4	1131	考风建设	3	1161	强国研究	3
1102	区别对待	4	1132	CAI建设	3	1162	旗帜问题	3
1103	求真务实	4	1133	创造文明	3	1163	道德问题	3
1104	自主学习	4	1134	实践文明	3	1164	法的问题	3
1105	区别对待	4	1135	传承文明	3	1165	其他问题	3
1106	广泛认同	4	1136	文化积淀	3	1166	审核问题	3
1107	文理并重	4	1137	文化含量	3	1167	外语问题	3
1108	创新思想	4	1138	专才教育	3	1168	主动出击	3
1109	大力支持	4	1139	硬件建设	3	1169	大胆尝试	3
1110	工作条件	4	1140	政府主导	3	1170	智力支撑	3

续表

序号	自由节点	频数	序号	自由节点	频数	序号	自由节点	频数
1171	知识更新	3	1201	文化需求	2	1231	主动研究	2
1172	课程安排	3	1202	合同管理	2	1232	课的改革	2
1173	相互依存	3	1203	办学资金	2	1233	某些改革	2
1174	知识交往	3	1204	理论战线	2	1234	加强改革	2
1175	互相配合	3	1205	理论探讨	2	1235	强国问题	2
1176	诚信意识	3	1206	自我激励	2	1236	研究措施	2
1177	发展能力	3	1207	外来文化	2	1237	重新研究	2
1178	自学能力	3	1208	自我管理	2	1238	敏感问题	2
1179	培养水平	3	1209	高雅文化	2	1239	不是问题	2
1180	质量取胜	3	1210	生态文化	2	1240	立法研究	2
1181	全面质量	3	1211	建设平台	2	1241	注重发展	2
1182	经济功能	3	1212	软件建设	2	1242	身心发展	2
1183	内涵为主	3	1213	建设措施	2	1243	质量研究	2
1184	强化特色	3	1214	梯队建设	2	1244	所有问题	2
1185	评估机构	3	1215	教育结果	2	1245	法的研究	2
1186	总体素质	2	1216	普通教育	2	1246	已经研究	2
1187	办学定位	2	1217	教育产品	2	1247	研究总结	2
1188	素质要高	2	1218	基本质量	2	1248	促进改革	2
1189	体制建设	2	1219	电化教育	2	1249	重视发展	2
1190	大学思想	2	1220	学习质量	2	1250	统一发展	2
1191	教学理念	2	1221	制作质量	2	1251	研究热情	2
1192	教学发展	2	1222	科研质量	2	1252	发展机构	2
1193	教学座谈	2	1223	质量提升	2	1253	发展方式	2
1194	思想收获	2	1224	刻不容缓	2	1254	近期发展	2
1195	分层次教学	2	1225	人才强校	2	1255	同时发展	2
1196	教学大师	2	1226	师资建设	2	1256	模式发展	2
1197	教学梯队	2	1227	理论部分	2	1257	轨道发展	2
1198	教学实习	2	1228	质量建设	2	1258	共建发展	2
1199	教学状况	2	1229	理论素养	2	1259	全局问题	2
1200	思想修养	2	1230	某些问题	2	1260	交叉发展	2

续表

序号	自由节点	频数	序号	自由节点	频数	序号	自由节点	频数
1261	发展创新	2	1291	根本体制	1	1321	实习问题	1
1262	研究国家	2	1292	办学结构	1	1322	研究重点	1
1263	平均发展	2	1293	创新素质	1	1323	研究当前	1
1264	不成问题	2	1294	社会素质	1	1324	格局问题	1
1265	困惑问题	2	1295	现代思想	1	1325	揭露问题	1
1266	好的问题	2	1296	学科思想	1	1326	反恐问题	1
1267	标准问题	2	1297	思想要求	1	1327	道路问题	1
1268	题海战术	2	1298	理论思维	1	1328	户口问题	1
1269	从严治教	2	1299	经典理论	1	1329	着重发展	1
1270	治学态度	2	1300	现代理论	1	1330	问题极大	1
1271	相互推进	2	1301	文化缺失	1	1331	哲学问题	1
1272	文理融合	2	1302	物理文化	1	1332	发展定位	1
1273	普遍关心	2	1303	改革思想	1	1333	最近发展	1
1274	考试能力	2	1304	文化动力	1	1334	贷款问题	1
1275	学习兴趣	2	1305	不良文化	1	1335	发展比例	1
1276	知识视野	2	1306	探索文化	1	1336	心理发展	1
1277	相互支撑	2	1307	生活教育	1	1337	发展广度	1
1278	思考能力	2	1308	业务质量	1	1338	专业问题	1
1279	考试能力	2	1309	教育属性	1	1339	发展过快	1
1280	社会评估	2	1310	老年教育	1	1340	发展概况	1
1281	学术思想	2	1311	网上教育	1	1341	首要任务	1
1282	中国自己	2	1312	大众文化	1	1342	大大发展	1
1283	整体目标	2	1313	行政干部	1	1343	目前发展	1
1284	不搞排队	2	1314	讲课质量	1	1344	数量发展	1
1285	道德功能	2	1315	思想根源	1	1345	多元发展	1
1286	重视评估	2	1316	思想启发	1	1346	发展大计	1
1287	国际交往	2	1317	研究基金	1	1347	民族问题	1
1288	总体质量	2	1318	研究课程	1	1348	教师问题	1
1289	社会评估	2	1319	研究时机	1	1349	学风问题	1
1290	缴费体制	1	1320	气候问题	1	1350	胜利发展	1

续表

序号	自由节点	频数	序号	自由节点	频数	序号	自由节点	频数
1351	研究了解	1	1379	学术大师	1	1	改革和(与)发展	1469
1352	研究将来	1	1380	学术流派	1	2	我国高等教育	1139
1353	各项研究	1				3	管理体制改革	1048
1354	类似问题	1				4	中国高等教育	1044
1355	研究理论	1				5	高等教育改革	1021
1356	教师问题	1				6	文化素质教育	1008
1357	个性问题	1				7	高等教育发展	759
1358	属性问题	1				8	高等教育强国	538
1359	多数问题	1				9	教育的改革	451
1360	研究学风	1				10	研究生教育	426
1361	教育属性	1				11	建设高等教育强国	405
1362	两个属性	1				12	市场经济体制	387
1363	经济属性	1				13	教学内容和课程体系	381
1364	加快试点	1				14	高等教育体制	377
1365	逐步推广	1				15	高等教育的改革	368
1366	治学方法	1				16	课程体系改革	311
1367	积极行动	1				17	思想政治教育	297
1368	整合资源	1				18	教育科学研究	279
1369	新兴产业	1				19	体制的改革	268
1370	专门知识	1				20	观念的改革	262
1371	主动学习	1				21	改革与发展	258
1372	知识生长	1				22	科学技术发展	244
1373	公共课程	1				23	建设有中国特色	224
1374	现代意识	1				24	人才培养模式	223
1375	现代思想	1				25	创新型国家	219
1376	寻找对策	1				26	计划经济体制	212
1377	试点探索	1				27	世界一流大学	209
1378	评估对象	1				28	现代化建设	206

续表

序号	自由节点	频数	序号	自由节点	频数	序号	自由节点	频数
29	高等教育体制改革	203	53	高等教育理论	127	77	身体心理素质	79
30	人文社会科学	203	54	经济体制改革	126	78	学生的素质	77
31	思想道德素质	196	55	就业体制改革	124	79	高等教育工作	70
32	提高教学质量	192	56	高等教育质量	122	80	存在的问题	70
33	科学发展观	186	57	改革的重点	121	81	中国特色高等教育思想	69
34	改革是关键	174	58	计算机基础	119	82	发展的形势	69
35	综合性大学	174	59	内容的改革	118	83	优秀教学评估	68
36	推进素质教育	169	60	实施素质教育	117	84	制度的改革	67
37	大学生文化	169	61	体系的改革	113	85	中国特色的高等教育思想	65
38	高等教育思想	169	62	教育国际化	106	86	思想政治教育研究	65
39	教学改革是核心	168	63	学校内部管理体制	102	87	教育的思想	64
40	内部管理体制改革	166	64	文化的传统	100	88	中国特色高等教育思想体系	64
41	高等教育研究	159	65	学科的发展	99	89	高水平大学	62
42	中国特色的高等教育	156	66	改革是先导	99	90	发展和改革	61
43	经济全球化	152	67	教育思想教育观念改革是先导	99	91	经费筹措体制	60
44	较大的发展	150	68	方法的改革	98	92	区域经济服务	60
45	邓小平理论	146	69	高等教育科学研究	97	93	自己的特色	60
46	体制改革是关键	145	70	计算机辅助教学	96	94	精神文明建设	58
47	提高教育质量	143	71	建设小康社会		95	永恒的主题	55
48	世界高等教育	142	72	发展高等教育	87	96	质量是永恒的主题	55
49	重点和难点	135	73	改革的目标	87	97	发展职业教育	55
50	建设创新型国家	132	74	突破性进展	86	98	改革的进程	54
51	理论工作者	131	75	教学方法的改革	80	99	优秀的文化	54
52	建设世界一流大学	128	76	质量的提高	79	100	教师队伍建设	53

序号	自由节点	频数	序号	自由节点	频数	序号	自由节点	频数
101	教学内容的改革	52	123	建设社会主义	43	145	学校的改革	34
102	发展的必然	52	124	师资队伍建设	43	146	改革的实践	34
103	文化素质是基础	51	125	规模、结构、质量、效益	43	147	马克思主义理论	34
104	人文社会科学研究	51	126	理论与实践	43	148	教育与生产劳动相结合	34
105	文化大革命	50	127	解决的问题	42	149	改革高等教育	33
106	社会主义理论	50	128	办学体制改革	42	150	改革的力度	33
107	改革的决定	48	129	质量和效益	42	151	人文教育薄弱	33
108	建设和谐文化	48	130	质量是生命线	41	152	发展的问题	32
109	提高高等教育质量	48	131	高校内部管理体制改革	40	153	改革非常重要	32
110	现代化的教育思想	48	132	思想政治工作	40	154	文化相适应	32
111	自己的路子	48	133	综合的大学	40	155	理论联系实际	32
112	方面的问题	47	134	后勤社会化	40	156	质量和水平	32
113	教学基本建设	47	135	科学的发展	39	157	理论联系实际	32
114	改革的步伐	47	136	思想道德素质是根本	39	158	毛泽东教育思想	32
115	能力和素质	47	137	中国特色的高等教育思想体系	39	159	理论联系实际	32
116	教学基本建设	47	138	现代科学技术	39	160	质量意识要升温	31
117	发展和改革	46	139	素质教育的思想	38	161	思路比较清晰	31
118	高校内部管理体制	46	140	端正办学指导思想	38	162	知识经济时代	31
119	发展的大循环	45	141	遵循教育规律	38	163	发展的关键	30
120	发展中国家	45	142	人才培养模式的改革	36	164	人才培养模式改革	30
121	成人高等教育	45	143	计算机技术	36	165	毛泽东思想	30
122	重要的问题	43	144	培养模式单一	36	166	质量是中心	30

续表

序号	自由节点	频数	序号	自由节点	频数	序号	自由节点	频数
167	与国际接轨	30	190	教师的素养	26	213	社会主义思想	21
168	毛泽东思想	30	191	思想政治素质	26	214	管理制度的改革	20
169	单科性大学	30	192	建设和发展	25	215	改革的内容	20
170	更大的发展	29	193	发展不平衡	25	216	我们的工作	20
171	计算机应用	29	194	建设和发展	25	217	质量是核心	20
172	教学方法偏死	29	195	我们的体制	25	218	操作比较平稳	20
173	和谐文化建设	28	196	人文教育与科学教育的融合	25	219	重数量轻质量	20
174	改革的关键	28	197	改革的重要内容	24	220	优秀教学评价	20
175	人才的素质	28	198	科学文化素质	24	221	改革的目的	19
176	建设一个什么样的高等教育	28	199	留学服务工作	24	222	改革的关系	19
177	教学管理制度	28	200	实质性合并	24	223	研究生教育发展	19
178	更高的层次	28	201	没有个性就没有创造性	23	224	改革的需要	19
179	走出自己的路子	28	202	规模有较大发展	23	225	改革人才培养模式	19
180	结构要更加合理	27	203	改革的过程	22	226	发展和提高	19
181	建设高水平	26	204	教育产业化	22	227	辅助教学工作	19
182	高等教育的问题	26	205	教育现代化	22	228	质量为中心	19
183	教育的研究	26	206	很重要的问题	22	229	本科是基础	19
184	改革的问题	26	207	文化素质教育基地	22	230	现代教育思想	19
185	进一步改革	26	208	计算机文化	22	231	研究和讨论	18
186	改革的问题	26	209	教育现代化	22	232	就业制度的改革	18
187	明显的成绩	26	210	教育研究界	21	233	关注的问题	18
188	办出自己的特色	26	211	科目的改革	21	234	面向现代化	18
189	效益明显提高	26	212	研究高等教育	21	235	教育理论工作者	18

序号	自由节点	频数	序号	自由节点	频数	序号	自由节点	频数
236	教育的世纪	18	260	多学科综合	15	284	高考制度改革	12
237	理论的研究	18	261	学科综合交叉	15	285	一系列改革	12
238	困难和问题	17	262	研究和实践	14	286	那样的问题	12
239	发展高等职业教育	17	263	科学的教育	14	287	教师的素质	12
240	核心的改革	17	264	职业道德素质	14	288	学校的体制	12
241	改革是关键	17	265	进行素质教育	14	289	文化的教育	12
242	现代化的高等教育	17	266	劳动者素质	14	290	工作的主旋律	12
243	培养什么人	17	267	教学第一线	14	291	数量和质量	12
244	质量要上一个台阶	17	268	科学的教育	14	292	理念是先导	12
245	质量的阶段	17	269	怎样培养人	14	293	带来的问题	11
246	决策科学化	17	270	没有先进的教育思想	14	294	出现的问题	11
247	上层建筑的属性	17	271	科学民主决策	14	295	领域的改革	11
248	质量要上一个台阶	17	272	要点的研究	13	296	改革的难度	11
249	发展的路子	16	273	质量的问题	13	297	研究的基础	11
250	教育的世纪	16	274	问题比较多	13	298	投资体制改革	11
251	优先发展教育	16	275	教育的文化	13	299	要解决的问题	11
252	经济基础的属性	16	276	教学在升温	13	300	系统地研究	11
253	校长负责制	16	277	低水平重复	13	301	生态文明建设	11
254	特困生的问题	15	278	教学内容陈旧	13	302	改革与创新	11
255	素质教育的问题	15	279	实验室建设	12	303	大学的文化自觉	11
256	研究的问题	15	280	建立和发展	12	304	未来的世纪	11
257	发展和进步	15	281	学校的问题	12	305	素质教育的自觉	11
258	人才的质量	15	282	深层次发展	12	306	非常重要的问题	10
259	从实际出发	15	283	面临的问题	12	307	建设和谐社会	10

续表

序号	自由节点	频数	序号	自由节点	频数	序号	自由节点	频数
308	发展的新局面	10	333	中学素质教育	9	358	高教事业的发展	7
309	完善和发展	10	334	党委领导下的校长负责制	9	359	教学建设项目	7
310	发展的观念	10	335	办学的质量	9	360	文化的辐射	7
311	高教的改革	10	336	以提高质量为核心	9	361	文化多元化	7
312	科技体制改革	10	337	一流的学科	9	362	基础性的素质	7
313	改革和管理	10	338	改革研讨会	8	363	质量的评价	7
314	文化相融合	10	339	改革促进建设	8	364	生产力的属性	7
315	未来的发展	10	340	改革和创新	8	365	质量作为重点	7
316	文化的交流	10	341	长足的发展	8	366	质量的世纪	7
317	身体心理素质是本钱	10	342	干部队伍建设	8	367	走自己的路	7
318	质量为核心	10	343	业务素质是本领	8	368	质量的世纪	7
319	高教强国工程	10	344	有利于教学	8	369	以学生为本	7
320	学生的质量	10	345	原有的体制	8	370	深层次的理论	7
321	先进(的)思想	10	346	更高的起点	8	371	文化多元化	7
322	矛盾和问题	9	347	高科技产业	8	372	质量的世纪	7
323	人才培养的问题	9	348	这样的改革	7	373	专业设置太窄	7
324	发展的重点	9	349	发展和创新	7	374	外围的改革	6
325	关心的问题	9	350	生产力的发展	7	375	发展的动力	6
326	改革的指导思想	9	351	发展科学技术	7	376	发展的先导	6
327	发展出现了好的势头	9	352	深层次的问题	7	377	改革非常难	6
328	建设的问题	9	353	教育思想问题	7	378	深层次问题	6
329	改革的历程	9	354	曲折的发展	7	379	素质的问题	6
330	进一步研究	9	355	学生的问题	7	380	重视的问题	6
331	较大的问题	9	356	服务的问题	7	381	建设的过程	6
332	各国的文化	9	357	改革的领导	7	382	探讨和研究	6

续表

序号	自由节点	频数	序号	自由节点	频数	序号	自由节点	频数
383	应用性研究	6	404	发展研究生教育	5	425	实质性成果	5
384	人文的教育	6	405	改革的途径	5	426	意识形态属性	5
385	教学指导思想	6	406	人事制度改革	5	427	高等教育的思想	5
386	高素质创新人才	6	407	计算机技术的发展	5	428	学风为灵魂	5
387	推行素质教育	6	408	巩固和发展	5	429	改革是很难的	4
388	教学实验室	6	409	继承和发展	5	430	全局的问题	4
389	人文的教育	6	410	科学研究的发展	5	431	现在的问题	4
390	质量是学校的生命线	6	411	研究和制定	5	432	涉及的问题	4
391	更具创造性	6	412	社会的问题	5	433	基础性研究	4
392	民族的文化	6	413	改革的实施	5	434	高校的问题	4
393	重要的思想	6	414	结合的问题	5	435	我们的问题	4
394	专业口径过窄	6	415	遇到的问题	5	436	教学改革问题	4
395	实践和理论	6	416	建设和评选	5	437	教材的改革	4
396	创新的思想	6	417	不能大发展	5	438	改革的重大突破	4
397	没有现代化的教育思想	6	418	专业学位发展	5	439	研究人才培养	4
398	特色和优势	6	419	研究型大学	5	440	改革的现状	4
399	人文教育与科学教育相结合	6	420	更新教育思想	5	441	物质文明建设	4
400	培养人才是根本目的	6	421	共同的文化	5	442	反映的问题	4
401	增加投入是前提	6	422	文化的格调	5	443	现在的问题	4
402	质量是生命	6	423	措施比较有力	5	444	研究生教学用书的建设	4
403	改革的根本目的	5	424	教学工作是学校的主旋律	5	445	改革的回顾	4

序号	自由节点	频数	序号	自由节点	频数	序号	自由节点	频数
446	发展的回顾	4	469	大量的问题	3	492	课程的质量	3
447	信息化发展	4	470	一定的发展	3	493	发展研讨会	3
448	巨大的发展	4	471	改革的成功	3	494	发展的决定	3
449	现代大学制度	4	472	发展要注重提高质量	3	495	马克思主义教育思想	3
450	教学要再加温	4	473	改革的讨论	3	496	提高质量是改革发展的关键	3
451	毕业生的质量	4	474	文明的发展	3	497	正确的思想	3
452	现代大学制度	4	475	得益于改革	3	498	教学为生命	3
453	转变教育观念	4	476	探索的问题	3	499	进入社会大循环	3
454	质量是生命线	4	477	体制上的问题	3	500	分科的教育	3
455	进入世界经济发展的大循环	4	478	根本性的问题	3	501	社会力量办学	3
456	高雅的文化	4	479	复杂的问题	3	502	教学的基本要求	3
457	教学积极性	4	480	改革的必要	3	503	教学委员会	3
458	理论与实际的结合	4	481	解决不了的问题	3	504	教学主旋律	3
459	中国的路子	4	482	改革是至关重要的	3	505	相应的研究	2
460	开放是前提	4	483	综合化的发展	3	506	动力在于改革	2
461	教学的思想	4	484	研究和考虑	3	507	讨论和研究	2
462	高层次发展	4	485	了解和研究	3	508	发展的挑战	2
463	孤立地发展	4	486	严重的问题	3	509	改革的设想	2
464	知识经济的发展	3	487	研究和试点	3	510	文化传统的问题	2
465	重视和研究	3	488	建设更加开放的高等教育	3	511	怎么办的问题	2
466	大量的问题	3	489	改革的意见	3	512	经费的问题	2
467	专业面窄的问题	3	490	分科的教育	3	513	研究的针对性	2
468	办学方向是否端正的问题	3	491	提高质量是教育改革发展的关键	3	514	内容的研究	2

序号	自由节点	频数	序号	自由节点	频数	序号	自由节点	频数
515	研究新情况	2	538	遗留下来的问题	2	561	难解决的问题	2
516	高技术的发展	2	539	发展的挑战	2	562	问题的原因	2
517	以改革促发展	2	540	沿着健康方向发展	2	563	令人担忧的问题	2
518	人才的问题	2	541	高考形式改革	2	564	办学方向问题	2
519	寓改革于建设	2	542	效益不高的问题	2	565	后勤社会化问题	2
520	建设与改革	2	543	经验和问题	2	566	教学改革的问题	2
521	保送生问题	2	544	国际化问题	2	567	工资的问题	2
522	顺利地发展	2	545	人才观问题	2	568	教学改革的理论	2
523	发展的高潮	2	546	教育理论问题	2	569	思想和认识	2
524	结构的改革	2	547	教师住房问题	2	570	最基本的思想	2
525	重点课建设	2	548	高考的问题	2	571	教学带头人	2
526	改革推动建设	2	549	理想的教育	2	572	学生是主体	2
527	当前的改革	2	550	素质的训练	2	573	成绩比较明显	2
528	建设推动改革	2	551	素质的提升	2	574	提高质量作为生命线	2
529	新技术发展	2	552	人员能进不能出	2	575	质量是关键	2
530	关键在于改革	2	553	待遇能高不能低	2	576	共性的问题	2
531	国外的发展	2	554	职务能升不能降	2	577	注意的问题	2
532	积极的建设	2	555	相融合的文化	2	578	科学的评估	2
533	着眼于建设	2	556	文化大发展	2	579	主动地发展	1
534	思想政治建设	2	557	整个的体制	2	580	改革并不是一蹴而就的	1
535	创造性的发展	2	558	体制与机制	2	581	现代科技文化发展	1
536	思想体系建设	2	559	文化的殿堂	2	582	重发展轻改革	1
537	市场经济的改革	2	560	文化的自觉	2	583	高效率地发展	1

续表

序号	自由节点	频数	序号	自由节点	频数	序号	自由节点	频数
584	建设促改革	1	606	现代化的问题	1	628	稳定中发展	1
585	隐含的问题	1	607	学风的研究	1	629	计算机辅助教学的研究	1
586	校办产业发展	1	608	方向性的问题	1	630	CAI 的研究	1
587	锻炼缺乏的问题	1	609	方法的问题	1	631	教师的研究	1
588	"教育公平"问题	1	610	"教育腐败"问题	1	632	研究教学质量	1
589	问题怎么样	1	611	研究的制度	1	633	研究性实验	1
590	教学资料建设	1	612	观点的问题	1	634	思考和研究	1
591	这里面的问题	1	613	发展观问题	1	635	课程的研究	1
592	教学基地问题	1	614	教学过程的研究	1	636	生态文明研究	1
593	信息教育的发展	1	615	研究和开发	1	637	大循环里去研究	1
594	基础教育的问题	1	616	发展的后盾	1	638	教学的体制	1
595	继续教育问题	1	617	路线的问题	1	639	文化的理念	1
596	盲目的发展	1	618	国际化全球化问题	1	640	探索了路子	1
597	发展的最新动向	1	619	办学模式问题	1	641	找到了办法	1
598	改革和发展是很难的	1	620	中学的问题	1	642	以提高质量为主题	1
599	留学生的问题	1	621	数学的问题	1	643	地方的文化	1
600	结构的问题	1	622	计算机的发展	1	644	质量不稳定	1
601	全方位发展	1	623	互相协调的问题	1	645	后勤管理体制	1
602	偏科的问题	1	624	环节的问题	1	646	找到了办法	1
603	人文与科学融合的发展	1	625	建设是根本	1	647	探索了路子	1
604	重建设、轻应用的问题	1	626	现代技术发展	1	648	文化的动力	1
605	大局的问题	1	627	发展的良好环境	1	649	文化的支柱	1

续表

序号	自由节点	频数	序号	自由节点	频数	序号	自由节点	频数
650	多元化的文化	1	660	转变的问题	1	670	面向社会的问题	1
651	以培养人为主的思想	1	661	思想的硕果	1	671	人才培养模式多元化	1
652	集体主义的思想	1	662	理论的实践	1	672	大学理事会	1
653	自由化思想	1	663	理论和原则	1	673	参与的问题	1
654	思想和价值观	1	664	文理工分家	1	674	没有问题的问题	1
655	思想的宝库	1	665	更新的课题	1	675	怎样实施的问题	1
656	资产阶级的思想	1	666	一流的学者	1	676	费用的问题	1
657	文明健康的思想	1	667	高校治理结构	1	677	教学质量的滑坡问题	1
658	思想的收获	1	668	一流的人才	1	678	课程体系问题	1
659	合作办学的问题	1	669	教学工作问题	1	679	配套的问题	1

附录三　周远清教育文本二级编码表

表 12　树节点"教育"相关的词频统计表

序号	节点	频次	序号	节点	频次	序号	节点	频次
1	高等教育	10568	19	教育家	188	37	体育	46
2	素质教育	2642	20	教育方针	182	38	成人高等教育	45
3	高教	2221	21	中国特色的高等教育	156	39	创业教育	43
4	教育思想	1832	22	教育规律	156	40	成人教育	38
5	我国高等教育	1139	23	本科教育	148	41	现代教育	36
6	中国高等教育	1044	24	本科教育	148	42	教育与生产劳动相结合	34
7	教育质量	499	25	教育界	137	43	通识教育	33
8	研究生教育	426	26	教育界	137	44	教育制度	31
9	人文教育	406	27	德.	116	45	教育基地	28
10	教育研究	372	28	教育国际化	106	46	教育过程	27
11	教育科学	338	29	应试教育	102	47	教育经验	26
12	教育科学	338	30	师范教育	93	48	教育现代化	22
13	教育科学	338	31	教育专家	92	49	教育产业化	22
14	职业教育	311	32	教师教育	91	50	教育研究界	21
15	教育观	277	33	文科教育	84	51	国际教育	20
16	教育科学研究	276	34	艺术教育	78	52	创新教育	19
17	基础教育	273	35	教育创新	68	53	终身教育	19
18	科学教育	247	36	自学考试	57	54	远程教育	18

序号	节点	频次	序号	节点	频次	序号	节点	频次
55	现代化的高等教育	17	64	传统教育	10	73	理想的教育	2
56	中学教育	17	65	通才教育	9	74	教育结果	2
57	教育的世纪	16	66	人文的教育	6	75	教育产品	2
58	优先发展教育	16	67	信息教育	6	76	电化教育	2
59	科学的教育	14	68	网络教育	5	77	教育属性	1
60	专门教育	14	69	专才教育	3	78	老年教育	1
61	智育	12	70	分科的教育	3	79	生活教育	1
62	依靠教育	11	71	教育世纪	2	80	网上教育	1
63	教育目标	10	72	普通教育	2			

表 13　树节点"教学"相关的词频统计表

序号	节点	频次	序号	节点	频次	序号	节点	频次
1	教学	7912	17	教学指导	89	33	教学环节	37
2	教学改革	1807	18	辅助教学	87	34	课程教学	33
3	教学工作	1003	19	教学思想	79	35	教学经费	32
4	教学内容	973	20	教学研究	75	36	教学秩序	32
5	教学质量	510	21	外语教学	74	37	专业教学	31
6	教学方法	455	22	教学评价(估)	70	38	教学上	30
7	教学内容和课程体系	381	23	重视教学	66	39	教学大纲	29
8	教学计划	288	24	教学中	66	40	教学管理制度	28
9	教育教学	249	25	教学成果	57	41	教学条件	27
10	教学改革是核心	168	26	基础教学	56	42	学科教学	27
11	优秀教学	155	27	实践教学	48	43	教学基地	26
12	教学管理	147	28	教学基本建设	47	44	抓好教学	25
13	深化教学	114	29	实验教学	46	45	教学软件	25
14	抓教学	112	30	教学手段	43	46	教学模式	24
15	本科教学	107	31	教学过程	42	47	数学教学	22
16	教学水平	95	32	教学科研	42	48	教学体系	20

序号	节点	频次	序号	节点	频次	序号	节点	频次
49	教学讨论	18	70	教学设施	8	91	教学座谈	2
50	教学实践	17	71	教学建设	7	92	分层次教学	2
51	教学投入	17	72	教学体制（制度）	7	93	教学大师	2
52	教学优秀	16	73	教学研讨	7	94	教学梯队	2
53	教学效果	16	74	教学指导思想	6	95	教学状况	2
54	课堂教学	16	75	教学实验室	6	96	教学实习	2
55	教学要求	15	76	教学目的	5	97	教学者	2
56	理论教学	14	77	教学相长	5	98	关注教学	2
57	搞好教学	14	78	教学工作是学校的主旋律	5	99	教学精力	2
58	教学第一线	14	79	教学要再加温	4	100	实习教学	1
59	研究教学	14	80	搞活教学	4	101	教学和实践	1
60	教学在升温	13	81	教学积极性	4	102	教学上要搞活	1
61	教学组织	11	82	教学环境	4	103	计算机教学	1
62	业务教学	10	83	教学主旋律	3	104	教学法	1
63	教学经验	10	84	教学的基本要求	3	105	教学位置	1
64	教学队伍	10	85	教学师资	3	106	教学小组	1
65	教学任务	9	86	教学委员会	3	107	教学资料	1
66	教学规律	9	87	教学的基本要求	3	108	教学的根本问题是教师问题	1
67	教学能力	9	88	关心教学	3	109	教学先进	1
68	教学方式	8	89	教学发展	2	110	教学功能	1
69	有利于教学	8	90	教学理念	2	111	教学事业	1

表 14　树节点"办学"相关的词频统计表

序号	节点	频次	序号	节点	频次	序号	节点	频次
1	合并	1579	4	参与	369	7	合作办学	269
2	共建	845	5	联合	352	8	条块分割	266
3	合作	766	6	自主办学	271	9	适应社会	231

序号	节点	频次	序号	节点	频次	序号	节点	频次
10	教学改革是核心	168	30	遵循教育规律	38	50	大势所趋	13
11	面向社会	165	31	办学质量	37	51	社区服务	11
12	办学体制	165	32	条块结合	34	52	近亲繁殖	10
13	办学效益	154	33	增加投入	33	53	发挥优势	8
14	体制改革是关键	145	34	协作办学	32	54	办学经验	8
15	办学水平	125	35	面向未来	30	55	办学规律	6
16	共管	122	36	结构要更加合理	27	56	社会参与	6
17	适应经济	114	37	效益明显提高	26	57	培养人才是根本目的	6
18	教育思想教育观念改革是先导	99	38	规模有较大发展	23	58	增加投入是前提	6
19	社会服务	91	39	办学规律	23	59	自由办学	5
20	办出特色	91	40	独立办学	22	60	理顺关系	5
21	解放思想	81	41	依法办学	21	61	配套进行	4
22	优势互补	69	42	更新观念	20	62	办学目的	4
23	办学条件	68	43	面向现代化	18	63	内涵为主	3
24	办学方向	65	44	质量要上一个台阶	17	64	进入社会大循环	3
25	共享	65	45	社会办学	16	65	进入世界发展大循环	3
26	联合办学	63	46	办学特色	16	66	社会力量办学	3
27	资源共享	46	47	开拓创新	16	67	办学定位	2
28	参与办学	44	48	适应市场	16	68	办学资金	2
29	办学模式	42	49	办学历史	15	69	办学结构	1

表 15 树节点"改革"相关的词频统计表

序号	节点	频次	序号	节点	频次	序号	节点	频次
1	改	15694	26	内部管理体制改革	166	51	改革意识	60
2	改革	14455	27	体制改革是关键	145	52	发展和改革	60
3	体制改革	2906	28	这个改革	139	53	改革的进程	54
4	的改革	2596	29	深化改革	127	54	改革措施	52
5	改革的	2047	30	经济体制改革	126	55	教学内容的改革	52
6	教学改革	1807	31	就业体制改革	124	56	改革方案	51
7	教育改革	1518	32	改革的重点	121	57	改革经验	51
8	管理体制改革	1048	33	内容的改革	118	58	改革教育	50
9	高等教育改革	1021	34	高教改革	117	59	各项改革	50
10	改革和发展	722	35	观念改革	114	60	改革的决定	48
11	改革发展	489	36	体系的改革	113	61	改革力度	47
12	教育的改革	451	37	进行改革	111	62	改革的步伐	47
13	高等教育的改革	368	38	大的改革	106	63	必须改革	46
14	体系改革	334	39	教育思想教育观念改革是先导	99	64	不改革	42
15	课程体系改革	311	40	改革是先导	99	65	办学体制改革	42
16	改革开放	306	41	制度改革	98	66	重大改革	41
17	体制的改革	268	42	方法的改革	98	67	改革试点	40
18	高考改革	264	43	加快改革	88	68	高校内部管理体制改革	40
19	观念的改革	262	44	要改革	86	69	一项改革	38
20	大改革	261	45	改革的目标	86	70	改革问题	37
21	改革与发展	258	46	改革工作	85	71	改革研究	37
22	高等教育体制改革	203	47	教学方法的改革	79	72	人才培养模式的改革	36
23	改革计划	182	48	改革实践	70	73	改革的实践	34
24	改革是关键	174	49	制度的改革	65	74	学校的改革	34
25	教学改革是核心	168	50	改革教学	61	75	改革的力度	33

序号	节点	频次	序号	节点	频次	序号	节点	频次
76	改革高等教育	33	104	核心的改革	17	132	改革研讨会	8
77	改革非常重要	32	105	改革提高	16	133	逐步改革	8
78	人才培养模式改革	30	106	不断改革	16	134	重要改革	8
79	学校改革	30	107	需要改革	15	135	改革的领导	7
80	改革的关键	28	108	学的改革	14	136	调整改革	7
81	招生改革	28	109	改革试验	14	137	适应改革	7
82	改革的问题	26	110	建设、改革	13	138	这样的改革	7
83	进一步改革	26	111	教的改革	12	139	改革方针	7
84	收费改革	25	112	高考制度改革	12	140	管理改革	7
85	改革的重要内容	24	113	后勤改革	12	141	结构改革	6
86	推进改革	23	114	其他改革	12	142	改革非常难	6
87	就业改革	23	115	一系列改革	12	143	锐意改革	6
88	改革创新	22	116	改革与创新	11	144	外围的改革	6
89	改革的过程	22	117	改革探索	11	145	改革的根本目的	5
90	科目的改革	21	118	经济改革	11	146	改革实验	5
91	改革探索	21	119	投资体制改革	11	147	搞好改革	5
92	管理制度的改革	20	120	领域的改革	11	148	注重改革	5
93	改革的内容	20	121	改革的难度	11	149	改革途径	5
94	思想改革	19	122	推动改革	10	150	人事制度改革	5
95	改革的需要	19	123	高教的改革	10	151	改革的途径	5
96	改革人才培养模式	19	124	改革和管理	10	152	改革的实施	5
97	改革进展	19	125	科技体制改革	10	153	积极改革	5
98	改革的目的	19	126	改革的历程	9	154	改革是很难的	4
99	改革的关系	19	127	改革的指导思想	9	155	改革走向	4
100	就业制度的改革	18	128	整体改革	8	156	怎样改革	4
101	改革是关键	17	129	完善改革	8	157	改革的重大突破	4
102	如何改革	17	130	改革和创新	8	158	改革的回顾	4
103	改革成果	17	131	改革促进建设	8	159	改革的现状	4

续表

序号	节点	频次	序号	节点	频次	序号	节点	频次
160	教材的改革	4	173	改革的必要	3	186	改革思想	1
161	改革面临	4	174	高考形式改革	2	187	高考方式改革	1
162	根本改革	4	175	促进改革	2	188	大力改革	1
163	改革高潮	4	176	关键在于改革	2	189	改革方法	1
164	改革精神	3	177	改革的设想	2	190	改革的生力军	1
165	得益于改革	3	178	课的改革	2	191	改革局面	1
166	改革的成功	3	179	结构的改革	2	192	改革的浪潮	1
167	改革的讨论	3	180	改革推动建设	2	193	改革要走出自己的路	1
168	不少改革	3	181	某些改革	2	194	改革经济	1
169	科技改革	3	182	动力在于改革	2	195	改革科技	1
170	改革配套	3	183	加强改革	2	196	改革专题	1
171	改革是至关重要的	3	184	市场经济的改革	2	197	改革并不是一蹴而就	1
172	改革的意见	3	185	当前的改革	2	198	改革迫在眉睫	1

表16　树节点"发展"相关的词频统计表

序号	节点	频次	序号	节点	频次	序号	节点	频次
1	发展	9775	14	发展观	227	27	全面发展	102
2	科学发展	3199	15	技术发展	206	28	学科的发展	99
3	的发展	2123	16	科学发展观	186	29	发展规划	98
4	发展的	1932	17	学校发展	170	30	大力发展	94
5	改革和发展	1469	18	较大的发展	150	31	发展纲要	90
6	教育发展	1011	19	协调发展	147	32	发展高等教育	87
7	社会发展	894	20	发展方针	140	33	自身发展	86
8	高等教育发展	759	21	很大发展	133	34	发展规律	83
9	经济发展	339	22	个性发展	125	35	发展服务	79
10	大发展	332	23	发展道路	115	36	持续发展	79
11	大的发展	278	24	发展战略	113	37	发展问题	73
12	发展中	254	25	事业发展	110	38	发展思路	72
13	科学技术发展	244	26	发展趋势	106	39	发展的形势	68

序号	节点	频次	序号	节点	频次	序号	节点	频次
40	积极发展	66	70	优先发展	34	100	发展自己	16
41	发展道路	65	71	发展机遇	33	101	已发展	15
42	稳步发展	64	72	发展起来	31	102	如何发展	15
43	内涵发展	60	73	历史发展	30	103	高速发展	15
44	要发展	60	74	发展的关键	30	104	发展和进步	15
45	高校发展	59	75	形势发展	30	105	很难发展	14
46	高教发展	59	76	更大的发展	29	106	长期发展	13
47	进一步发展	56	77	发展为主	28	107	纵深发展	13
48	发展过程	55	78	发展情况	27	108	发展创造	13
49	发展职业教育	54	79	时代发展	27	109	共同发展	13
50	发展阶段	52	80	建设和发展	25	110	新发展	12
51	发展的必然	51	81	发展我国	25	111	为了发展	12
52	发展为	50	82	发展不平衡	25	112	建立和发展	12
53	年发展	49	83	发展目标	24	113	深层次发展	12
54	文化发展	48	84	发展实践	24	114	行业发展	11
55	方向发展	47	85	深入发展	24	115	建设发展	11
56	发展进程	47	86	发展理念	23	116	加速发展	11
57	发展和改革	46	87	规模发展	23	117	世界发展	11
58	发展的大循环	45	88	飞速发展	23	118	和谐发展	10
59	健康发展	40	89	发展规模	22	119	发展的新局面	10
60	先发展	40	90	长远发展	21	120	发展论坛	10
61	科学的发展	39	91	得到发展	21	121	完善和发展	10
62	协同发展	37	92	怎么发展	20	122	发展体制	10
63	迅猛发展	37	93	世纪发展	19	123	发展的观念	10
64	发展很快	37	94	发展和提高	19	124	较快发展	10
65	国家发展	36	95	研究生教育发展	19	125	发展态势	10
66	适度发展	35	96	建设发展	18	126	综合发展	9
67	大学发展	35	97	发展高职教育	17	127	整体发展	9
68	自我发展	34	98	发展前沿	17	128	综合发展	9
69	发展史	34	99	发展的路子	16	129	发展的重点	9

续表

序号	节点	频次	序号	节点	频次	序号	节点	频次
130	发展现状	9	158	专业发展	5	186	本身发展	3
131	发展出现好势头	9	159	巩固和发展	5	187	发展活力	3
132	重点发展	8	160	我国发展	5	188	发展的决定	3
133	发展全局	8	161	继承和发展	5	189	发展意义	3
134	长足的发展	8	162	发展研究生教育	5	190	教学发展	3
135	方面发展	8	163	生产发展	5	191	文明的发展	3
136	生产力的发展	7	164	科学研究的发展	5	192	一定的发展	3
137	充分发展	7	165	发展变化	5	193	发展要注重提高质量	3
138	逐渐发展	7	166	促进发展	5	194	综合化的发展	3
139	发展科学技术	7	167	不能大发展	5	195	知识经济的发展	3
140	曲折的发展	7	168	发展背景	5	196	高度发展	3
141	高教事业的发展	7	169	生存发展	5	197	发展基金	3
142	发展壮大	7	170	专业学位发展	5	198	发展方式	2
143	形式发展	7	171	人的发展	4	199	近期发展	2
144	发展应用	7	172	发展的回顾	4	200	注重发展	2
145	不发展	7	173	信息化发展	4	201	高技术的发展	2
146	发展和创新	7	174	发展提高	4	202	新技术发展	2
147	发展的动力	6	175	探索发展	4	203	发展的挑战	2
148	发展的先导	6	176	学生发展	4	204	同时发展	2
149	发展机制	6	177	发展专科	4	205	身心发展	2
150	今后发展	6	178	巨大的发展	4	206	以改革促发展	2
151	也在发展	6	179	产业发展	4	207	轨道发展	2
152	发展能力	5	180	高层次发展	4	208	顺利地发展	2
153	自由发展	5	181	发展文化	4	209	沿健康方向发展	2
154	科研发展	5	182	孤立地发展	4	210	国外的发展	2
155	计算机技术发展	5	183	发展研讨会	3	211	发展的高潮	2
156	日益发展	5	184	发展脉搏	3	212	共建发展	2
157	有所发展	5	185	提高质量是教育改革发展的关键	3	213	发展的挑战	2

续表

序号	节点	频次	序号	节点	频次	序号	节点	频次
214	模式发展	2	227	心理发展	1	240	盲目的发展	1
215	创造性的发展	2	228	主动地发展	1	241	改革和发展是很难	1
216	交叉发展	2	229	着重发展	1	242	大大发展	1
217	发展创新	2	230	现代科技文化发展	1	243	发展的良好环境	1
218	平均发展	2	231	发展比例	1	244	目前发展	1
219	重视发展	2	232	重发展轻改革	1	245	数量发展	1
220	统一发展	2	233	校办产业发展	1	246	信息教育的发展	1
221	发展机构	2	234	发展广度	1	247	发展的最新动向	1
222	发展定位	1	235	发展过快	1	248	人文与科学融合的发展	1
223	最近发展	1	236	高效率地发展	1	249	多元发展	1
224	计算机的发展	1	237	发展概况	1	250	发展大计	1
225	现代技术发展	1	238	全方位发展	1	251	胜利发展	1
226	稳定中发展	1	239	发展的后盾	1			

表 17　树节点"建设"相关的词频统计表

序号	节点	频次	序号	节点	频次	序号	节点	频次
1	建设	4239	13	课程建设	124	25	精神文明建设	55
2	的建设	412	14	加快建设	101	26	建设一批	55
3	建高等教育强国	405	15	基地建设	101	27	教师队伍建设	52
4	建设的	272	16	建设一个	96	28	建设和谐文化	48
5	建设有中国特色	224	17	文明建设	92	29	教学基本建设	47
6	队伍建设	209	18	全面建设	91	30	学校建设	46
7	现代化建设	206	19	学风建设	88	31	师资队伍建设	43
8	经济建设	187	20	建设小康社会	87	32	建设成	43
9	学科建设	149	21	文化建设	83	33	建设社会主义	43
10	建设创新型国家	132	22	建设者	82	34	建设工作	38
11	建设世界一	128	23	重点建设	71	35	建设服务	38
12	基本建设	127	24	教材建设	69	36	校的建设	35

续表

序号	节点	频次	序号	节点	频次	序号	节点	频次
37	法制建设	30	67	环境建设	8	97	建设更加开放的	3
38	建设一个什么样	28	68	四化建设	8	98	资料建设	3
39	和谐文化建设	28	69	干部队伍建设	8	99	课的建设	3
40	建设事业	28	70	建设规划	8	100	建设重点	3
41	建设需要	28	71	教学建设项目	7	101	考风建设	3
42	大学建设	28	72	校园建设	7	102	CAI 建设	3
43	专业建设	27	73	案例建设	7	103	继续建设	3
44	建设高水平	26	74	基础建设	6	104	作风建设	3
45	建设和发展	25	75	重复建设	6	105	体制建设	3
46	共同建设	23	76	强校建设	6	106	积极的建设	2
47	自身建设	22	77	开展建设	6	107	质量建设	2
48	国家建设	21	78	努力建设	6	108	软件建设	2
49	建设计划	21	79	思想建设	6	109	建设措施	2
50	制度建设	19	80	建设实际	6	110	思想体系建设	2
51	怎样建设	19	81	建设的过程	6	111	梯队建设	2
52	党的建设	16	82	文科建设	5	112	寓改革于建设	2
53	实验室建设	12	83	促进建设	5	113	重点课建设	2
54	建设全局	12	84	中心建设	5	114	课组建设	2
55	建设问题	12	85	建设和评选	5	115	班级建设	2
56	如何建设	12	86	建设人才	5	116	建设与改革	2
57	高校建设	12	87	组织建设	5	117	建设措施	2
58	生态文明建设	11	88	建设必须	5	118	建设推动改革	2
59	建设过程	11	89	各项建设	5	119	师资建设	2
60	加强建设	10	90	建设性	5	120	思想政治建设	2
61	建设水平	10	91	物质文明建设	4	121	建设平台	2
62	建设和谐社会	10	92	人才建设	4	122	着眼于建设	2
63	长期建设	9	93	教学用书的建设	4	123	支持建设	2
64	地方建设	9	94	班子建设	4	124	外语课建设	1
65	工程建设	9	95	军队建设	4	125	理科建设	1
66	国防建设	9	96	硬件建设	3	126	建设是根本	1

续表

序号	节点	频次	序号	节点	频次	序号	节点	频次
127	教学资料建设	1	132	民主化的建设	1	137	研究院所建设	1
128	信息公路建设	1	133	教学条件建设	1	138	地区建设	1
129	建设促改革	1	134	教学工作建设	1	139	建设布局	1
130	食堂的建设	1	135	教学设施建设	1	140	教室区建设	1
131	抓好建设	1	136	配套措施建设	1			

表 18 树节点"工作"相关的词频统计表

序号	节点	频次	序号	节点	频次	序号	节点	频次
1	工作的	784	23	人才培养工作	47	45	重要（的）工作	20
2	教育工作	586	24	学位工作	45	46	我们的工作	20
3	的工作	555	25	工作评价	38	47	工作报告	20
4	工作会议	367	26	修订工作	38	48	辅助教学工作	19
5	这项工作	235	27	建设工作	38	49	质量工作	19
6	工作者	213	28	德育工作	34	50	工作思路	19
7	工作中	198	29	招生工作	32	51	理论工作	19
8	素质教育工作	128	30	高校工作	31	52	许多工作	18
9	文化素质教育工作	112	31	科研工作	30	53	其他工作	18
10	就业工作	111	32	工作座谈	30	54	工作出现	17
11	试点工作	111	33	工作上	28	55	录取工作	17
12	培养工作	107	34	工作要做	28	56	工作咨询	17
13	研究工作	92	35	服务工作	27	57	思想工作	17
14	改革工作	85	36	开展工作	25	58	中心工作	17
15	高等教育工作	70	37	评选工作	25	59	CAI 工作	16
16	评估工作	69	38	工作的开展	24	60	立法工作	16
17	学校工作	69	39	留学服务工作	24	61	工作经验	15
18	管理工作	65	40	工作的基础	24	62	工作实践	15
19	高教工作	63	41	合并工作	22	63	这些工作	15
20	大量（的）工作	52	42	工作重点	22	64	做工作	14
21	实际工作	49	43	工作研讨	21	65	工作的意见	14
22	方面的工作	49	44	培训工作	20	66	分配工作	14

续表

序号	节点	频次	序号	节点	频次	序号	节点	频次
67	工作的评价	13	97	结构调整工作	8	127	院校工作	4
68	育人工作	13	98	工作的好坏	8	128	汇报工作	4
69	工作存在	12	99	工作情况	8	129	工作的指标	4
70	今后的工作	12	100	工作进展	7	130	经常性的工作	4
71	政府工作	12	101	成效的工作	7	131	工作管理	4
72	工作队伍	12	102	这方面工作	7	132	工作质量	3
73	努力工作	12	103	党建工作	7	133	有效的工作	3
74	工作的主旋律	12	104	起草工作	7	134	工作方式	3
75	工作面临	11	105	教务处工作	6	135	选拔工作	3
76	工作状态	11	106	此项工作	6	136	一切工作	3
77	做好工作	11	107	多年的工作	6	137	相关工作	3
78	委员会的工作	11	108	工作交流	6	138	工作的回顾	3
79	基础性工作	11	109	部门工作	6	139	工作的决定	3
80	很强的工作	10	110	工作方法	6	140	课程工作	3
81	主要工作	10	111	工作过程	6	141	事务性工作	3
82	推广工作	10	112	工作的积极性	5	142	工作的总体目标	3
83	组建工作	10	113	推荐工作	5	143	工作规范	3
84	主要工作	10	114	没有工作	5	144	工作内容	3
85	工作的关系	10	115	日常工作	5	145	工作现状	3
86	几项工作	9	116	第一线工作	5	146	工作和建设	2
87	工作投入	9	117	工作的成绩	5	147	检测工作	2
88	工作的思路	9	118	工作千头万绪	4	148	工作的热情	2
89	工作目标	9	119	工作滑坡	4	149	普及工作	2
90	具体工作	9	120	不少工作	4	150	工作难度	2
91	筹备工作	9	121	班子的工作	4	151	制定工作	2
92	工作仍	8	122	稳定工作	4	152	生活和工作	2
93	这个工作	8	123	论证工作	4	153	工作和生活	2
94	很多的工作	8	124	正常工作	4	154	以往工作	2
95	领导工作	8	125	细致的工作	4	155	基层工作	2
96	等工作	8	126	工作重心	4	156	做些工作	2

续表

序号	节点	频次	序号	节点	频次	序号	节点	频次
157	工作繁忙	2	173	工作的关键	1	189	数学工作	1
158	扎扎实实工作	2	174	投入的工作	1	190	实习工作	1
159	抽查工作	2	175	工作很多	1	191	工作到位	1
160	工作作风	2	176	工作头绪	1	192	知识传授工作	1
161	终审工作	2	177	工作效益	1	193	搞好工作	1
162	艰苦的工作	2	178	难度大的工作	1	194	工作周期	1
163	社会工作	2	179	某些工作	1	195	工作的视线	1
164	思想教育工作	2	180	评建工作	1	196	知识分子工作	1
165	工作干部	2	181	工作措施	1	197	工作的轨道	1
166	工作的规律	2	182	系列工作	1	198	工作的优势	1
167	出去工作	2	183	工作的思考	1	199	工作的方面	1
168	原来工作	2	184	人才流动工作	1	200	工作抓好	1
169	工作的形势	2	185	适应工作	1	201	难度很大工作	1
170	工作的前景	1	186	聘任工作	1	202	长期的工作	1
171	对口工作	1	187	工作的成果	1	203	落实工作	1
172	重复工作	1	188	文科工作	1	204	工作位置	1

表 19　树节点"问题"相关的词频统计表

序号	节点	频次	序号	节点	频次	序号	节点	频次
1	问题	4198	12	重大问题	61	23	解决的问题	42
2	的问题	1282	13	许多问题	59	24	新问题	41
3	个问题	746	14	什么问题	56	25	实际问题	40
4	这个问题	333	15	重要问题	55	26	教育问题	40
5	大问题	130	16	解决问题	50	27	主要问题	40
6	这些问题	123	17	质量问题	48	28	改革问题	37
7	很多问题	108	18	方面的问题	47	29	社会问题	37
8	大的问题	105	19	等问题	44	30	就业问题	34
9	一些问题	86	20	重要的问题	43	31	新的问题	34
10	存在的问题	69	21	发展问题	43	32	发展的问题	32
11	几个问题	65	22	社会问题	42	33	实践问题	28

续表

序号	节点	频次	序号	节点	频次	序号	节点	频次
34	理论问题	26	64	出现的问题	11	94	社会的问题	5
35	改革的问题	26	65	研究问题	10	95	效益问题	5
36	高等教育的问题	26	66	非常重要的问题	10	96	认识问题	5
37	有问题	25	67	现实问题	10	97	校名问题	5
38	分析问题	22	68	难点问题	9	98	地位问题	5
39	很重要的问题	22	69	关心的问题	9	99	问题较多	5
40	观念问题	20	70	人才培养的问题	9	100	结合的问题	5
41	关键问题	20	71	存在问题	9	101	遇到的问题	5
42	热点问题	19	72	建设的问题	9	102	处理问题	4
43	有关问题	19	73	较大的问题	9	103	现在的问题	4
44	关注的问题	18	74	矛盾和问题	9	104	首要问题	4
45	不少问题	18	75	方向问题	8	105	反映的问题	4
46	困难和问题	17	76	结构问题	8	106	教学改革问题	4
47	根本问题	16	77	工作问题	7	107	高校的问题	4
48	种种问题	15	78	深层次的问题	7	108	涉及的问题	4
49	特困生的问题	15	79	突出问题	7	109	全局的问题	4
50	素质教育的问题	15	80	环境问题	7	110	现在的问题	4
51	研究的问题	15	81	教育思想问题	7	111	人才问题	4
52	人的问题	14	82	学生的问题	7	112	政策问题	4
53	思想问题	13	83	服务的问题	7	113	我们的问题	4
54	问题比较多	13	84	核心问题	7	114	大量的问题	3
55	质量的问题	13	85	成问题	7	115	旗帜问题	3
56	中的问题	13	86	是个问题	7	116	体制上的问题	3
57	建设问题	12	87	基本问题	6	117	探索的问题	3
58	面临的问题	12	88	深层次问题	6	118	其他问题	3
59	学校的问题	12	89	素质的问题	6	119	根本性的问题	3
60	那样的问题	12	90	哪些问题	6	120	上述问题	3
61	任何问题	11	91	说明问题	6	121	复杂的问题	3
62	带来的问题	11	92	关系问题	6	122	解决不了的问题	3
63	要解决的问题	11	93	重视的问题	6	123	严重的问题	3

序号	节点	频次	序号	节点	频次	序号	节点	频次
124	审核问题	3	153	困惑问题	2	182	属性问题	1
125	农民问题	3	154	教学改革的问题	2	183	全球化问题	1
126	道德问题	3	155	好的问题	2	184	专业问题	1
127	外语问题	3	156	所有问题	2	185	重建设、轻应用的问题	1
128	专业面窄的问题	3	157	难解决的问题	2	186	贷款问题	1
129	办学方向是否端正的问题	3	158	问题的原因	2	187	偏科的问题	1
130	大量的问题	3	159	办学方向问题	2	188	基础教育的问题	1
131	法的问题	3	160	某些问题	2	189	互相协调的问题	1
132	全局问题	2	161	令人担忧的问题	2	190	数学的问题	1
133	人才的问题	2	162	工资的问题	2	191	隐含的问题	1
134	不是问题	2	163	共性的问题	2	192	路线的问题	1
135	文化传统的问题	2	164	注意的问题	2	193	继续教育问题	1
136	怎么办的问题	2	165	类似问题	1	194	结构的问题	1
137	经费的问题	2	166	教师问题	1	195	发展观问题	1
138	标准问题	2	167	教学工作问题	1	196	民族问题	1
139	效益不高的问题	2	168	面向社会的问题	1	197	现代化的问题	1
140	教师住房问题	2	169	参与的问题	1	198	中学的问题	1
141	高考的问题	2	170	没有问题的问题	1	199	道路问题	1
142	保送生问题	2	171	怎样实施的问题	1	200	反恐问题	1
143	人才观问题	2	172	费用的问题	1	201	气候问题	1
144	教育理论问题	2	173	老问题	1	202	留学生的问题	1
145	遗留下来的问题	2	174	质量的滑坡问题	1	203	教育腐败问题	1
146	经验和问题	2	175	揭露问题	1	204	教育公平问题	1
147	强国问题	2	176	课程体系问题	1	205	问题极大	1
148	真问题	2	177	配套的问题	1	206	哲学问题	1
149	国际化问题	2	178	个性问题	1	207	教学基地问题	1
150	敏感问题	2	179	合作办学的问题	1	208	锻炼缺乏的问题	1
151	后勤社会化问题	2	180	多数问题	1	209	观点的问题	1
152	不成问题	2	181	转变的问题	1	210	环节的问题	1

续表

序号	节点	频次	序号	节点	频次	序号	节点	频次
211	教师问题	1	216	格局问题	1	221	此问题	1
212	学风问题	1	217	讲问题	1	222	这里面的问题	1
213	办学模式问题	1	218	问题怎么样	1	223	方法的问题	1
214	大局的问题	1	219	户口问题	1			
215	方向性的问题	1	220	实习问题	1			

表 20　树节点"目标"相关联的词频统计表

序号	节点	频次	序号	节点	频次	序号	节点	频次
1	任务	786	10	专题	68	19	首要任务	1
2	困难	509	11	重要任务	51	20	对策	15
3	课题	370	12	时弊	47	21	决策	318
4	难点	195	13	新情况	22	22	决定	367
5	挑战	184	14	难题	19	23	办法	378
6	难度	180	15	重要课题	18	24	措施	659
7	矛盾	127	16	瓶颈	12	25	改革措施	52
8	根本任务	121	17	战略任务	9	26	基本要求	39
9	热点	97	18	迫切任务	7			

表 21　树节点"体制"相关的词频统计表

序号	节点	频次	序号	节点	频次	序号	节点	频次
1	体制	5412	10	体制下	198	19	体制上	51
2	体制改革	2906	11	办学体制	165	20	投资体制	48
3	管理体制	1672	12	高教体制	151	21	高校内部管理体制	46
4	经济体制	801	13	体制改革是关键	145	22	体制调整	30
5	教育体制	503	14	学校内部管理体制	102	23	我们的体制	25
6	市场经济体制	387	15	就业制度	90	24	校内管理	22
7	高等教育体制	377	16	经费筹措体制	60	25	旧体制	19
8	计划经济体制	212	17	新体制	52	26	校长负责制	16
9	就业体制	208	18	评价(估)体系	51	27	体制问题	15

续表

序号	节点	频次	序号	节点	频次	序号	节点	频次
28	大的体制	13	35	体制创新	7	42	体制建设	2
29	评价制度	12	36	招生体制	6	43	体制与机制	2
30	学校的体制	12	37	大学体制	6	44	整个的体制	2
31	文化体制	11	38	国家体制	6	45	教学的体制	1
32	高校体制	9	39	体制结构	5	46	老体制	1
33	党委领导下的校长负责制	9	40	现代大学制度	4	47	后勤管理体制	1
34	原有的体制	8	41	体制制度	3	48	缴费体制	1

表22 树节点"法"相关的词频统计表

序号	节点	频次	序号	节点	频次	序号	节点	频次
1	法	2988	19	规范化	38	1	宏观	334
2	自主	746	20	校规	38	2	宏观管理	118
3	规范	232	21	治理	34	3	统筹规划	68
4	自主权	185	22	权限	26	4	政策指导	65
5	法律	172	23	法治	19	5	直接管理	59
6	规定	157	24	合法	5	6	法人实体	53
7	民主	146	25	校纪	2	7	自我约束	35
8	权利	127				8	自我发展	34
9	独立	109				9	增加投入	31
10	依法	99				10	转变职能	28
11	自治	95				11	行政手段	15
12	立法	87				12	微观	11
13	法制	80				13	简政放权	10
14	主体	77				14	组织协调	7
15	法人	70				15	自我完善	7
16	权力	58				16	提供服务	6
17	放权	57				17	检查监督	5
18	纪律	41				18	行政命令	5

表23　树节点"评估"相关的词频统计表

序号	节点	频次	序号	节点	频次	序号	节点	频次
1	教学评价	38	10	优秀评估	19	19	总体评价	8
2	教学评估	32	11	社会评估	2	20	评建结合	48
3	随机评价	10	12	自评	24	21	以评促建	13
4	随机评估	13	13	评估体系	23	22	以评促改	10
5	合格评价	104	14	评价体系	28	23	重在建设	4
6	合格评估	140	15	评价制度	12	24	以评促管	44
7	优秀评价	9	16	评估对象	—	25	不搞排队	2
8	优秀教学评价	20	17	评估机构	—	26	重视评估	—
9	优秀教学评估	67	18	评估过程	11	27	科学的评估	—

表24　树节点"思想"相关的词频统计表

序号	节点	频次	序号	节点	频次	序号	节点	频次
1	思想	4149	16	中国特色高等教育思想体系	62	31	现代教育思想	19
2	教育思想	1832	17	办学思想	61	32	新思想	19
3	思想观念	517	18	现代化的教育思想	48	33	思想工作	17
4	思想政治	375	19	思想政治工作	40	34	思想素质	16
5	指导思想	319	20	中国特色的高等教育思想体系	39	35	思想路线	15
6	思想政治教育	297	21	思想教育	34	36	没有先进的教育思想	14
7	思想道德	245	22	思想理论	33	37	思想文化	14
8	高等教育思想	169	23	毛泽东教育思想	32	38	思想指导	13
9	思想体系	152	24	毛泽东思想	30	39	思想问题	13
10	思想上	113	25	统一思想	28	40	有思想	13
11	解放思想	81	26	思想认识	26	41	战略思想	12
12	教学思想	79	27	重要思想	25	42	先进(的)思想	10
13	特色高等教育思想	69	28	政治思想	23	43	思想实际	7
14	中国特色的高等教育思想	65	29	社会主义思想	21	44	思想观点	7
15	教育的思想	64	30	新的思想	20	45	没有现代化的教育思想	6

续表

序号	节点	频次	序号	节点	频次	序号	节点	频次
46	一些思想	6	58	创新思想	4	70	思想要求	1
47	教师思想	6	59	思想发动	4	71	思想的收获	1
48	思想性	6	60	正确的思想	3	72	文明健康思想	1
49	思想准备	6	61	基本思想	3	73	资产阶级思想	1
50	重要的思想	6	62	思想和认识	3	74	以培养人为主的思想	1
51	思想库	6	63	大学思想	2	75	自由化思想	1
52	创新的思想	6	64	思想收获	2	76	思想和价值观	1
53	高等教育的思想	5	65	马克思主义教育思想	2	77	思想根源	1
54	思想建设	5	66	最基本的思想	2	78	集体主义思想	1
55	思想明确	5	67	思想修养	2	79	思想启发	1
56	创新思想	4	68	现代思想	1	80	思想的宝库	1
57	教学的思想	4	69	学科思想	1			

表 25　树节点"理论"相关的词频统计表

序号	节点	频次	序号	节点	频次	序号	节点	频次
1	教育理论	272	16	基础理论	22	31	重视理论	3
2	理论研究	159	17	理论创新	19	32	教学改革理论	2
3	邓小平理论	146	18	理论的研究	18	33	理论探讨	2
4	高等教育理论	127	19	理论教学	14	34	理论部分	2
5	理论上	87	20	理论基础	11	35	理论素养	2
6	理论要点	84	21	理论教育	10	36	理论战线	2
7	理论体系	50	22	理论支持	9	37	理论探讨	2
8	社会主义理论	50	23	理论课程	7	38	新理论	1
9	理论与实践	43	24	深层次的理论	7	39	理论思维	1
10	理论课	38	25	理论根据	7	40	经典理论	1
11	马克思主义理论	34	26	实践和理论	6	41	现代理论	1
12	思想理论	33	27	学科理论	6	42	理论的实践	1
13	理论联系实际	32	28	高教理论	6	43	理论和原则	1
14	政治理论	26	29	理论依据	5			
15	理论问题	26	30	理论与实际结合	4			

表 26 树节点"质量"相关的词频统计表

序号	节点	频次	序号	节点	频次	序号	节点	频次
1	质量	3441	21	强化质量	20	41	质量的世纪	7
2	高质量	623	22	质量核心是	20	42	质量作为重点	7
3	教学质量	510	23	质量为中心	19	43	课程质量	6
4	教育质量	499	24	质量评价	18	44	质量检测	6
5	提高质量	464	25	质量要上一个台阶	17	45	质量是学校的生命线	6
6	培养质量	259	26	质量的阶段	17	46	毕业生的质量	4
7	质量意识	154	27	招生质量	15	47	质量是生命线	4
8	提高教育质量	143	28	人才的质量	15	48	课程的质量	3
9	高等教育质量	122	29	重质量	14	49	提高质量是教育改革发展的关键	3
10	质量的提高	79	30	数量和质量	12	50	学习质量	2
11	提高高等教育质量	48	31	质量不高	11	51	基本质量	2
12	规模、结构、质量、效益	43	32	增强质量	11	52	制作质量	2
13	质量和效益	42	33	质量为核心	10	53	科研质量	2
14	质量提高	38	34	学生的质量	10	54	质量提升	2
15	轻质量	33	35	整体质量	10	55	讲课质量	1
16	保证质量	32	36	办学的质量	9	56	质量不稳定	1
17	质量和水平	32	37	质量检查	9	57	业务质量	1
18	质量意识要升温	31	38	提高质量为核心	9	58	提高质量为主题	1
19	人才质量	29	39	质量的评价	7			
20	生源质量	28	40	抓质量	7			

表 27 树节点"素质"相关的词频统计表

序号	节点	频次	序号	节点	频次	序号	节点	频次
1	素质	5414	5	高素质	275	9	推进素质教育	169
2	素质教育	2642	6	加强素质	238	10	业务素质	135
3	文化素质	1629	7	道德素质	210	11	注重素质	127
4	文化素质教育	1008	8	思想道德素质	196	12	实施素质教育	117

续表

序号	节点	频次	序号	节点	频次	序号	节点	频次
13	心理素质	99	31	民族素质	26	49	专业素质	6
14	人文素质	93	32	整体素质	24	50	身体素质	6
15	提高素质	91	33	科学文化素质	24	51	人员素质	6
16	身体心理素质	77	34	人的素质	20	52	高素质创新人才	6
17	学生的素质	70	35	身心素质	19	53	推行素质教育	6
18	科学素质	60	36	重视素质	17	54	农民素质	4
19	素质高	59	37	思想素质	16	55	基础素质	4
20	人才素质	54	38	进行素质教育	14	56	数学素质	3
21	文化素质是基础	51	39	劳动者素质	14	57	职业素质	3
22	能力和素质	47	40	职业道德素质	14	58	素质的训练	2
23	学生素质	42	41	教师的素质	12	59	素质要高	2
24	思想道德素质是根本	39	42	身体心理素质是本钱	10	60	影响素质教育	2
25	素质教育的思想	38	43	什么素质	9	61	总体素质	2
26	政治素质	32	44	培养素质	9	62	素质的提升	2
27	国民素质	29	45	中学素质教育	9	63	社会素质	1
28	人才的素质	28	46	业务素质是本领	8	64	创新素质	1
29	素质不高	27	47	基础性的素质	7			
30	素质意识	27	48	全民素质	6			

表28 树节点"文化"相关的词频统计表

序号	节点	频次	序号	节点	频次	序号	节点	频次
1	文化	3611	10	传统文化	80	19	文化相适应	32
2	的文化	588	11	文化建设	77	20	开展文化	31
3	文化的	298	12	文化品位	69	21	创造文化	30
4	加强文化	283	13	优秀的文化	53	22	文化基础	30
5	大学生文化	169	14	科学文化	51	23	文化自觉	29
6	和谐文化	123	15	文化大革命	50	24	传承文化	28
7	优秀文化	101	16	文化成果	49	25	提高文化	28
8	文化的传统	100	17	文化(的)发展	48	26	民族文化	28
9	文化素养	85	18	学校文化	37	27	文化建设	27

续表

序号	节点	频次	序号	节点	频次	序号	节点	频次
28	文化教育	26	58	文化的交流	10	88	教育文化	4
29	中国文化	24	59	文化相融合	10	89	高雅的文化	4
30	校园文化	23	60	深化文化	9	90	文化场所	3
31	实践文化	23	61	文化修养	9	91	创造文明	3
32	计算机文化	22	62	文化艺术	9	92	实践文明	3
33	文化素质教育基地	22	63	文化意识	9	93	传承文明	3
34	文化育人	19	64	各国的文化	9	94	文化积淀	3
35	科技文化	19	65	讲文化	9	95	文化含量	3
36	世界文化	18	66	文化环境	9	96	外来文化	2
37	社会文化	18	67	教学文化	8	97	文化人	2
38	文化知识	17	68	文化内涵	8	98	文化的自觉	2
39	文化活动	17	69	文化的辐射	7	99	高雅文化	2
40	中华文化	16	70	文化多元化	7	100	文化的殿堂	2
41	人文文化	16	71	文化倾向	7	101	文化需求	2
42	高校文化	16	72	文化方面	7	102	相融合的文化	2
43	教师文化	15	73	企业文化	6	103	文化大发展	2
44	文化属性	14	74	多种文化	6	104	生态文化	2
45	思想文化	14	75	民族的文化	6	105	文化缺失	1
46	文化氛围	13	76	多种文化	6	106	物理文化	1
47	推进文化	13	77	现代文化	5	107	文化动力	1
48	教育的文化	13	78	文化优势	5	108	地方的文化	1
49	文化氛围	13	79	文化传统	5	109	探索文化	1
50	文化的教育	12	80	数学文化	5	110	文化的动力	1
51	大学的文化自觉	11	81	共同的文化	5	111	文化的支柱	1
52	文化体制	11	82	文化功能	5	112	多元化的文化	1
53	文化遗产	11	83	文化的格调	5	113	大众文化	1
54	文化生活	11	84	现代文化	5	114	文化的理念	1
55	一种文化	11	85	不同文化	5	115	不良文化	1
56	国家文化	10	86	外域文化	5			
57	精神文化	10	87	文化精品	4			

表 29 树节点"研究"相关的词频统计表

序号	节点	频次	序号	节点	频次	序号	节点	频次
1	研究	5252	29	人文社会科学研究	50	57	研究教学	14
2	讨论	1230	30	正在研究	49	58	研究部门	14
3	研究生	1160	31	加强研究	49	59	共同研究	14
4	科研	819	32	深入研究	43	60	应用研究	14
5	科学研究	599	33	进行研究	41	61	研究和实践	14
6	教育研究	372	34	研究院	33	62	研究力量	13
7	研讨	334	35	研究队伍	31	63	研究探索	13
8	教育科学研究	279	36	科研工作	30	64	要点的研究	13
9	研究会	200	37	院校研究	30	65	研究基础	12
10	理论研究	177	38	学术研究	28	66	不研究	12
11	在研究	170	39	需要研究	28	67	学术讨论	11
12	高等教育研究	159	40	基础研究	28	68	研究的基础	11
13	要研究	122	41	教育的研究	26	69	研究活动	11
14	研究工作	95	42	改革研究	26	70	教材研究	11
15	科研成果	91	43	学科研究	25	71	分析研究	11
16	研究成果	88	44	这项研究	25	72	系统地研究	11
17	调查研究	85	45	问题研究	22	73	值得研究	11
18	教学研究	79	46	研究高等教育	21	74	参与研究	11
19	科研机构	78	47	可以研究	21	75	思想研究	10
20	课题研究	77	48	研究项目	19	76	合作研究	10
21	来研究	74	49	教学讨论	18	77	研究计划	9
22	高教研究	73	50	研究和讨论	18	78	研究报告	9
23	研究机构	73	51	研究水平	16	79	进一步研究	9
24	研究一下	71	52	专门研究	16	80	宏观研究	9
25	去研究	65	53	研究方向	16	81	仔细研究	9
26	思想政治教育研究	64	54	研究的问题	15	82	开会研究	8
27	认真研究	62	55	开展研究	15	83	研究方法	7
28	科研经费	61	56	研究领域	15	84	综合研究	7

续表

序号	节点	频次	序号	节点	频次	序号	节点	频次
85	战略研究	7	112	研究模式	4	139	研究的针对性	2
86	研究所	7	113	必须研究	4	140	研究热情	2
87	研究建立	7	114	决策研究	4	141	研究理论	1
88	研究培养	7	115	基础性研究	4	142	学风的研究	1
89	研究单位	7	116	继续研究	4	143	研究的制度	1
90	综合研究	7	117	研究过程	3	144	研究基金	1
91	研究组	6	118	研究式	3	145	研究性实验	1
92	研究提出	6	119	研究和考虑	3	146	研究课程	1
93	研究探讨	6	120	研究部署	3	147	思考和研究	1
94	系统研究	6	121	了解和研究	3	148	研究学风	1
95	探讨和研究	6	122	研究和试点	3	149	研究了解	1
96	应用性研究	6	123	立项研究	3	150	教学过程研究	1
97	研究学校	6	124	重视和研究	3	151	研究和开发	1
98	学习研究	6	125	强国研究	3	152	研究点	1
99	大学研究	6	126	相应的研究	2	153	研究将来	1
100	研究表明	6	127	讨论和研究	2	154	各项研究	1
101	科研力量	5	128	重新研究	2	155	计算机辅助教学的研究	1
102	研究和制定	5	129	研究措施	2	156	CAI 的研究	1
103	研究小组	5	130	内容的研究	2	157	教师的研究	1
104	应该研究	5	131	主动研究	2	158	研究教学质量	1
105	重要研究	5	132	研究国家	2	159	研究重点	1
106	大力研究	5	133	研究新情况	2	160	研究当前	1
107	经过研究	5	134	立法研究	2	161	大循环里研究	1
108	研究人才培养	4	135	质量研究	2	162	课程的研究	1
109	着重研究	4	136	法的研究	2	163	生态文明研究	1
110	不断研究	4	137	已经研究	2	164	研究时机	1
111	研究清楚	4	138	研究总结	2			

表 30　树节点"科学"相关的词频统计表

序号	节点	频次	序号	节点	频次	序号	节点	频次
1	科学	3199	1	创新	1516	1	知识	1671
2	技术	1115	2	创造性	150	2	传授知识	169
3	科技	819	3	创新人才	128	3	知识结构	113
4	科学研究	599	4	科技创新	74	4	知识面	103
5	科学技术	477	5	教育创新	68	5	知识经济	76
6	科学技术	417	6	创新精神	55	6	知识创新	60
7	社会科学	366	7	技术创新	25	7	专业面	59
8	教育科学	338	8	创新意识	23	8	注重知识	13
9	教育科学研究	276	9	创造精神	7	9	先进知识	5
10	人文社会科学	203	10	创新思想	4	10	知识交往	3
11	自然科学	183	11	新发现	3	11	知识视野	2
12	科教兴国	119	12	知识更新	3	12	专门知识	1
13	高等教育科学研究	97	13	创造力	1	13	知识生长	1
14	教育科研	80	14	新发明	1	14	知识生产	1
15	知识经济	76	15	新兴产业	1			
16	新技术	65	16	主动学习	1			
17	科学素质	60						
18	现代科学技术	39						
19	基础科学	29						
20	科技成果	26						
21	科技产业	24						
22	技术科学	10						

序号	节点	频次	序号	节点	频次	序号	节点	频次
1	学科	2307	9	理工科	65	17	多学科综合	15
2	理科	681	10	重点学科	56	18	学科综合交叉	15
3	文科	449	11	学科交叉	38	19	学术氛围	13
4	工科	355	12	跨学科	24	20	双百方针	12
5	文理	345	13	学术交流	23	21	学术讨论	11
6	学科建设	126	14	边缘学科	21	22	学科单一	10
7	分科	112	15	应用学科	19			
8	基础学科	80	16	人文学科	18			

表 31　树节点"道路"相关联的词频统计表

序号	节点	频次	序号	节点	频次	序号	节点	频次
1	特色	1240	20	途径	225	1	世界	2074
2	综合	1132	21	985	203	2	国际	1243
3	模式	922	22	机会	184	3	现代	814
4	本科	747	23	全球化	181	4	强国	794
5	民办	548	24	交叉	154	5	中国特色	751
6	方向	507	25	信息化	149	6	高水平	568
7	单一	478	26	单科性	147	7	一流	565
8	规律	475	27	接轨	126	8	高等教育强国	538
9	道路	400	28	多科	121	9	现代化	518
10	专科	388	29	私立	92	10	先进	373
11	民族	321	30	多科性	85	11	世界一流	367
12	机遇	315	31	轨道	47	12	一流大学	288
13	方式	307	32	共轨	43	13	国际化	234
14	分割	298	33	国立	37	14	世界一流大学	209
15	211	270	34	公立	35	15	现代化建设	206
16	单科类	265				16	全球化	181
17	单科	265				17	面向社会	165
18	综合	247				18	经济全球化	152
19	路子	235				19	一流的	145

序号	节点	频次	序号	节点	频次	序号	节点	频次
20	教育国际化	106	43	国际合作	34	66	数字化	9
21	社会服务	91	44	与国际接轨	33	67	发挥优势	8
22	科类单一	83	45	中国道路	30	68	文化多元化	7
23	多样化	82	46	适应社会	29	69	世界影响	7
24	科学化	76	47	信息化	29	70	个性化	7
25	国际视野	75	48	高教强国	28	71	世界公认	6
26	国际竞争	74	49	走出自己的路子	28	72	发展路子	6
27	产业化	71	50	办出自己的特色	28	73	社会参与	6
28	世界之林	70	51	教育现代化	26	74	国际规则	6
29	国际接轨	65	52	社会力量	22	75	社会变革	6
30	社会化	64	53	国际教育	20	76	本土化	5
31	高水平大学	61	54	法制化	20	77	重点工程	4
32	民主化	60	55	国际舞台	19	78	中国的路子	4
33	重点学科	56	56	国际组织	18	79	局域化	4
34	稳中求进	50	57	自己特色	18	80	编码化	3
35	现代化的教育思想	50	58	知识化	14	81	中国自己	2
36	自己的路子	48	59	终身化	12	82	社会评估	2
37	国际意识	48	60	教育思想现代化	12	83	国际交往	2
38	重点大学	46	61	先进经验	11	84	现代意识	2
39	后勤社会化	44	62	世界水平	11	85	现代思想	1
40	现代科学技术	40	63	社区服务	11	86	一流的人才	1
41	规范化	39	64	国际事务	11	87	一流的学者	1
42	进入社会	38	65	一流的学科	11			

表32 树节点"人"相关的词频统计表

序号	节点	频次	序号	节点	频次	序号	节点	频次
1	我	19966	5	师	2907	9	自己	1088
2	我们	11239	6	同志	1910	10	校长	1059
3	学生	4868	7	教师	1692	11	领导	971
4	人才	3161	8	研究生	1160	12	专家	901

续表

序号	节点	频次	序号	节点	频次	序号	节点	频次
13	博士	877	34	创新人才	129	55	知识分子	37
14	大学生	832	35	创新人才	128	56	中学生	34
15	毕业生	778	36	领导班子	109	57	企业家	24
16	队伍	698	37	教育专家	92	58	管理者	21
17	硕士	633	38	接班人	89	59	教育理论工作者	18
18	个人	440	39	留学生	87	60	每个人	18
19	培养人	407	40	建设者	82	61	馅饼教授	17
20	人民	373	41	科学家	81	62	培养什么人	17
21	教授	365	42	本科生	80	63	怎样培养人	14
22	学者	323	43	领导同志	72	64	活动家	13
23	书记	302	44	老一辈	71	65	管理队伍	11
24	干部	292	45	教职工	70	66	著名学者	10
25	成人	245	46	群体	64	67	尖子学生	7
26	师资	230	47	大师	59	68	以学生为本	7
27	老师	205	48	政治家	46	69	开发人	7
28	班子	192	49	以人为本	41	70	建设人才	5
29	教育家	188	50	管理人	40	71	建设人才	5
30	师生	169	51	带头人	39	72	教学带头人	2
31	群众	148	52	带头人	39	73	人才强校	2
32	新人	142	53	重视人	39	74	学生是主体	2
33	理论工作者	131	54	管理干部	38	75	行政干部	1

表 33　树节点"时间"相关的词频统计表

序号	节点	频次	序号	节点	频次	序号	节点	频次
1	现在	2870	7	历史	842	13	时代	364
2	世纪	2808	8	现代	814	14	多年来	287
3	21 世纪	1781	9	时期	588	15	未来	204
4	过去	1063	10	当前	584	16	新世纪	185
5	最近	938	11	今天	501	17	本世纪	178
6	阶段	846	12	传统	428	18	跨世纪	163

续表

序号	节点	频次	序号	节点	频次	序号	节点	频次
19	近年来	104	23	世纪之交	69	27	教育的世纪	18
20	当今	87	24	当代	67	28	未来的世纪	11
21	最终	80	25	关键时期	33	29	现时代	8
22	中长期	76	26	知识经济时代	31	30	质量的世纪	7

表 34　树节点"空间"相关联的词频统计表

序号	节点	频次	序号	节点	频次	序号	节点	频次
1	学校	11742	1	社会	5395	1	综合性大学	174
2	大学	7154	2	国家	4170	2	世界高等教育领域	142
3	社会	5395	3	地方	1333	3	地方政府	124
4	国家	4170	4	政府	1224	4	用人单位	123
5	高校	3109	5	全面	1056	5	综合大学	115
6	高等学校	2109	6	部分	1010	6	管理部门	92
7	院校	1333	7	单位	719	7	科类单一	83
8	学院	748	8	企业	694	8	单科性大学	61
9	领域	307	9	事业	671	9	综合的大学	40
10	环境	299	10	机构	531	10	委属学校	23
11	氛围	159	11	部委	446	11	单科类型	20
12	农村	125	12	行业	397	12	育人环境	20
13	校园	115	13	系统	376	13	行业性强	9
14	空间	88	14	整体	349	14	研究型大学	5
15	场所	46	15	条块	335	15	和谐校园	4
16	阵地	27	16	产业	281			
17	班级	17	17	后勤	124			
18	学府	17	18	层面	75			
19	园地	11	19	分类	61			
20	殿堂	8	20	分层	26			
21	科学院	1	21	分级	7			

表 35 树节点"重要"相关的词频统计表

序号	节点	频次	序号	节点	频次	序号	节点	频次
1	重要	3469	13	主题	233	25	生命线	41
2	基础	2197	14	先导	224	26	首要	28
3	重视	1177	15	难点	195	27	重心	20
4	主要	1149	16	重点和难点	135	28	牛鼻子	13
5	基本	1005	17	重要内容	109	29	永恒主题	13
6	重点	984	18	前提	105	30	难中之难	9
7	重大	755	19	生命	101	31	急中之急	6
8	关键	741	20	至关重要	75	32	缺一不可	5
9	根本	531	21	灵魂	62	33	抓手	3
10	核心	486	22	永恒的主题	55	34	刻不容缓	2
11	中心	417	23	主旋律	54			
12	先进	373	24	重中之重	44			

表 36 树节点"积极"相关的词频统计表

序号	节点	频次	序号	节点	频次	序号	节点	频次
1	积极	1113	13	逐渐	484	25	有机	109
2	必须	1098	14	专门	400	26	活力	107
3	可能	991	15	有利于	391	27	渗透	97
4	不断	899	16	应当	273	28	有助于	81
5	一定	869	17	广泛	269	29	冲击	71
6	进一步	820	18	必然	207	30	精心	68
7	努力	809	19	精力	180	31	贯穿	47
8	加快	683	20	动力	174	32	严谨	43
9	大力	595	21	普遍	152	33	互补	42
10	充分	507	22	相互	152	34	勇气	10
11	逐步	502	23	互相	129	35	全力	9
12	认真	497	24	迫切	115			

续表

序号	节点	频次	序号	节点	频次	序号	节点	频次
1	高度重视	171	19	民主决策	15	37	广泛认同	4
2	突破性进展	80	20	逐步完善	15	38	大力支持	4
3	实事求是	73	21	从实际出发	15	39	团结协调	4
4	积极配合	66	22	因地制宜	15	40	区别对待	4
5	政策指导	65	23	进行探索	14	41	主动出击	3
6	逐步建立	61	24	精心操作	14	42	大胆尝试	3
7	主动适应	61	25	大声疾呼	14	43	互相配合	3
8	扎扎实实	55	26	密切合作	11	44	相互依存	3
9	稳中求进	50	27	认真抓好	10	45	普遍关心	2
10	宏观调控	50	28	相互协调	10	46	相互支撑	2
11	提高认识	33	29	勇于探索	9	47	相互推进	2
12	理论联系实际	32	30	大胆实践	9	48	整合资源	1
13	取得经验	24	31	广泛关注	9	49	逐步推广	1
14	实质性合并	24	32	一步一步	6	50	积极行动	1
15	切实加强	21	33	逐步推开	6	51	探索了路子	1
16	艰苦奋斗	17	34	真抓实干	6	52	找到了办法	1
17	稳中求改	16	35	自主学习	4			
18	有机地结合	16	36	求同存异	4			

表37 树节点"实践"相关的词频统计表

序号	节点	频次	序号	节点	频次	序号	节点	频次
1	改革	14455	10	探索	1103	19	投入	770
2	提高	3920	11	指导	1085	20	促进	766
3	创新	1516	12	影响	1070	21	推进	759
4	适应	1349	13	经验	937	22	自主	746
5	要求	1155	14	服务	932	23	得到	700
6	实践	1122	15	开展	894	24	实施	697
7	形成	1118	16	解决	892	25	试点	684
8	建立	1115	17	支持	850	26	开放	664
9	作用	1109	18	推动	796	27	实际	659

续表

序号	节点	频次	序号	节点	频次	序号	节点	频次
28	贯彻	615	58	准备	299	88	满足	146
29	坚持	595	59	实验	296	89	结合	144
30	成绩	585	60	拓宽	278	90	调动	137
31	规划	581	61	和谐	264	91	启动	135
32	深化	579	62	强化	262	92	抓好	132
33	应用	574	63	融合	261	93	自觉	131
34	实行	563	64	举办	254	94	围绕	128
35	实现	563	65	增强	249	95	改进	120
36	发挥	541	66	传授	241	96	构建	116
37	达到	508	67	力度	235	97	做强	115
38	变化	508	68	稳定	227	98	动员	115
39	创造	498	69	共识	221	99	证明	114
40	反映	488	70	打破	210	100	建议	114
41	突破	482	71	有效	204	101	奋斗	112
42	完善	482	72	主动	201	102	借鉴	111
43	总结	452	73	开发	197	103	团结	106
44	制定	442	74	遵循	188	104	教训	105
45	成功	417	75	处理	188	105	克服	99
46	提供	402	76	更新	187	106	开拓	98
47	改变	397	77	突出	186	107	传承	97
48	转变	389	78	抓住	182	108	渗透	97
49	注重	378	79	推广	181	109	找到	95
50	协调	355	80	关心	180	110	循环	93
51	落实	340	81	解放	180	111	行动	91
52	保证	336	82	改善	175	112	变革	88
53	统筹	329	83	树立	163	113	配合	84
54	注意	324	84	控制	159	114	发扬	83
55	作出	316	85	发现	155	115	调控	81
56	进程	311	86	出台	150	116	端正	81
57	调查	307	87	统计	147	117	确立	76

序号	节点	频次	序号	节点	频次	序号	节点	频次
118	着眼	73	132	避免	50	146	吸取	24
119	理顺	73	133	充实	49	147	务实	24
120	运行	70	134	贯穿	47	148	失败	21
121	检查	70	135	协同	44	149	折腾	21
122	继承	69	136	失误	42	150	转换	18
123	健全	69	137	拓展	40	151	弯路	17
124	打下	64	138	注视	40	152	求实	17
125	保障	61	139	改造	40	153	革新	16
126	示范	59	140	重组	35	154	做大	15
127	启发	59	141	分离	32	155	反思	11
128	监督	58	142	违背	28	156	破除	11
129	防止	56	143	折腾	27	157	革除	9
130	配套	56	144	深度	26	158	鉴别	7
131	试验	53	145	尝试	25	159	建构	4

后 记

现代高等教育自问世以来历经千年,已形成了许多稳定的发展理念。然而,什么是高等教育的现代化或当代高等教育到底应如何发展?走向何方?这样的问题依然困扰着我们这些正在发展中的国家。我国是一个有着悠久历史和丰厚文化的国家,如何在自己的土壤上构建符合时代发展的新型高等教育,是我国百年来一直在思考和探索实践的重要课题。自清末民初以来,我国高等教育可谓历经曲折,直至当代才取得了较为明显的发展,发展思想也逐渐成熟。如何吸取历史的经验教训,提取最重要的思想价值,对我国当前的高等教育现代化发展有重要意义。正因如此,在导师的指导下,我的博士研究方向选定为对中国当代高等教育思想的总结和分析。

无论是传统的纪传体还是当今的历史研究,均无一例外地对重要人物在社会发展中的具体作用给予了充分的肯定。因此触类旁通,选定一位杰出代表,以其实践和思考为研究线索,对我国高等教育的发展研究同样具有非常重要的价值。周远清是我国当代高等教育发展的重要实践者和思考者,他自1992年开始负责我国高等教育工作,身逢我国高等教育由计划经济体制向市场经济体制转变的重要时期,他积极推动我国高等教育改革,为之后的高等教育大发展打下了坚实基础。多年来他一直积极思考,在解决实际问题的基础上提出了许多重要论断。这些思想不仅是他个人的实践总结,也是我国自20世纪90年代起高等教育发展的经验升华。因此,将周远清作为研究对象,通过研究他的教育实践和思想,对我国当代高等教育现代化发展的脉络进行基本梳理,归纳出其中的经验和思想,可以给当前发展提供许多重要启示。

研究过程起初是非常辛苦的,这主要源于本人学术能力的浅薄和对周远清同志这样一位教育前辈的敬畏。所以,从研究的视角、框架、理论及方法等都不敢有丝毫的懈怠,以至于在很长一段时间以来都只是在虔诚地学习。而最后能够勉强完成此书,也纯粹是因为得到了各位老师和周远清同志的大力支持与帮助。在此我一并谢过!首先,我要深深地感谢我的导师马陆亭教授将我领入高等教育这个非常博大的研究领域,并一直不弃地提携!其次,我要特别感谢可敬可佩的周远清副部长,非常荣幸能在我学术生涯的起步阶段得到这样一位老前辈的关怀和帮助!另外,我还要感谢北京航空航天大学高教所的每一位老师,郑晓齐教授、雷庆教授、马永红教授、赵婷婷教授、张海英教授、赵世奎教授、刘扬副教授,没有你们的帮助我万也不可能完成这项研究!最后,需要感谢中国地质大学(北京)马克思主义学院的领导和同事们,谢谢你们对我研究的支持和在工作上给予的帮助和宽容!我还要感谢我的家人!感谢高等教育出版社对本书出版的支持!谢谢大家!

二〇一九年一月二十日